KB109963

SILK ROAD

떠나기 전 읽어보는 **실크로드 이야기**

초판1쇄 인쇄 2021년 11월 4일
초판2쇄 발행 2022년 3월 11일

지은이   이규술
발행인   정지현
편집인   박주혜

대표   남배현
본부장   모지희
편집부장   유철주
책임편집   박석동
마케팅   조동규, 김관영, 조용, 김지현, 서영주
디자인   가필드디자인

펴낸곳   모과나무
편집위원   덕문, 동은, 법장, 이미령, 심정섭, 이세용, 박석동
주소   서울시 종로구 삼봉로 81 두산위브파빌리온 831호
전화   02-720-6107
전송   02-733-6708
이메일   jogyebooks@naver.com
등록   2006년 12월 18일 (제2009-000166호)
구입문의   불교전문서점 향전(www.jbbook.co.kr) 02-2031-2070

ISBN 979-11-87280-49-1(03900)

이 책의 판권은 지은이와 모과나무에 있습니다.
이 책 내용의 일부 또는 전부를 재사용하려면
반드시 양측의 서면동의를 받아야 합니다.

모과나무는 (주)조계종출판사의 단행본 브랜드입니다.
지혜의 향기로 마음과 마음을 잇습니다.

떠나기 전 읽어보는

실크로드 이야기

이규술 지음

모과
나무

1980년대 컬러TV가 등장하면서 일본 NHK에서 제작한 〈실크로드〉와 〈대황하〉 같은 대작 다큐멘터리를 영상으로 접할 수 있었다. 흙피리 소리를 배경으로 요동치던 황하와 사막 풍경은 학창시절 바깥세상에 대한 호기심을 무척이나 자극했다.

사회의 첫 출발을 여행사에서 시작했다. 기본 지식이 없다보니 실크로드에 관한 교양서를 여러 권 탐독했다. 실크로드사는 인류 문명 교류사이자 하나의 세계사다. 인적 교류가 활발한 21세기, 여러 문화와 종교가 공존해야 하고 이질적인 문명과 접촉이 불가피한 사회에서 동서 문명 교류의 역사를 담은 실크로드사를 이해하는 것은 지금처럼 다문화사회의 갈등을 완화하는 데 많은 도움이 될 것이라고 본다.

인류는 기원전 수천 년 전부터 장거리 교역을 하면서 교류하였다. 영국의 콘월(Cornwall) 지방 광산에서 채굴한 주석은 소아시아로 이동해 청동기 제작에 사용되면서 청동기 제작을 발전시켰다. 향신료는 고대의 귀한 교역품으로 수천 킬로미터가 넘는 무역을 통해 거래되었다. 기원전 1000년 전 시바의 여왕이 솔로몬 왕을 찾아 갔던 이유도 교역의 통과세를 협상하기 위해서였다. 고대에도 채색토기나 청동기 제작과 같은 문명의 교류뿐만 아니라 아리안족의 대이동과 스키타이인들의 서천 등 민족의 이동이 폭넓게 이루어지고 있었다. 3~4세기까지 타림분지 오아시스의 원주민들은 아리안계였다. 세계의 끝까지 모험을 떠났던 알렉산더 대왕의 동방원정 이후, 실크로드가 개척되면서 중앙아시아는 대항해시대가 열리기 전까지 동서 문명의 교차로로 중요한 역할을 하였다. 13세기 중앙아시아를 통해 서방으로 진출한 몽골제국으로 동서양으로 분리된 역사가 하나의 세계가 되었다. 대항해시대 서세동점의 파고 속에서 일본은 서방에 도자기를 수출하며 근대화를 한발 앞서 준비할 수 있었다.

세계 3대 종교인 기독교, 이슬람교, 불교 또한 실크로드를 통해 전파되었다. 이들 종교는 발전하는 과정에서 타 문화와 교류하며 체계를 갖춰나갔다. 기독교의 모태가 되는 유대교는 바빌론 유수기에 조로아스터교와 교류하며 체계를 갖추었고 초기 기독교는 기성 종교인 미트라교의 의식을 수용하며 로마 영토에 성착하였으며, 이단으로 파문당한 네스토리우스 기독교는 실크로드를 따라 중국과 중앙아시아 초원에 전파되었다.

로마가 동서로 분리되면서 가톨릭은 게르만족을 대상으로 세력을 넓혀갔으

5

며 그리스 정교회는 글자가 없는 슬라브족에게 키릴문자를 보급하며 세력을 확장하였다. 동방 초원에서 서천한 튀르크인들은 중앙아시아로 진출하여 이슬람의 확장에 큰 기여를 하였으며 거대한 몽골제국의 침입을 막아내었다. 이들 3개 세력이 마주친 발칸반도는 훗날 1990년대, 세계의 화약고 발칸반도의 비극을 낳는 원인이 되기도 하였다.

실크로드의 대표적 종교인 불교는 동방으로 전파되면서 큰 발전을 이루었다. 불교와 만난 그리스의 헤라클레스와 디케 여신은 부처 옆에 호위 신장으로 자리하고, 페르시아의 풍요의 여신 아나히타는 불교 안에서 중생을 구제하는 관세음보살의 모티브가 되었다. 간다라 우디야나(Uddiyana) 지역에서 시작된 반가사유상은 한반도에 이르러 뛰어난 예술성을 지닌 미륵반가사유상으로 발전하였다.

약 30년간 성지순례와 문화답사 여행업에 종사하면서 설명한 내용들을 모아 정리하고자 했는데 뜻하지 않게 코로나19로 장시간 휴업하면서 책을 만들 시간이 주어졌다. 이 책은 전문 학술서가 아닌 여행 안내를 위해 정리한 실크로드 개론서로 글의 출처 등을 별도로 표기하지 않았으며 여러 내용을 한 권에 엮은 관계로 글의 전개가 다소 산만한 부분이 있음을 미리 알린다.

한 직장에서 30년을 일할 수 있었던 것은 많은 고마운 분들의 도움이 컸다. 평화시장에서 자수성가한 어르신들, 조계종 총무원장 원행 스님, 오대산 정념 스님, 대흥사 월우 스님, 소탈하게 큰 힘이 되어준 보현도량 스님과 원적하신 석행일 스님, 전북대학교 은사 최경구 교수님께 감사드린다.

2021년 늦가을

성산여행사 이규술

Contents

실크로드로 가는 길

실크로드의 종교

실크로드 간략사

01 실크로드 개착 이전

문명의 시작은 오리엔트에서

오리엔트는 메소포타미아로부터 시작하여 시리아-팔레스타인을 거쳐 이집트에 이르는 방대한 지역을 일컫는다. 지금의 터키, 이란, 이라크, 시리아, 레바논, 요르단, 이스라엘, 이집트 등의 나라들이 이 지역에 속해 있다. 이집트의 나일강과 티그리스와 유프라테스강이 걸프만으로 흘러가는 메소포타미아는 풍부한 수량과 강열한 일조량으로 농사에 적합한 지역이어서 사람들이 모여 살며 일찍부터 문명의 꽃을 피울 수 있는 터전이 되었다. 이 일대는 그 모양이 초승달 같다 하여 '비옥한 초승달 지대'로 불리기도 하는데, 메소포타미아문명과 이집트문명은 동부 지중해 레반트 (Levent) 지역으로 연결되어 있다. 또한 인더스문명과도 연결되어 있어 문명은 이 비옥한 초승달 지역에서 발달되었다. 지금까지 발굴된 사료를 보면 최초의 청동기(기원전 3000년 이전~)와 철기(기원전 2000년경 터키 고원 히타이

14

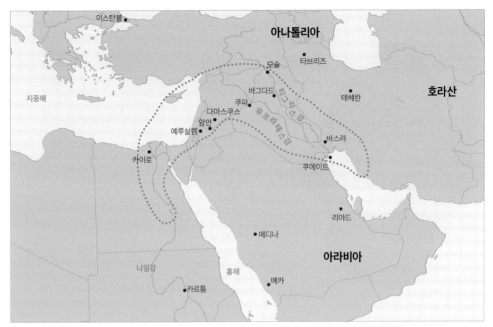

비옥한 초승달 지역, 이집트문명과 메소포타미아문명을 포함하고 있다.

트 왕국) 사용이 이 지역에서 시작되었다.

　메소포타미아 하류에는 인류 최초로 청동기와 바퀴를 사용한 수메르인
들의 땅이 있었다. 성서에 등장하는 유대인의 조상 아브라함(기원전 2000년
경)도 하란을 거쳐 팔레스타인으로 들어가기 전 메소포타미아 하류에 위
치한 수메르 우르 지방에 살았다. 구리(銅)의 사용은 기원전 6500년경 터
키 아나톨리아 지방에서 사용되면서 널리 확산되었는데 주석합금술이 알
려지면서 수메르인들은 청동을 이용한 무기와 장식품 등을 만들었다. 기
원전 2000년경 영국 남서단 콘월 지역에서 발견된 대량의 주석을 가져와
청동기 제작이 더욱 활발했다.

　인더스 인장(印匠)이 메소포타미아에서 발견되어 그 당시 이미 해상교통
을 이용한 장거리 교역이 이루어지고 있었음을 알 수 있다. 라피스라줄리

15

청금석

(Lapis Lazuli)는 청금석으로 당시 제사장들의 귀중한 장식품이었다. 아프가니스탄 바닥샨(Badakhshān)에서 채굴한 청금석 품질이 제일 좋았다.

청동기를 소지한 이들이 청금석을 구하기 위해 아프가니스탄까지 먼 길을 오가면서 청동기가 빠르게 전파되었다. 현재도 청금석은 그림의 값비싼 깅료권 채색 인료와 미술품사원의 코발트색 장식, 보석으로 사용되고 있다. 채색토기는 기원전 5000년경 메소포타미아에서 시작해 인더스 지역으로 전파되었다. 중국의 하남 감숙 지방에서 발굴된 채도는 약 기원전 2500년 전의 것이다. 채도의 서방기원설을 근거로 했을 경우 황하문명보다 2500년 앞선 것으로 고대 누군가에 의해 대륙의 동단까지 전해졌을 것이다.

유향과 몰약

에디오피아와 예멘 지방에서 생산된 유향과 몰약은 만병통치약이자 방부제 및 환각제로 고대 제사장들에게는 아주 중요한 제사용품이었다. 유향과 몰약은 예수 탄생에 나오는 3명의 동방박사가 선물한 것으로 황금은 마음(왕), 유향은 그리스도(신), 몰약은 믿음(구세주)을 뜻한다고 한다. 고대 시바왕국은 이 값비싼 향신료를 이집트와 지중해 지역에 수출하여 큰 수익을 얻고 있었는데, 그 길목에 이스라엘 왕국이 위치하여 많은 관세를

인더스문명 채색토기 (델리박물관)　　　　중국 채색토기

부과하다 보니 수출에 애로가 많았다. 시바의 여왕이 이스라엘의 솔로몬 왕을 찾아간 것은 바로 이 통관세 문제를 해결하기 위해서였다. 이들의 기록은 구약성서 열왕기와 코란의 빌키스 이야기에 나오는데, 에디오피아와 예멘 지방을 다스렸던 시바의 여왕은 각종 향신료와 황금 120탈렌트를 실은 사절단을 이끌고 솔로몬을 찾았다(기원전 950~930년경).

시바의 여왕 빌키스는 1년여를 이스라엘에 머물다 귀국하여 메넬리크라는 사내아이를 낳았다. 이들이 바로 에디오피아의 검은 유대인의 선조라고 전해지며, 20세기 말 모사드가 성공시킨 모세작전과 솔로몬작전은 에디오피아 내전에서 이들 이스라엘 민족의 후손을 구출하는 비밀 작전이었다.

검은 유대인을 구하라

이스라엘의 모사드는 일명 모세작전(1984)과 솔로몬작전(1991)을 통해 에디오피아에 있는 약 7천여 명의 검은 유대인들을 내전 중 학살에서 이스라엘로 탈출시켰다. 검은 유대인들의 기원은 기원전 10세기 솔로몬왕을 찾은 시바의 여왕에서 시작된다. 19세기 중후반, 영국의 선교사는 아프리카 대륙 남단에서 유대교를 믿고 있는 종족을 발견하고 경악했다. 안식일을 비롯해 히브리 성서의 각종 금속 기도용품과 고대 유대교 신앙을 온전히 지키고 있던 이들 검은 유대인들은, 백인 유대인들이 있다는 말을 듣고 믿지 못하였다. "어떻게 백인 유대인이 있단 말이오?"

이들은 에디오피아 산악지대에서 숨어 살면서 자신들이 '마지막 유대인'이며, 구약에 나오는 땅 예루살렘으로 귀향할 것이라는 믿음을 3,000년 동안 지키고 있었다. 이들 검은 유대인들은 시바의 여왕을 수행하며 따라온 솔로몬 왕국의 후예들이었다. 또 다른 예멘의 유대인설은 로마시대 유대인의 박해를 피해 남하한 사람들의 후손이라고도 하는데, 1970년대 이스라엘의 랍비들은 그들이 옛 이스라엘 왕국의 사라진 10개 지파 중 한 부족이라는 가설을 인정했다. 서구인들이 대항해시대에 찾아 나섰던 전설의 프레스터 요한의 기독교 왕국이, 이곳 예멘이 아닌가 생각하기도 하였다.

1984년, 에디오피아 내전이 격화되어 이들의 신변이 위협받게 되자 모사드는 검은 유대인들을 이스라엘로 탈출시킬 계획을 세웠다. 수천 명의 사람들을 에디오피아에서 수단 난민촌으로 피신시켜 해안에서 선박으로 예루살렘에 탈출시키는 대담한 작전이었다. 모사드는 홍해의 버려진 리조트를 수단 정부가 관광산업을 위해 매물로 내놓자, 스위스의 페이퍼컴퍼니를 통해 3년간 35만 달러에 임대하여 작전 거점으로 이용하려 하였다. 그런데 아이러니하게도 위장 리조트에 서구 손님이 몰려와 너무 영업이 잘 되었다. 모사드 요원들은 요리사, 다이빙과 서핑 강사 등 호텔 직원으로 열심히 일한 보람이 있어 본국의 자금 지원 없이 리조트 운영 수익만으로도 작전을 수행할 수 있었다고 한다. 야간시간 해안에 네이비실 대원이 은밀히 접안시킨 수십 척의 고무보트로 공해 밖으로 이동한 후 위장 유조선에 태워 이스라엘로 수송하는 작전이었다. 이렇게 8,000여 명의 검은 유대인들은 학살을 피해 탈출할 수 있었다.

1991년 시행된 솔로몬작전은 급박하게 진행되었다. 에디오피아 정부는 3,500만 달러를 받고 이들의 탈출을 묵인했다. 이스라엘 정예병력 200명은 이들이 공항으로 탈출하는 길에 밀려오는 반군을 방어했다. 군 수송기 C-130편을 비롯한 여객기 35대를 동원하였으며 한꺼번에 28대가 동시에 이륙할 정도로 급박하게 36시간 만에 1만 4,325명을 구조하였다. 홍해 연안의 아로우스(arous)에 있는 더 레드씨 다이빙리조트(The Red Sea Diving Resort)를 임대했던 모사드의 작전은, 영화로 만들어졌는데 <리브앤비컴(Live and Become, 2005)>과 <더 레드씨 다이빙리조트(2019)>이다.

아리아인의 이동

기원전 2000~1500년경 인도—유럽어족인 아리아인들의 민족 대이동이 있었다. 카프카스와 카스피해 연안과 남러시아의 늪지대에 살던 유목민들이 어떤 이유로 유럽 대륙과 아시아 지역으로 퍼져나갔다. 서쪽으로 간 아리아인들은 잘 알려진 게르만족의 선조이며, 동진한 일족은 이란 고원 지대에 정착하여 지금의 이란아리아인의 조상이 되었다. 일부는 힌두쿠시산을 넘어 인도 대륙으로 진출하였고, 이들 인도아리아인의 남진으로 인더스문명을 일군 드라비다족이 막을 내렸다. 더 동쪽으로 이동한 아리아인들은 타클라마칸 사막 오아시스까지 이동하였다. 아리안의 이동으로 인도와 이란에서부터 파미르 고원과 중국 내륙인 동투르키스탄 지역과

19

둔황, 감숙 지방까지 백인계 아리아인들이 정착하였다. 즉, 지금의 중국 신강자치주를 비롯한 감숙성 일대에 2,000년 이상 백인들이 주로 살고 있었다. 이후 반대로 중앙아시아의 스키타이인들이 흑해 지방으로 이주하였으며, 수백 년 후 기원전 2세기 동투르키스탄 타림분지의 아리안계(?) 월지족은 흉노(匈奴)에게 밀려 박트리아 지방으로 서천하였으며, 중국 세력에 밀려 서방으로 이동한 흉노의 도킵족은 훈주과 뒤드크인데 뇌녀 ㅐ럽꽈 송 동의 역사에 큰 영향을 주었다. 13세기에는 몽골군이 유럽을 휩쓸어 대항해시대 이전은 동세서진(東勢西進)의 시기였다.

스키타이

기원전 7세기 흑해 지역의 스키타이는 서방의 흉노였다. 그들을 그리스에서는 스키타이(Scythai), 페르시아는 사카(Saka), 인도인들은 사키야(Sakya)라고 불렀으며, 중국은 색종(塞種)이라고 기록했다. 유목 기마 민족인 스키타이는 정주민들과 교역과 동시에 약탈을 일삼았다. 메디아 왕국을 공격하고 약탈하였으며 기원전 630년경에는 이집트까지 공격한 후 회군하였다.

이스라엘 갈릴리호수 남쪽 약 24km에 있는 스키토폴리스(Scythopolis, 지금의 베트셰안Beit She'an)

20

는 팔레스타인에 정착한 스키타이인들의 도시였다. 세계 최강의 제국 페르시아의 다리우스 1세(재위 기원전 522~기원전 486) 때 스키타이는 갑자기 나타나 약탈하고 재빨리 사라지는 공포의 집단이었다. 다리우스 1세는 600척의 대선단에 70만 명을 동원해 스키타이 본거지를 공격하였다.(기원전 514) 다리우스 1세는 식민지 이오니아인들을 동원하여 아시아와 유럽을 연결하는 보스포러스 해협에 배다리를 놓아 트라키아(지금의 루마니아)로 진군하였다. 스키타이는 대군에 정면으로 맞서지 않고, 하루 거리를 유지한 채 모든

기원전 4세기 그리스

우물과 식량들을 초토화 시키며 내륙 깊숙이 퇴각하여, 페르시아 군대를 지치게 만들었다. 스키타이는 페르시아군이 허점을 보이면 화살처럼 급습하고 바람처럼 사라지는 전형적인 유목민 전술을 구사하였다. 다리우스는 훗날 한나라가 흉노에게 당했듯이, 유목민의 전술에 곤경에 처하여 본국으로 철수할 수밖에 없었다. 인류 최초의 역사책인 헤로도토스(기원전 484~기원전 430?)의 《역사》에 보면 스키타이인들의 무역로가 나와 있는데, 그들의 교역로가 본거지인 흑해 북부(지금의 우크라이나 지역)에서 우랄산맥을 지나 몽골고원에 다다르는 알타이산맥 동쪽까지 연결되었음을 기록하고 있다. 스키타이는 그리스와 보스포러스 왕국에 곡물과 소금, 모피, 금등을 수출하고 토기, 청동기, 장식품 등과 이집트에서 생산된 보석류 등을

21

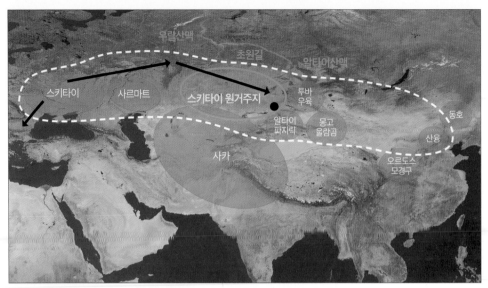

스키타이 무역로

수입하였다.

특히 스키타이 귀족들은 사치스러워 그리스 포도주를 애용하였으며, 귀족 무덤 부장품 중 상당수가 중국의 실크 제품 등 먼 이국의 물품들이 많았다. 스키타이의 무역 중 곡물은 농민 스키타이가 생산한 것이지만, 모피는 멀리 우랄산맥에서 금과 은은 알타이산 부근에서 생산한 물품을 중계한 것으로 보인다. 스키타이는 먼 내륙까지 교역하면서 일곱 가지 언어를 통역하며 교역하였다고 한다. 서방세계에서 대륙의 동쪽까지 발굴되는 아키나케스검은 바로 이 스키타이들이 전파했을 것이다.

스키타이인들은 기원전 20~기원전 15세기 동쪽으로 이주했던 아리아인계로 추정되며, 알타이산맥 서부에서 중앙아시아와 남러시아 초원지대에 거주하다 같은 스키타이계인 마사게타이인의 공격을 받고 대략 기원전 7~8세기경 흑해 연안 평원으로 이주하였다.

그래서일까? 스키타이 동물투쟁도 등 장식 문양은 그 원형이 알타이산맥 북쪽 러시아의 미누신스크(Minusinsk) 부근과 오르도스(중국 내몽고 지역, 황하가 ∏형태로 굽어 흐르는 곳) 지역에서 많이 출토되는데, 동물투쟁도나 벨트 장식 등의 문양이 흉노족匈奴族의 장식 문양과 너무 흡사한 것을 알 수 있다. 일부에서는 너무나 흡사한 생활양식을 근거로 스키타이 흉노 동일 체설까지 주장하나, 같은 종족은 아니며 유목민으로 동일 생활방식을 가졌던 집단끼리의 교류에 의한 결과일 것이다.

오르도스

난주(兰州)를 지난 황하(黃河)는 허란산(賀蘭山)·인산산맥(陰山山脈)·뤼량산(呂梁山)에 막혀 돌아 내려오다가 둥관(潼關)에서 다시 동쪽으로 흐른다. 황하가 ∏모양으로 굽이쳐 도는 건조한 황토 고원을 몽골어로 오르도스(Ordos), 중국어로는 하투(河套) 지역라고 한다. 오르도스는 한나라에 쫓겨 북방으로 이주하기 전 흉노족의 원주지로 중원세력과 관계가 좋으면 이곳에서 호시(互市)가 열리거나, 때론 치열한 전쟁이 벌어진 지역이다.

오르도스 문양

23

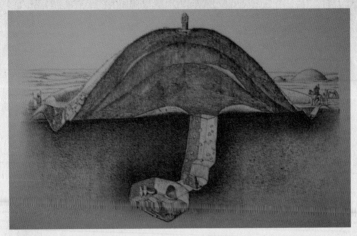

적석목곽분

　또한 지금처럼 민족 개념이 없던 시대로 북방 초원길을 따라 생활방식이 비슷한 여러 집단형성을 이루던 시기였다. 집단의 생활문화를 잘 나타내는 것이 장례문화다. 적석목곽분은 초원길을 따라 중앙아시아에서 동북아에 걸쳐 넓은 지역에 분포되어 있다.

황금인간

　대표적인 곳이 알마티 동쪽의 이시크쿠르간(Lssyk Kurgan), 알타이 북쪽의 파지리크(pazyryk burial mound)다. 스키타이왕이 하늘에서 내린 황금으로 된 쟁기, 멍에, 도끼, 술잔 등 4가지 성물을 받아 왕위에 올랐다는 전승에서 보듯 유목 기마민들은 전통적으로 황금을 중요하게 여겼는데, 1969년 이시크쿠르간에서 발굴된 '황금인간'은 기원전 5세기경 무덤에서 발굴된 스키타이 남자다. 4천여 점의 황금유물과 함께 발굴된 남자는 황금으로 된 원뿔형 관과 갑옷, 장화 등 머리에서 발끝까지 황금장식으로 치장하고 있어 '황금인간'이라 불렸다. 파지리그에서 발굴된 '얼음공주'와 펠트 양탄자로 스키타이 양식의 화려한 문화를 알 수 있는데, 파지리그의 주 지배층이 월지인(月氏人)이란 것이 중론이다.

이렇듯 스키타이인들의 서쪽 그리스 접경지대에서 동쪽 알타이 지방까지 이르는 광범위한 분포와 교역 범위는 고대 페르시아와 중동 오리엔트, 그리스, 중국 문물까지 다양한 문화를 전파하는 역할을 하였다. 위의 몇 가지 단편들을 보듯 실크로드 이전, 기원전 수세기 전부디 초원길을 따라 동서 교류가 이루어지고 있었음을 알 수 있다. 한편 신라의 적석목곽분은 고구려와 백제와는 다른 우리나라 신라 전기의 대표적인 양식으로, 묘실 위에 돌무지와 봉토를 한 북방 유목민 양식의 대형무덤이다. 그중 6세기경 축조된 왕릉급 무덤인 천마총과 황남대총이 대표적인데, 발굴 과정에서 화려한 황금 장식품을 비롯한 황금관들이 출토되었다.

전 세계에 현존하는 고대 황금관은 13개인데(신라 7개, 가야 2개, 고구려 1개, 사르마트금관, 틸리아테파[아프가니스탄], 황금인간[카자흐스탄]), 그중 한반도에서 10개가 출토되었으니 우리나라는 고대 황금관 나라다.

천마총 황금 장식

페르시아와 그리스 전쟁

신바빌로니아(기원전 626~기원전 539)는 시리아와 팔레스타인 지방 및 유다왕국의 예루살렘을 함락시켜 메소포타미아의 페르시아만에서 홍해까지 이르는 대영토를 가졌다. 신바빌로니아는 유명한 공중정원 지구라트(구약성경의 바벨탑)를 건설한 고대국가로, 네부카드네자르 왕은 북쪽 메디아 왕국에서 온 왕비가 더위에 약하자 높은 건축물 위에 정원과 분수대를 만들어 공중정원을 건설하였다. 이 건설에는 유나 왕국을 징벌하고 많은 유대인 노예를 동원하였다. 이스라엘 역사에는 신바빌로니아의 노예로 있던 50년 동안(기원전 587~기원전 538)을 바빌론 유수기(Babylonian Exile)라 한다. 아케메네스 페르시아(기원전 550~기원전 330)가 신바빌로니아를 멸망시켰다. 신바빌로니아를 정복한 아케메네스 페르시아는 동서양 최초의 제국이었다. 페르시아 영토, 이란자민(이란의 땅)은 '아무에서 미루스까지', 즉 아무다리아(우즈베키스탄과 아프가니스탄 국경)에서 이집트까지를 영역으로 봤다.

아무다리아강(옥서스강) 건너편을 그리스인들은 '트란스옥사니아(강 건너의 땅)'라고 불렀으며 훗날 이슬람들은 '마와라알나흐르강' 저편의 땅이라 하였다. 당시 서양에서는 옥서스강까지가 문명권의 영역이었고 그 너머 시르다리아강이 세계의 끝이었다. 지도에서 보듯 페르시아의 최대 영토는 지금의 터키인 아톨리아 반도에서 이집트까지 동으로는 파미르 서쪽 지금의 우즈베키스탄과 아프가니스탄과 간다라를 포함한 인더스강 유역까지 광활한 영토를 지배하고 있었다. 비시툰(Bisitun) 비문에는 페르시아의 영토와 다리우스 1세가 왕 중의 왕임이 새겨져 있다. "나는 아후라마즈다의

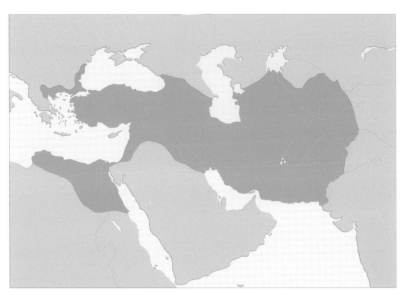

페르시아 영토 (아케메네스 페르시아)

뜻에 따라 이 나라들의 왕이 된다. 이집트, 바닷가 사람들, 아시리아, 바빌로니아, 아라비아, 박트리아, 간다라, 사카… 전부 23개 나라다."

대제국인 페르시아는 지금의 에게해 터키 연안의 이오니아(그리스인) 여러 섬들을 지배하면서 그리스 생존권을 위협했을뿐만 아니라 직접 그리스 본토 원정을 감행하였다. 1차 원정은 태풍으로 실패를 하였고, 두 번째 출정하여 마라톤 전투(기원전 490)에서 그리스군과 마주하였다. 이 페르시아와 그리스 전쟁의 주역은 아테네였다.

마라톤 평원에 상륙한 2만 명의 페르시아군을 상대로 맞선 아테네군은 약 9천 명 중장 보병으로 수적으로 열세였다. 스파르타가 종교적인 이유로 출전을 하지 않았기 때문이다. 접전 끝에 승리한 쪽은 그리스의 아테네군이었다. 이 전투를 계기로 발생한 경기가 바로 올림픽의 꽃, 42.195km를 달리는 마라톤 경기다. 그리스군의 한 병사가 승전을 전하려고 아테네

27

까지 뛰어갔던 것은 아니다. 가용 전투력을 총동원하다 보니 아테네 방어가 텅 빈 상태였다. 아직 상륙하지 않은 페르시아군 함대가 후방으로 아테네를 공격할 경우 방어할 군대가 없기 때문에, 다급함을 알리기 위해 한 병사가 목숨이 다할 때까지 뛰었던 것이다. 이런 연유로 이란은 올림픽대회 마라톤 경기에는 참가하지 않고 있다. 페르시아의 3차 원정(기원전 480)은 이전의 원정 실패를 교훈으로 육지와 해상으로 나눠 무려 100만을 동원하였고, 맞수는 영화 〈300〉의 배경이 되는 스파르타였다. 레오니다스 왕이 이끄는 300명의 스파르타군과 700명의 그리스 연합군이 테르모필레(Thermopylae) 협곡에서 용맹하게 싸워 3일의 시간을 벌어준 덕분에 그리스 해군이 살라미스해전을 준비하여 승리할 수 있었다. 스파르타군은 이틀을 함께 방어하던 그리스 연합군을 돌려보내고 3일째 마지막 전투에서 모두 전사할 때까지 버텨냈다. "나그네여, 스파르타에 들르거든 우리가 스파르타의 법에 따라 이곳을 지키다 죽었다 전해주시오."

02 실크로드 개척

알렉산더 대왕의 동방원정

4차 전쟁의 주역은 그리스의 변방 국가 마케도니아였다. 알렉산더 대왕(기원전 356~기원전 323)의 동방원정(기원전 334~기원전 323)은 역으로 그리스 연합군이 페르시아를 공격하여 세계사를 바꾼 대사건이다. 그리스의 변방에 불과했던 마케도니아는 알렉산더의 부왕 필리포스 2세 때 금광을 발견한 자금을 동원하여 강력한 군대를 양성, 그리스 여러 도시국가를 평정하였다. 그리스 도시국가의 군사 동맹인 코린토스 동맹의 맹주(기원전 337)가 된 필리포스 2세는 페르시아 정벌을 선언했으나 이듬해 암살당하였다. 18세로 권좌를 이어받은 알렉산더는 내부 반대 세력과 이탈하는 도시국가들을 제압한 후, 20세 때 6,100명의 기병 및 3만 8천 명의 보병과 함께 애마(愛馬) 부케팔로스를 타고 동방원정에 올랐다. 알렉산더군이 120척의 함선으로 아나톨리아 반도에 상륙하여 진격해오자 페르시아의

29

이수스 전투, 폼페이 목신의 집에서 발견 (기원전 100년경, 나폴리 국립고고학박물관 소장)

다리우스 3세는 본국의 정예부대와 속국에서 징발한 30여만 명의 대군을 직접 이끌고 출전하였다. 왕중왕 다리우스 3세의 참전은 제국이 움직이는 대역사로, 후방 병참기지인 다마스쿠스에는 왕족과 대신들 궁중 악사를 비롯한 페르시아의 재정 창고까지 이동하였다. 아케메네스 페르시아 군대는 이수스(Issus) 평원에서 알렉산더 군대와 전투를 벌였는데, 페르시아 군대가 너무 많아 좁은 이수스 평원에 정열하지 못할 정도였다. 그러나 다리우스 3세는 이수스 전투에서 대참패하고 왕권의 상징인 망토와 활, 전차까지 버리고 황급히 도망쳤다. 다리우스 3세의 어머니와 왕비, 어린 왕자 등 가족들은 포로가 되었고 제국의 재정 창고도 그리스군에 빼앗겼다. 알렉산더는 페르시아 왕의 가족을 자기 가족과 같이 보호하겠다고 선포하고 정복지 노예들까지 해방시켜 민심을 잡았다.

이수스 전투에서 승리 후 알렉산더군은 후방을 다지기 위해 먼저 이집트를 공략하였다. 이집트는 별 저항 없이 항복하였다. 페르시아의 속국인

알렉산드리아 옥서스 성체 (테르미즈시 부근)

이집트 왕은 지위만 보장된다면 큰 희생을 치루며 저항할 이유가 없었다. 알렉산더는 점령한 이집트의 나일강 하구 항구도시에 알렉산드리아를 건설하였다.

그리스군은 이집트를 복속시켜 후방을 다진 후 페르시아의 수도 수사로 진격했다. 페르시아의 다리우스 3세는 속국 박트리아와 스키타이군까지 동원하여 군대를 재정비하여 맞섰다. 다리우스 3세는 모술 북부 가우가멜라(Gaugamela, 이라크 니네베Nineveh 부근)에서 그리스군과 일전을 치뤘으나 또다시 대참패를 하고 말았다. 가우가멜라 전투(기원전 331)에서 참패한 다리우스 3세는 박트리아 지방으로 도망치다가 지방 태수 벳수스에게 암살 당했다. 대제국 왕중왕의 허무한 종말이었다.

바빌론(바그다드 남쪽 80km) 시민들의 환영 속에 무혈점령한 알렉산너는 페르시아의 막대한 재정 창고를 넘겨받고 왕도(王道)를 따라 수사로 진격했다. 알렉산더는 수사 지사가 준비한 인도산 단봉낙타 여러 마리와 코 **31**

끼리 6마리를 선물로 받으며 화려하게 입성하였다. 그 대가로 수사의 현지 지사는 계속 자리를 유지하였다. 그리스군의 더 힘든 원정은 페르시아 본국을 정벌한 이후에 일어났다. 대등한 전우관계라고 믿었던 알렉산더의 전제군주 같은 행세를 비판하던 친구 필로타스를 처형하는 일이 벌어져 군인들의 충성심이 떨어졌다. 내부 불만을 어느 정도 진정시킨 알렉산더는 살해당한 다리우스 3세의 장례를 정중하게 마친 후, 다리우스 3세를 살해한 베수스를 잡는다는 명분으로 본거지인 박트리아로 진격하였다.

힌두쿠시산맥을 넘어 박트리아로 쳐들어가자 베수스는 아무다리아강을 건너 도망쳤으나 그 역시 배신을 당해 알렉산더에게 넘겨졌다. 알렉산더는 다라우스 3세를 살해한 베수스를 페르시아인들에게 넘겨줬다. 이는 페르시아 왕조의 강탈자가 아닌 자비로운 지도자 인상을 심어주기 위해서였다. 알렉산더는 아무다리아강(옥서스강)을 건너 페르시아의 속국 소그드(Sogdiana) 중심인 사마르칸트로 진격하였다. 그러나 스키타이계인 사카족과 연합한 소그드인의 거센 저항으로 의외의 고전을 겪었다. 사마르칸트 전투에서 3,000명의 그리스군이 몰살당하였다. 그리스군은 2년을 동분서주하며 전투를 벌였는데, 본국에서 증원군이 도착한 다음 겨우 안정시킬 수 있었다(기원전 329~328). 알렉산더는 박트리아에 성채를 구축하고 1만 3천 병력을 주둔시켜 방어케 하였으며 본국에

사카족 소조상

서 그리스인들을 이주시켜 정착케 하였다. 이들의 후손이 알렉산더의 원정 이후에도 250여 년간 이곳에 정착하면서 헬레니즘 문화을 탄생시킨 그리스—박트리아인들이다.

알렉산더의 무덤

훗날 알렉산더는 이집트의 알렉산드리아에 묻히게 되었는데, 제우스 신의 아들이라 생각했던 알렉산더는 제우스 신전에 묻히길 원했으나 본국으로 운구 중 이집트의 집정관 프톨레미(Ptolemy)가 장례 행렬을 가로막아 이집트 수도인 멤피스에 안장하였다. 이후 프톨레미 왕조의 2대 파라오가 알렉산드리아에 묘역을 조성한 후 알렉산더의 유해를 옮겨왔다. 2014년 그리스 마케도니아 지방 암피폴리스에서 둘레가 497m가 되는 거대 무덤이 발견되었는데 그리스인들은 알렉산더의 무덤이 아닐까 추정하고 있다.

이제 인도로 간다

그동안 서구인들이 세상 끝이라 생각하는 중앙아시아의 마와라알나흐르(mawaraan—nahr 옥서스강 건너의 땅, 트란스옥시아나)까지 정복한 알렉산더는 인더스강 남쪽으로 어마어마한 땅이 있다는 사실에 가슴이 뛰었다. 언젠가 스승에게 들었던 전설의 땅, 그리스의 신 헤라클레스와 디오니소스가 여행한 인도가 인더스강 넘어 있다는 것이다.

힌두쿠시산맥을 넘어 남하한 그리스군은 먼저 탁실라 왕국에 사자를

33

알렉산더 도강 기념비 (파키스탄 헌드Hund 박물관)

보내 항복을 받아내고, 인더스강(파키스탄 헌드Hund)을 건너 인도로 들어

갔다. 다음은 160km 남쪽 인더스강 지류인 히다스페스강(Hydaspes River,

지금의 Jhelum River) 건너 파우라바(Paurava) 왕국이 목표였다. "전장에서 만

나자!" 알렉산더의 항복 권유에 포루스(Porus) 왕의 짧은 답신이었다. 파우라바 왕국의 포루스 왕은 키 180cm의 건장하고 용맹한 장군이었다. 더욱이 그에게는 중장보병과 기병 3만여 명, 3백대의 전차를 비롯 200마리의 코끼리 부대까지 있었다. 그러나 히다페스 전투 승리는 알렉산더가 가져갔다.(기원전 326) 야음과 우천을 틈타 히다스페스강을 건넌 알렉산더군은, 수적으로 우세한 기병으로 파우라바군의 전열을 흩드렸다. 치열한 공방 속에 용감하게 싸운 포루스 왕에게 감복한 알렉산더가 물었다. "어떻게 해주길 원하는가?" "왕답게 예우해달라."

셀루쿠스 동전

포루스 왕이 준 정보를 가지고 진격하던 그리스 군대는 베아스강(Beas River, 라호르 동남 50km 인도 편잡주)에 이르렀을 때 자신들의 앞에 어떤 난관이 있는지 깨달았다. 인도는 알렉산더가 상상하던 것보다 넓은 땅이며, 당시 북인도 16국은 영토 분쟁 중에 있어 실전 경험이 풍부한 수적 우세의 적들을 계속해서 마주쳐야 한다는 것이다. 또한 그들과 싸워 승리한다 해도 더 강력한 군대 난다 왕조가 기다리고 있었다. 마가다국의 후손인 난다 왕조(기원전 345~기원전 321경)가 20만의 보병과 2만의 기병, 거기에 3,000마리의 코끼리부대 및 2,000여 대의 전차를 가진 강력한 나라였다.

35

8년간의 긴 전투에 지친 병사들의 요구를 거스를 수 없었던 알렉산더는 수명을 다한 애마 부케팔로스를 묻은 다음 인더스강을 따라 내려와 바빌론에 도착하였다.(기원전 324) 알렉산더는 이곳에 머물며 아라비아와 아프리카 원정까지 계획했으나, 말라리아에 걸려 병사하고 말았다.(기원전 323년 6월 13일) 11년 동안 3만 6천km 이상을 진군하며 패하지 않았던 영웅은 32세로 허무하게 생을 마감하였다. 그가 후계자를 지목하지 않고 사망하자 그리스 왕국은 내분을 겪다가 그 휘하의 장군들에 의해 3개로 분할되었다.

그리스 본토를 장악한 안티고네스와 이집트를 점령한 프톨레마이오스, 시리아와 박트리아 지역을 지배한 셀레우코스 왕조로 나눠졌다. 로마 카이사르와 안토니우스의 연인이었던 클레오파트라 여왕은 이집트 프톨레마이오스 왕조(기원전 305~기원전 30)의 마지막 파라오였으며, 훗날 헬레니즘 간다라문화를 만들어 낸 그리스인들은 셀레우코스 왕조에서 독립한 박트리아 지역 그리스인이었다.

월지족

화씨의 옥(和氏之璧)은 중국 전국시대 《한비자》에 나오는 이야기로, 옥(玉)은 황제에게 바치는 귀중한 물건이었다. 옥은 인(仁), 의(義), 지(指), 용(湧), 결(潔)의 5가지 덕을 갖췄다고 하여 옥새(玉璽)는 황제의 상징으로 황제만이 옥으로 국새를 만들어 사용하였다. 황제 아래의 왕들은 한 단계 낮은 금으로 된 금인(金印)을 사용하였다. 2011년 대한민국 5대 국새를

우루무치 옥

옥문관

KIST에서 금 41kg 4억 원을 들여 제작하였는데, 대한민국의 국새를 옥으로 제작했으면 좋았겠다는 생각을 해보았다.

옥(玉)은 여름철 곤륜산맥의 만년설이 녹아 흘러내릴 때 호탄의 백옥강과 흑옥강으로 떠내려 오는데, 둔황 서쪽의 기련산(祁連山) 부근에 살던 월지족(月氏族)은 호탄에서 수집한 옥을 중국에 수출하고 중국에서는 비단을 넘겨받아 서쪽으로 중계무역을 하면서 큰 이득을 취하고 있었다. 이들이 옥과 비단 무역으로 드나들던 관문이 바로 둔황 서북쪽에 위치한 옥문관(玉門關)이다.

월지족은 아리안족의 대이동 때 북방 중앙아시아 초원에서 부터 둔황과 호탄(和田)사이에 정착하였다.(기원전 2000~기원전 1500년경) 사마천의 기록에는 월지족이 둔황에서 기련산 중간에 있었다고 기록되어 있는데, 서북 몽골 지역인 알타이에서 타림분지까지 광범위하게 퍼져 있었던 것으로 보인다. 그들의 조상 우씨(禹氏)는 주나라 상왕 때 도도(騊騟)라는 준마를 헌상한 기마족이었다. 기마민족은 중국인들에게는 두려움의 대상으로 진의 시황제는 좋은 말을 헌상한 나(倮)라는 오랑캐를 대신들과 함께 조회에 들게 할 정도였다. 당시에도 2~4마리의 말이 끄는 전차는 있었지만, 지

37

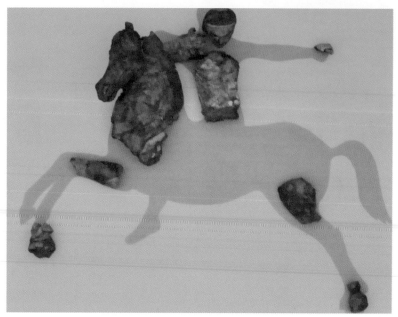

페르시안샷 (타슈켄트 예술연구소)

금보다 말의 체격이 작았던 당시로는 기병은 유목민들의 전유물이다시피 했다. 달리면서 뒤돌아 화살을 날리는 일명 페르시안 샷은 기원전 9~8세기 아시리아에서 시작하여 점차 퍼져 나갔는데, 유목민들의 전투력은 보병들에게는 공포의 대상이었다.

기마 궁술을 가진 흉노 기마병의 강력함을 경험한 중국 춘추시대 조의 무령왕은 유목민들의 기마전술을 받아들여 군대를 양성하였는데(기원전 307), 바로 호복기사(胡服騎射)다. 당시의 유교 사회에서 짧은 상의 저고리의 기마복장은 사회 분위기상 쉬운 일이 아니었다.

강성한 월지족은 오르도스 지역의 흉노를 복속시켜 흉노족장 장자인 묵특(冒頓)을 볼모로 잡고 있었으며(기원전 209 이전), 가까이 있던 기련산 부근의 오손(烏孫)을 천산산맥 북쪽으로 쫓아냈다.(기원전 177년경 이전) 오

월지족의 서천 경로

손족은 흉노의 공격으로 왕이 죽고 어린 곤막(昆莫)은 들판에 버려졌었는
데, 흉노의 선우가 거둬 키웠다. 곤막이 성장하여 공을 세우자 흉노 선우
는 곤막에게 오손족을 줘 흉노의 서쪽을 수비케 하였으나, 곤막이 세력을
키워 흉노로부터 독립하여 있다가 월지에게 쫓겨 지금의 카자흐스탄 지역
인 이식쿨 북쪽 이리강(Ili river) 유역에 정착하였다.

흉노제국의 건설자 묵특(冒頓, 재위 기원전 209~기원전 174)이 월지국에 볼
모로 잡혀 있을 때, 아버지 두만이 월지족을 공격하였다. 흉노족장 두만
은 장자인 묵특 대신 후비 연지에게서 난 어린 아들에게 왕위를 주고 싶었
기 때문이었다. 그러나 용맹했던 묵특은 월지왕의 말을 훔쳐 타고 흉노의
근거지로 살아서 돌아왔다.

몇 년 후 세력을 키운 흉노는 월지를 공격하여 멀리 이리 지방으로 쫓
아냈다. 흉노에게 패한 월지가 이리 지방으로 도착했으나, 수년 전 월지의
핍박으로 이리 지방으로 이주해 정착해있던 오손이 그들을 곱게 볼 리 없
었다. 월지족은 흉노와 오손의 압박이 심해지자 더 서쪽으로 갈 수밖에

39

춘추시대 병사 복장 (진시왕릉 병마용)

없었는데, 파미르 서쪽을 따라 남하한 그들이 도착한 곳이 바로 박트리아 부근인 옥서스강 북쪽, 지금의 타지키스탄 서부와 우즈베키스탄 지역이다.(기원전 160년경) 월지는 서방에서 토하르인(Tokharians)으로 불렀으며, 중국에서 박트리아를 대하(大夏)로 부른 것은 토하르를 음역한 것이다. 월지의 서천은 기원후 1세기 쿠샨왕조의 첫 불상 제작과 불교의 중국 전래 이야기로 이어진다.

흉노의 활약

묵특은 월지에서 탈출하여 흉노에 돌아온 후 아버지에게서 부여받은 1만기의 군사를 혹독하게 훈련시켰다. 묵특은 첫 번째 시험으로 탈출할 때 타고 온 말을 향해 명적(鳴鏑)을 날렸다. 군사가 감히 장군의 말에 화살을 쏠 수 없어 망설이자 그중 몇 명을 지목하여 목을 베었다. "내가 화살을 날린 곳으로 무조건 화살을 쏴라." 다음은 묵특 자신의 애첩(愛妾)을 향해 살을 날렸다. 이번에도 몇몇 병사가 활쏘기를 주저하자 가차 없이 목을 베었다. 이후로 묵특의 명령에 모두 철저하게 복종하는 군사가 되었다. 묵특이 쏜 명적은 화살촉 대신 둥근 호루라기 모양을 달아 '피융~' 소리가 나 공격 명령의 신호로 사용하는데, 바로 일의 시작을 나타내는 효시(嚆矢)다.

묵특은 군대 조련을 마친 후 아버지 두만을 찾아가 말했다. "모처럼 사냥을 나가 그간 서먹했던 가족 관계를 푸는 자리를 마련하고 싶습니다." 두만과 연지를 비롯한 대신들 모두가 사냥터에 이르자 묵특은 명적을 아버지 두만에게 날렸다.

41

명적

아버지 두만과 반대파를 제거한 묵특은 부족들을 제압하고 흉노족의 선우로 등극하였다.(재위 기원전 209~기원전 174) 묵특이 새로이 선우에 오르자 아직 흉노의 세력을 업신여긴 동쪽의 동호(대흥 안령 동쪽, 선비족의 선조)가 사신을 보내 흉노의 천리마를 달라고 했다. 이에 대신들의 뜻을 물으니 대신들이 반대하자 "이웃과 말 한 필 때문에 불편하게 지낼 필요가 있는가"라며 흔쾌히 말을 내주었다. 동호는 또 사신을 보내 묵특 선우의 애첩 중 하나를 보내라고 했다. 이번에도 대신들이 화를 내며 반대하자 "기껏 여자 한 명 때문에 이웃과 전쟁할 수는 없지 않은가"라며 애첩을 보냈다. 그러자 동호는 더욱 오만해져 흉노와 동호 사이 사람이 살지 않는 땅이 있으니 동호가 차지하겠다고 또 다시 사신을 보냈다. 이번에는 대신들이 쓸모없는 땅이니 동호에게 주고 선린관계를 유지하자고 말했다. 묵특은 불같이 화를 내며 땅을 내주자는 대신의 목을 밴 후 말에 올라탔다. "땅은 나라의 근본이다. 늦은 자들은 목을 벨 것이다." 신속하게 동호를 급습한 묵특은 동호왕을 살해하고 가축과 포로를 잡아 귀국했다. 묵특은 그 여세를 몰아 자신을 볼모로 잡았던 월지를 공략하여 멀리 이리 지방으로 내쫓았다.(기원전 176년경)

흉노는 그동안 월지가 장악한 동서교역권을 차지하고 그 세력이 더욱 강성해졌다.

"지금 나는 신하가 맹약을 깨뜨렸기 때문에 우현왕을 벌하고, 그에게

42

명하여 월지를 토벌시켰다. 그들을 모두 참살하고 항복시켰으며 누란, 오손, 호게 등 근린의 26국을 평정하여 모두 흉노에 포함시켰다. 이리하여 활 쏘는 민족은 모두 일가가 되고 북방의 고을들은 모두 안정되었다."《사기》흉노열전에는 묵특이 한 문제(재위 기원전 180~기원전 157)에게 보낸 서신이 기록되어 있다. 묵특의 아들 노상선우는(재위 기원전 174~기원전 161) 월지를 공격하여 월지왕의 두개골을 잘라 술잔으로 사용하였다. 흉노의 공격으로 왕까지 전사하자 월지는 새로운 터전을 찾아 서천하게 되었다. 30여 년 후 한나라의 정건이 서역으로 간 것은 서천한 월지족을 찾아 흉노에게 대항할 동맹을 맺기 위함이었다.

진나라는 호(胡)에게 망한다

진시황제는 북방 유목민을 막기 위해 많은 국력을 투입하였다. 중국의 상징인 만리장성은 유목민의 침입을 막기 위해 조나라와 연나라의 장성을 보강하고 연결하면서 시작되었다. 39세(기원전 221)에 천하를 통일한 진(秦) 시황제 영정(嬴政)이 순행 중 사망하자 진나라는 급격하게 기울었다.(기원전 210)

진나라는 결국 시황제의 유언을 조작하여 장남 부소와 몽염 장군을 제거하고 황제에 오른 둘째 아들 호해(胡亥)와 환관 조고에 의해 멸망하였다.(기원전 207) 진나라의 멸망 후 한 고조 유방(劉邦)이 다시 중국을 통일한 때가 기원전 202년이다. 이듬해 묵특이 산시성 북부에 침입하자 유방은 32만의 대군을 이끌고 출병하였다. 그러나 산서성 대동 동쪽 평성에 진

43

을 친 고조의 군대는 흉노의 전략에 걸려 백등산에서 40만의 흉노에 포위되고 말았다. 추위와 굶주림 속에 7일을 버틴 한군은 흉노의 연지에게 뇌물을 주고 겨우 포위망을 빠져나와 돌아왔다. 바로 '평성의 치'다.

흉노의 연지는 선우를 움직일 정도로 강한 발언권이 있었는데, 흉노왕과 결혼한 연지는 일종의 부족 간의 결합성격이 강했다. 한의 사자는 한나라에는 미인이 많아 선우가 중국을 얻게 되면 연지의 자리도 위태로울 수 있다고 연지를 설득했다고 한다. 한 고조는 사신을 보내 흉노와 협정을 맺었는데 그 내용이 굴욕적이었다.

1. 한 왕실의 여자를 연지로 보낸다.
2. 매년 한은 흉노에게 비단과 솜, 쌀을 보낸다.
3. 한과 흉노는 형제의 맹약을 맺고 화친한다.

흉노는 묵특(재위 기원전 209~기원전 174)에서 노상선우(재위 기원전 174~기원전 161) 기간 동안 흉노 집단의 통일과 숙적 월지를 격파하여 서역으로 가는 무역로를 차지하였으며, 한나라에서 받은 비단 등을 수출하는 등 강성기를 맞이하였다.

장건의 서역 파견

고조의 유언에 따라 한나라는 흉노와 전쟁을 피하고 관시를 열어 장성 북방에서 흉노와 교역을 허락하는 등 해마다 선물을 보내 흉노를 후하게 대하였으나, 흉노는 수시로 변방에 침략하여 약탈하기를 그치지 않았다. 또한 고조가 죽자 묵특은 서신을 보내 "나 또한 혼자이고 고후(高后) 또한 독신으로 외로우니…" 하며 희롱하는 서신까지 보냈다. 이러한 굴욕 속에 무제(재위 기원전 141~기원전 87)가 나이 15세로 한의 7대 황위에 올랐다.

흉노를 공략할 준비를 하던 무제는 포로로 잡힌 흉노를 신문하던 중 '약 30년 전 월지가 흉노에게 패해 이리 지방으로 도망갔으며, 전사한 왕의 두개골이 흉노의 술잔으로 사용되는 치욕을 설욕할 동맹을 찾고 있습니다'라는 정보를 얻게 되었다. 무제는 즉위 2년, 월지를 찾아 장건을 사신으로 파견하였다.(기원전 139)

장건은 흉노에서 귀화한 감보를 길잡이 삼아 100명의 군사와 함께 출발하였으나 얼마 가지 못하고 곧 감숙 지방에서 흉노에게 발각되어 포로가 되고 말았다.

"월지는 우리 북쪽에 있다. 우리가 한의 남쪽 월나라로 사자를 보내 군사동맹을 맺고자 한다면 한나라는 통과하도록 허락 하겠느냐?"

흉노 군신(軍臣)선우(기원전 160~기원전 126)는 버럭 화를 내며 힐책하였으나, 장건의 태도가 의젓하고 인격이 훌륭함을 보고, 그를 귀화시키려 흉노의 처녀를 주어 정착하게 하였다. 장건은 10년 동안 흉노에 머물며 아이를 낳고 흉노에 복속하는 척하였지만 항상 품속에 황제에게서 받은 부절(剖折)을 몸에 지니고 있었다.

어느 날 감시가 느슨한 틈을 타 장건은 몰래 감보와 종자들을 불러 모아 말을 달려 월지를 찾아 전속력으로 달렸다. 장건 일행이 이리(伊犁) 지방에 도착하였으나, 이미 월지는 이리 지방을 떠나 더 서쪽으로 이동한 상태였다. 장건이 월지를 찾아 대원국(大宛國)에 도착하자, 대원왕은 "당신

45

장건의 서역 출사도

들은 어디로 가려는 것인가?" 물었다. 대원국은, 현재 우즈베키스탄의 페르가나(Fergana) 분지로 땅이 비옥하고 적당하여 옛 소련연방 시절 2%에 불과한 농토에서 밀의 50%가 생산되었다고 한다. 무제가 열망하던 한혈마(汗血馬)가 바로 이 대원국의 준마(駿馬)였다. 익히 한나라에 대한 소식을 알고 있던 대원왕은 한과의 교역을 원했으나 기회를 얻지 못한 상태였다. 장건이 월지를 찾는 데 도움을 주면 훗날 황제의 큰 상이 내릴 것이라고 말하자 대원왕은 길잡이를 딸려 일행을 시르다리야 부근의 강거(康居)로 보냈다. 대원의 사자의 설명을 들은 강거는 일행을 다시 월지로 안

부절

내하였다. 대월지는 제라프산강(Zeravshan River) 유역, 타지키스탄 서부 박슈(Vakhsh) 지역과 우즈베키스탄 소그드지역(Sogdina)으로 이주해 정착해 있었다.

월지는 비록 흉노에게 쫓겨 파미르 고원을 돌아 먼 곳까지 이주하였으나, 인구 약 40만의 유목국가로 강력한 무력을 바탕으로 남쪽 옥서스강 유역의 대하(大夏, 박트리아)를 복속시키고 있었다. 대하는 앞서 설명한 알렉산더 대왕의 원정 이후 이곳에 정착하여 살던 그리스인들로 구성된 그리스—박트리아 왕국이 있었지만, 장건이 도착하기 몇 년 전 스키타이계 사카에게 쫓겨(기원전 140년경) 그리스인들은 힌두쿠시를 넘어 지금의 간다라 지방으로 이주하였고, 사카족이 정착하고 있었다.

월지왕을 만난 장건은 무제가 준 부절(不節)을 내보이고 그간의 과정을 설명하였다. 장건은 한나라와 협공하여 흉노를 제압하자는 무제의 뜻을 열변하였지만, 월지왕은 호응하지 않았다. 비록 월지족이 흉노에 굴욕당하

47

대월지 정착지

고 쫓겨왔으니, 이미 30여 년 전 일이며 이제 막 정착한 지역에서 강자로 군림하고 있었기에 위험을 감수하며 먼 길을 다시 돌아갈 이유가 없었다. 1년간을 월지에 머물며 설득한 장건은 월지가 뜻이 없음을 알고, 월지까지 오는 과정에서 보았던 대원과 강거를 비롯한 서역의 정보들을 황제에게 보고하기 위해 돌아갈 결심을 했다. 그사이 한과 흉노 관계는 더욱 악화되었다. 마읍성 사건(기원전 133)이 벌어진 것이다.

흉노는 한을 얕보고, 장성 바로 밑까지 와 활보하거나 물품을 교환하였다. 한나라는 사신을 보내 마읍성으로 선물을 보낼 것이며 관시를 열 것이라고 군신선우를 꾀어냈다. 군신은 신하와 10만의 군사를 대동하고 나들이 삼아 마읍성 부근에 왔으나, 주변이 조용하고 가축들은 보이나 사람이 없는 것을 이상하게 여겼다. 한이 30만 명의 군대를 매복하고 기다리고 있었던 것이다. 매복이 있음을 눈치 챈 군신선우가 급히 북쪽으로 돌아

48

간 후, 흉노는 한과의 화친을 끊고 변경에 침입하여 약탈하기를 빈번히 하였다. 귀국에 오른 장건은 흉노의 영토를 피해 올 때와 다른 남쪽 길을 택하였다. 서역 남로 역시 흉노에 복속하는 영향권 아래 있지만, 카슈가르에서 곤륜산 기슭을 따라 호탄과 티벳 강족의 차이담을 경유해 장안으로 돌아갈 계획이었다. 그러나 이번에도 곧 붙잡혀 흉노 선우정으로 압송되었다. 꼼짝없이 죽을 위기였으나 기회가 다시 찾아왔다.

34년간 통치하던 군신선우가 죽자 군신선우의 아들 태자 어단과 선우의 동생 좌곡려왕 이치사 간의 후계자 문제를 놓고 다툼이 벌어졌다. 그간 흉노 선우는 묵특에서 군신선우까지 장자 원칙으로 내려왔으나, 이 원칙이 깨져 선우 등극에 다툼이 벌어지는 선례를 남긴 것이다. 이치사에게 패한 태자 어단 일족은 살아남기 위해 장건을 앞세워 한나라에 투항하기로 했다. 장건은 흉노를 탈출할 때 남겨둔 아내와 자식들을 동행하여 장안으로 귀국하였다.(기원전 126) 떠날 때 100명이었으나 장건과 감보만이 살아서 돌아온 것이다.

무제는 파견한 지 13년이 되도록 소식이 없어 이미 죽은 줄 알았던 장건 일행을 반갑게 맞이하여, 장건을 태중대부에 감보를 봉사군에 봉하여 그 공로를 치하하였다. 장건은 비록 월지와 연합은 성공시키지 못했지만, 서역의 정보를 보고하였다.

"대월지는 대원 서쪽 2~3천 리에 있고 위수(옥서스강) 북쪽에 있다. 남쪽으로는 대하, 서쪽은 안식국 북쪽은 강거로 가축과 더불어 이동하면서 생활하고 있다. 그 풍습은 흉노와 비슷하다. (…) 따라갈 수 없었던 일파는 남산산맥 부근의 강족이 지배하는 지역에 살고 있는데 소월지라고 한다. 대하는 대원 서남쪽 2천 리 위수 남쪽에 있다. 토착생활을 하며 성벽과

49

가옥이 있고 그 풍습은 대원과 같다. 인구는 많아서 100만 정도이며 군대가 약하여 전쟁을 두려워 한다. 그 남쪽으로는 신독국(인도)이 있다.'《사기》대원전의 기록이다.

상선이 귀국할 때 시역의 포도, 거여목, 석류, 오이, 완두콩, 호두 등이 중국에 전해졌다고 한다. 또한 서역 음악과 불교 전래까지도 언급하고 있으나, 급박하게 탈출하는 상황에서 가능하지 않았을 것이다. 이것은 시조 전설(始祖傳說)로 보이며, 서역의 물품들은 이후 왕래가 잦아지면서 한나라에 유입되었을 것으로 충분히 유추할 수 있다.

장건이 말하길, "대하에 있을 때 공(邛, 사천성)의 죽장과 촉(蜀, 사천성)의 비단을 보고, '이것이 어디에서 왔는가?'라고 물으니 '멀리 신독(身毒, 인도)에서 사온 것입니다'라고 들었습니다. 대하는 한의 1만 2천 리에 있고, 신독은 대하의 수천 리 동남쪽에 있으니 촉에서 인도로 가는 길이 멀지 않을 것입니다. 촉 땅에서 서남쪽으로 간다면 신독에 다다를 수 있을 것입니다."

장건의 건의를 받아들인 무제는 서역으로 가는 길을 개척하고자 사신을 파견하였다. 4대로 나눈 사신단을 각각 길을 달리하여 인도로 향하게 하였으나, 북쪽은 티베트족, 남쪽은 버마족과 샴족의 방해를 받아 운남 지방까지 갔다가 되돌아왔다. 인도로 넘어간 비단은 이들 사천성과 티베트족에 의해 중개되었을 것으로 보이며 이 길이 바로 실크로드보다 더 험하고 오래된 차마고도이다. 4,000m가 넘는 준령을 헤쳐 나가는 차마고도는 눈이 녹는 기간 동안 인도로 넘어갔다가 이듬해 눈이 녹은 다음 돌아올 수 있는 험준한 무역로였다.

중국의 비단

로마 황제 카이사르가 한금(漢錦)으로 지은 옷을 입고 극장에 나타나 이목을 끌자 로마 귀족들이 앞다투어 중국 비단옷을 해 입고 행세를 하였다. 이 때문에 로마 금화가 모자랄 정도로 사치가 심해지자 티베리우스 황제는 남자들의 비단옷 착용을 금지했을 정도였다.

비단의 기원은 대략 기원전 6000~3000년으로 황제의 왕비인 누조(嫘祖)가 처음 비단을 만들었다는 전설과 기원전 2700~2400년 중국 상고시대 황후 서능이 누에고치를 가지고 놀다가 실수로 뜨거운 찻잔에 빠뜨렸는데 실이 따라 올라오는 것을 발견하여 비단이 시작되었다는 산동성 발원설 등이 전해지고 있다. 비단의 기원이 청동기만큼 오래되었다고 볼 수 있다.

기원전 4세기 흑해 서부 연안 트라키야인의 무덤에서 비단이 발견된 것으로 보아 중국 비단의 수출은 실크로드가 개착되기 훨씬 이전부터 서방에 전해지고 있었다. 헤로도토스(기원전 490?~기원전 420?)의 《역사》에 세레스(seres)가 기록되어 있다. 지역은 불분명하지만 흑해 북방의 민족을 설명하는 말미에 소개된 세레스가 중국이 아닐까 주장하는 학자들이 있다. 그 당시 그리스에서 비단을 세레스라 하였고 비단이 나오는 미지의 국가는 신장이 6.5m나 되고 수명이 200세가 넘는 사람들이 사는 동방의 어느 나라로 막연하게 알고 있었다. 중앙아시아를 거쳐온 비단은 페르시아와 파르티아의 중계로 그리스와 로마로 전해졌기 때문에, 이 값비싼 화려한 물건이 어디에서 나왔고 재료가 무엇인지 알 수 없었다.

중국 후한의 반초는 로마와 직접 교역을 위해 부하 감영을 대진국(로

51

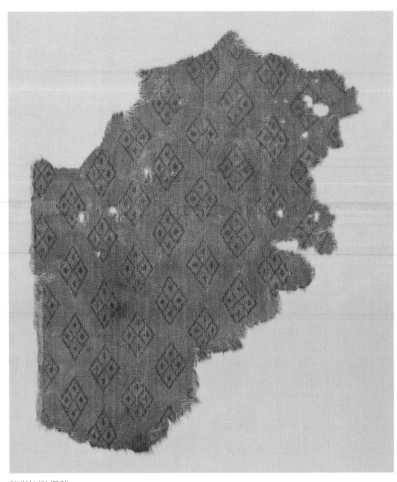

한대의 비단 (둔황)

마)에 사신으로 파견하였으나 도중 안식국(파르티아)의 방해를 받고 중도에 귀환하였다. 중국은 양잠과 비단 직조기술을 극비로 하였기 때문에 수세기 동안 생산을 독점하였으며, 6세기에 이르러 로마에 양잠술이 전해졌다.

동로마 유스티니아누스 때(551년) 2명의 신부에 의해 세린다(Serinda)에

호탄 잠종 설화 목판

서 누에와 양잠술을 가져왔다. 세린다는 예전부터 서방에 비단을 수출했던 호탄(우전국)으로 추측된다. 호탄의 양잠은 중국에서 시집오는 공주가 머리의 관에 몰래 누에씨와 뽕나무를 가져와 호탄에서 양잠이 시작되었다고 한다. 탐험가 스타인이 발굴한 단단위릭 사원터에서 호탄의 잠종전설(蠶種傳說) 목판을 발견하였는데, 현장 스님의 기록에도 귀로에 호탄에 머물 때, 마사(麻射, 사원)에서 말라죽은 몇 그루의 뽕나무를 보았으며 옛 선왕 때, 중국에서 시집온 공주가 가지고 와 심은 본래 뽕나무라고 하였다.

03 한나라에서 5호16국시대

한과 흉노

월지족을 찾아 장건을 파견한 무제는 마냥 손 놓고 있지 않았다. 흉노 선우를 잡기 위한 매복 작전인 마읍성 사건은 흉노에 대한 선전포고였다. 기원전 129년에서 기원전 119년까지 약 10년간의 삭방과 하서 지역 공방은 서역으로 가는 길을 뚫기 위한 한과 흉노의 치열한 싸움 기간이었다.

기원전 129년 흉노가 상곡군(上谷郡, 지금의 허베이성)으로 침입하자 네 명의 장수에게 각각 1만의 군사를 주어 대적케 하였으나 모두 패하고 말았는데, 위청(衛靑)만이 흉노의 중심까지 진격하여 흉노 병사 700여 명을 죽이고 돌아왔다. 위청은 노비 출신으로, 무제가 누이인 평양공주의 집에 놀러 갔다가 가녀(歌女) 위자부(衛子夫)를 후궁으로 들였는데 위청이 바로 위자부의 오라비다.

반격에 나선 한나라 위청은 운중(雲中)으로 진격하여 오르도스 지방의

한나라군

흥노 백양왕(白羊王)을 괴멸시키고, 옛 진나라 몽염 장군이 쌓은 장성을 보수하여 삭방군(河套, 하투)을 설치하였다.(기원전 127) 그러나 일시적인 승리였고 흥노와 싸움은 일진일퇴하였다. 이처럼 흥노와 전투가 치열했던 상황에서 장건의 귀국(기원전 126)은 무제에게 큰 경사였다.

장건으로부터 보고를 받은 무제는 2년 후 전군을 동원하여 서역으로 통하는 길목인 하서 지방으로 진출하기 위해 출정하였다. 위청이 삭방 지역에 있던 흥노를 급습하자 한의 군대를 가볍게 보고 무방비로 있던 우현왕은 급히 도망쳤으며, 위청은 흥노 1만 5천 포로와 수십만 두의 가축을 포획하는 큰 전과를 올렸다.(기원전 124) 무제는 전선에 사자를 보내 위청을 대장군에 임명하였다.

기원전 121년 봄, 한의 무제는 하서 공략을 위한 재차 출정을 감행하였다. 이때 혁혁한 공을 세운 사람은 18세의 곽거병이었다. 대장군 위청을 따라 출정한 곽거병은 1만의 기병을 이끌고 언지산과 기련산으로 출정

55

한나라군 무기

하여 흉노 1만 8천 명의 수급과 휴도왕이 하늘에 제사를 지내던 제천금인 (祭天金人)을 탈취하는 대성과를 거두었다.

곽거병은 위청의 조카로, 총명하고 무예가 뛰어나 어린 나이에 불구하고 무제의 총애를 받아 시중을 드는 교위직에 올라 있었다. 휴도왕과 함께 하서 지방을 방어했던 혼야왕은 흉노 선우의 호출이 있자 패전의 질책이 두려워 휴도왕을 죽이고 4만 명을 거느리고 한나라에 투항하였다. 이후 금성(金城)에서 기련산맥(祁連山脈)을 따라 염택(Lop Nor)에 이르기까지 하서 지방에는 한 명의 흉노도 눈에 띄지 않았고, 언지산(焉支山)을 잃은 흉노는 '가축을 번식시킬 곳이 없고 여인들이 연지를 바를 수가 없게 되었구나' 한탄했다고 한다.

한나라는 여세를 몰아 위청과 곽거병이 각각 5만의 병력을 이끌고 고비 사막 깊숙이 양군(襄郡, 내몽골자치구)과 대군(代郡, 하북성)으로 진격하여 선우의 본거지를 격파하여 7만의 포로를 잡는 큰 전과를 올렸고, 흉노 선우가 10여 일간 행방불명되기까지 하였다(기원전 119). 이로써 흉노를 멀리

56

기련산맥

오르콘강(Orkhon)까지 추격하여 고비 이남에서 흉노를 완전히 몰아냈다. 하서를 장악한 한나라는 무위, 장액, 주천, 둔황에 순차적으로 하서4군을 설치하였다(기원전 115~기원전 73년경). 하서4군의 설치로 서역으로 가는 통로를 확보함과 동시에 티베트 강족과 북방 흉노의 연계를 차단할 수 있게 되었다(한나라의 제1차 서역 경영).

한의 제1차 서역 경영 시기인 기원전 109년, 한무제는 수륙양군을 동원해 동쪽의 위만조선을 공격하였다. 한나라 국경 침입을 막고 북방 유목민과 연결을 차단하기 위하였다. 1년 동안의 항쟁 끝에 위만조선이 멸망하고 그 지역에는 낙랑군을 비롯한 진번·임둔(臨屯)·현도군(玄菟郡) 등 한 4군을 설치하였다.(기원전 108~107) 일설에는 휴도왕의 일족들이 위만조선 공략에 투입되었다고 한다. 위만조선의 끈질긴 저항으로 한나라는 현도군을 진번에 통합하고 기원전 82년에는 진번과 임둔의 2군을 폐쇄했다. 요동반도 및 황해도와 평안도 지역의 낙랑군만이 313년 고구려 미천왕에게 멸망할 때까지 약 400년 동안 지속되었다.

57

제천금인

흉노 휴도왕의 제천금인(祭天金人)이 불상일 것이라는 설이 있다. 중국에 불교가 전래된 3가지 설 가운데 하나이다. 본격적인 불상 제작이 쿠샨왕조 시절부터 시작한 점을 감안하면 100년 이상 앞선 시기에 의문이 들 수 있지만, 중앙승가대학교 교수인 자현 스님은 휴도(休屠)는 부도(浮屠, 붓다)의 음사라고 발표하였다. 즉 휴도왕이 인도에서 전래된 불교를 믿었고 금인이 불상일 것이라는 설이다.

휴도왕에 대한 또 하나의 흥미로운 점은 우리나라 신라 김씨의 시조에 대한 연관성이다. 신라 문무왕릉비(文武王陵碑)에는 '투후(秺侯) 제천지윤(祭天之胤)이 7대를 전하여… 15대조 성한왕은 그 바탕이 하늘에서 신라로 내려왔다'라는 구절이 있다.

또한 당나라에 살았던 신라인 김씨 부인의 업적을 기리는 대당고김씨부인묘명에도 신라 김씨의 시조가 투후 김일제라고 기록되어 있다.

혼야왕이 한나라에 투항할 때, 휴도왕을 죽이고 그의 부인과 4살된 장남 일제와 동생 윤(胤)과 함께 왔다. 일제는 말사육장의 노예로 있다가 무제의 눈에 띄어 시중(侍中)과 광록대부에 올랐다. 일제는 무제의 암살 시도를 막은 공로로 거기장군의 지위와 김씨 성과 봉지를 하사받았다. 김일제의 자손들은 전한이 망하고 신나라 때 왕망의 외가로서 주요 관직에 올랐는데, 후한 광무제가 왕망을 토벌하자 왕망 편에 섰던 김일제의 후손은 한반도로 망명하였다고 전해진다. 중국 산동성 하택시 성무현 옥화묘촌은 김일제가 봉지로 받은 투현으로 현재 입구에 표지석이 남아있다고 한다.

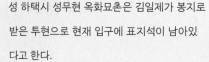

김일제 석상

한나라의 서역 경영

흉노를 고비사막 북쪽으로 쫓아낸 무제는 장건의 건의를 받아들여 이리강 부근의 오손으로 사신을 파견하였다.

"원래 혼야왕의 땅은 텅 비어 있습니다. 오손에 선물을 주어 하서 지방에 이주케 하면 흉노의 진출을 막아줄 외호로 삼을 수 있습니다. 또한 오손은 서쪽으로 대원과 대하와 이어져 있어 이들 나라까지 외신으로 삼을 수 있습니다."

무제는 장건을 정사(正使)로 많은 부사를 딸려 오손으로 파견하였다(제3차 서역 파견). 오손에 도착하여 대원, 강거, 월지와 대하로 부사를 파견하였다. 비록 오손의 이주는 실현되지 못했지만 오손의 서극마(西極)를 가지고 귀국했으며 한나라의 강성함을 서역 여러 나라에 알리는 계기가 되었다. 한은 오손왕에게 강도왕의 딸 세균을 공주의 신분으로 보내고, 매년 수백 명의 사신단을 많게는 10여 차례 서역 각국으로 파견하였다.

무제는 유목민과 전투에서 항상 열세에 밀린 이유가 훌륭한 말이 없기 때문이라고 아쉬워 했다. 장건으로부터 한혈마라는 명마가 대원(大宛)에 있다는 보고를 받은 무제는 금마(金馬)와 천금을 주어 대원에 장사를 파견하여 사오도록 했다. 지금의 페르가나 분지에 위치했던 대원은 튼튼한 성곽이 있고 70여 읍성에 수십만의 인구와 궁기병을 갖춘 나라였다. 대원왕은 한나라가 사막 넘어 극동에 있어 대원까지 쳐들어올 수 없다고 판단하고 말 교역을 거절했을 뿐만 아니라 귀국하는 사신단을 욱성성(郁成城)에서 습격하여 재물을 빼앗았다. 겨우 목숨만 살아 돌아온 사신단의 보고를 받은 무제는 격노하여 대원 원정을 명하였다.

59

옥문관

무세는 후궁의 오빠인 이광리를 총대장으로, 속국에서 징발한 6천 명의 기병과 수만 명의 악소년(惡少年)들을 소집하여 대원 원정을 출발시켰다.(기원전 104) 그러나 한의 군대를 본 각국의 오아시스국들은 성문을 굳게 잠그고 식량과 물품을 제공하지 않아 사막을 건너는 데 많은 희생을 치렀으며 겨우 도착한 욱성성의 전투에서도 역습을 받아 오히려 패하고 말았다. 원정을 실패하고 2년 만에 겨우 둔황에 돌아왔으나 살아 돌아온 사람들은 처음 출발 인원의 2할밖에 되지 않았다(제1차 대원 원정). 원정 실패를 보고받은 무제는 불같이 화를 내며 '옥문관 안으로 들어오는 자들은 목을 치겠다'고 관 밖에 대기시킨 후 재차 원정을 준비케 하였다.

제2차 대원 원정은 만반의 준비를 하였다. 기병 6만과 불량배들을 속죄시켜 소집하고, 소 10만 마리, 말 3만 마리 및 당나귀와 낙타 1만 마리와 물자를 준비시켜 제2차 원정을 출발시켰다.(기원전 102) 또한 흉노가 군대

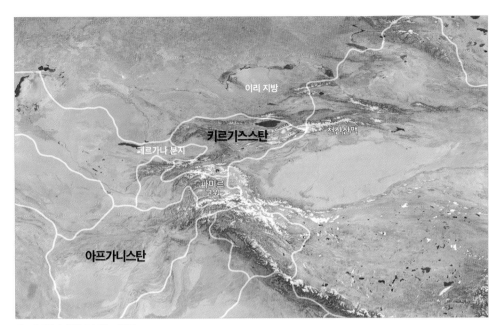

페르가나 분지, 한혈마가 있는 대원국

의 후방을 교란할 것을 대비하여 하서 지방에 18만 명의 대군을 진출시켜
방어케 하였다.

제1차 원정에서 협조하지 않았던 오아시스의 소국들도 한나라 대군의
위세에 놀라 성문을 열고 순순히 항복하였으며, 협조하지 않은 윤두(侖頭)
를 도륙하며 진군하였다. 이번에는 제1차 원정에서 패하였던 욱성성을 우
회하여 곧장 수도 이사성을 포위하였다. 한군은 이사성의 견고함을 알고
수공을 이용하여 공략하였다. 수공과 3만 대군에 놀란 대원의 귀족들은
왕 모과(母寡)를 죽여 그 머리를 한나라군에 바치며 좋은 말을 주는 조건
으로 화친을 청하였다. 그렇지 않으면 명마들을 모두 죽이고 서쪽의 강거
와 연합해서 싸우겠다고 협박을 하였다.

이광리는 친한파인 매채(眜蔡)를 새 대원왕으로 세우고 선마 수십 필과
중마 이하 3천 필 등을 전리품으로 가지고 귀국했다. 무제는 그 기쁨을 담 **61**

아 서극 천마가를 지어 노래하였다. '천마가 오네, 서극에서 오네, 만리를 넘어 유덕하게 귀환하네.'

이광리는 대원 원정의 공을 인정받아 이사 장군의 직위를 하사받았다. 제2차 대원 원정은 군마 확보뿐만 아니라 서역 오아시스국들에게 한의 무력을 과시하는 계기가 되었다. 타림분지의 소국들을 복속시킨 무제는 둔황에 주천도위(酒泉都尉)를 두고 쿠차와 쿠러얼(庫尔勒) 부근에 둔전을 설치하였으며 교통로에 군대를 주둔시켜 외국으로 가는 사신들의 물품을 공급과 안전을 도모하였다. 그러니 서역 경영은 끊임없는 국력의 소모선이었다.

대원 원정 3년 후 북쪽에 준동하는 흉노를 정벌하기 위해 이광리로 하여금 흉노 우현왕을 치게 하였다.(기원전 99) 이 원정에 종군한 이릉(李陵)은 5,000명의 궁병(弓兵)을 이끌고 내몽골 북쪽 거연해(居延海)로 진출하였다가 차제후선우의 주력군 8만과 맞닥뜨렸다. 이릉은 3만의 군사를 이끌고 적진 깊숙이 적을 유인하여 흉노를 양분시키는 역할이었으나, 후위 부대가 오지 않아 중과부적으로 싸울 수밖에 없었다. 이릉은 화살이 떨어질 때까지 적병 1만을 사살하며 분전하였지만 수적 열세로 포로가 되고 말았다.(기원전 99)

흉노 차제후선우는 이릉의 분전에 감복하여 살려두었는데, 이서라는 자가 이릉이 투항하여 흉노의 참모가 되었다고 거짓 보고하여 이릉의 처와 일족들이 모두 참형에 처해졌다. 또한 재차 흉노 원정을 떠났던 이사 장군 이광리도 7만의 대군과 함께 흉노의 포로가 되고 말았다.(기원전 90)

이릉(李陵)과 소무(蘇武)

이릉은 대대로 무장 집안이었다. 이릉의 조부, 이광의 용맹을 본 문제는 "고조 때 태어났으면 만호후(萬戸侯)가 되었을 것이다"라며 그를 칭찬했다. 사람들은 이광을 비장군이라 불렀다. 그러나 집안의 내력은 비운이 많았다. 이광은 노령을 이유로 흉노 정벌에서 제외되자 격렬하게 항의하여 출전을 허락받았으나, 무제는 대장군 위청을 따로 불러 '이광은 불운이 따르니 중요한 전투에 참가시키지 말라'고 일러두었다. 결국 이광은 제때 집결지에 도착하지 못하여 위청 장군이 보낸 감독관의 힐문이 있자, 자신의 불운을 탓하며 스스로 목숨을 끊었다.

이광의 막내아들 이감은 아버지 일로 위청에게 행패를 부렸다가 곽거병에게 죽임을 당하였다. 이릉은 요절한, 이광의 큰아들에게서 낳은 손자였는데 역시 흉노전에 참가하였다가 용감히 싸웠지만 중과부적으로 포로가 되었다.(기원전 99) 이릉은, 한나라 사신에게 태자의 측실인 사촌누나가 흉노로 도망치려 한다는 누명을 쓰고 사형을 당했으며 처와 어머니까지 일족이 사형에 처해졌다는 소식을 듣고, 흉노에 투항하였다.

소무는 이릉이 흉노 원정에 참전하기 1년 전, 흉노가 억류한 한나라 사람들을 데려오는 사신으로 파견되었다.(기원전 100) 그러나 흉노의 차제후선우는 한나라를 침공할 계획이 있어 소무를 억류하고 투항을 권유하며 돌려보내지 않았다. 이미 투항한 한나라 사람들도 소무의 투항을 권유했으나 소무는 목숨을 걸고 투항을 거부하였다.

소무가 바이칼호 부근으 로 귀양 보내져 풀뿌리와 쥐를 잡아먹으며 어렵게 살고 있을 때, 흉노 선우는 이릉이 소무의 친구임을 알고 소무를 설득해보려 했다. 이릉이 찾아가, 이미 한 조정은 우리를 잊은 지 오래니 그만 투항하여 편하게 살기를 권했으나, 소무는 죽기를 각오하며 투항을 하지 않았다. 이릉은 소무가 굶지 않도록 도와주었다.

19년의 시간이 흘러 이미 무제도 죽고, 흉노도 선우가 두 번이나 바뀌었다. 한의 소제 때 흉노로 파견한 사신이, 흉노의 포로가 되었지만 투항을 거절한 상해로

63

부터 소무가 살아있다는 소식을 몰래 전해 들었다. 사신은 호연제(壺衍鞮)선우를 다그쳐 소무와 투항하지 않은 한나라인을 귀환시키기로 하였다. 소무가 귀국길에 오르며 이릉도 함께 가길 권했으나, 이릉은 이미 일족이 멸족당하고 투항하여 돌아갈 수 없는 처지를 한탄하였다.(기원전 81) 이릉과 소무가 이별하면 나눈 시는 애잔한 감정을 불러일으킨다.

> 두 마리 오리가 북녘에 날다가
> 하나만 홀로 남으로 날아가네
> (…)
> 서로 잊지 말자 웃으면서 말해주시게

사마천의 《사기》

사마천(司馬遷, 기원전 145~기원전 86년경)은 전한 무제 때 사람으로 아버지에 이어 태사령의 관직을 받아 국가 문서를 기록하였다. 사마천은 무제가 이광리의 주장을 받아들여 흉노에게 투항한 이릉일족을 처벌하자 용감하게 흉노와 전투를 벌인 이릉의 억울함을 변호하다 궁형에 처해졌다. 사형보다 더 치욕스런 궁형을 선택한 것은 아버지가 편찬 중이던 역사서 《사기(史記)》를 완성하기 위해서였다. 사마천은 복위되어 내시부의 최고직책인 중서령에 올랐으며 집필을 이어가 《사기》를 완성하였다.(기원전 91) 《사기》는 중국 최초의 임금인 황제(黃帝)에서 무제까지 인물별로 나누어 쓴 기년체 역사서로 내용 중 무제의 심기를 거슬린 부분이 있어 딸에게 맡겨 두었다가 무제 사후 손자에 이르러 세상에 나왔다.

무제는 흉노 원정의 계속되는 실패와 국가재정이 곤궁에 빠지자, 서역 경영에 대한 회의를 느껴 방치하려 했을 정도였다. 시름에 빠진 무제가 사망할 무렵(재위 기간 54년, 기원전 141~기원전 87) 어려움은 한나라만이 아니었다. 흉노 또한 극심한 천재지변과 선우가 연이어 일찍 세상을 떠나 기원전 105년에서 기원전 97년 사이 3명의 선우가 교체되며 내분으로 혼란한 시기였다. 호록고선우(재위 기원전 97~85)가 재위에 오를 무렵 내분이 극에 달했으며 수개월 동안 폭설(Dzud, 쪼드)이 내려 가축들이 죽고 추수를 할 수 없었다.

흉노의 기세가 크게 위축되자 한나라는 다시 서역 경영의 기회를 얻었다. 이러한 상황에서 괴로운 것은 강대 세력 사이에 놓인 작은 오아시스 국가들이었다. 누란 왕국은 둔황 서쪽 약 350km에 있는 로프노르(羅布泊) 기슭에 위치했는데, 물줄기의 변화로 선선(鄯善)으로 나라를 옮기고 일찍 소멸한 비운의 소왕국이다. 누란의 백성들은 한나라의 사신인 부개자(傅介子)가 연회장소에서 흉노에 협조하였다는 이유로 공공연하게 자신들의 왕을 살해하는 것을 목전에 보고도 꼼짝 못하고 벌벌 떨 수밖에 없었다.(기원전 77) 누란인들은 한나라 군대가 물러가면 흉노가 쳐들어와 힐책하기를 반복하니 자신들을 내지에 이주시켜 달라고 애원하였다.

기원전 71년 한은 오손과 연합하여 흉노의 우곡려왕을 습격하여 3만 9천 명의 포로와 70만 마리의 가축을 포획하였다. 흉노가 쇠약해지자 북쪽의 정령, 동쪽의 오환 등도 흉노를 공격하였다. 기원전 60년 흉노의 서역을 담당하던 일축왕이 선우 경쟁에서 밀려나자 부하 수만을 대동하고 한나라에 투항하자 한나라는 쿠차 동쪽 오루성에 서역도호를 두고 서역의 지배권을 강화하였다. 서역의 지배권마저 빼앗기고 세력이 더욱 약해진 흉

65

후허하오터(呼和浩特) 왕소군 묘와 소군출세, 호한야 선우와 북으로 향하고 있다.

노는 내분까지 겹쳐 5명의 왕들이 각자 선우를 지칭하면서 난립하였다(흉노 5선우의 병립).

　호한야가 난립한 5선우를 제압하고 새로이 선우의 자리에 올랐으나, 더 큰 문제가 발생하였다. 호한야의 형인 좌현왕이 스스로를 질지라고 칭하고 반기를 들었다. 흉노가 동·서흉노로 분열한 것이다. 서흉노 질지선우(재위 기원전 56~기원전 36)의 공격을 막아내기 어려웠던 동흉노 호한야는 우현왕을 한나라에 보내 원조를 요청하였다. 기원전 51년 호한야는 한나라에 입조하여 감천궁에서 한나라 선제(재위 기원전 74~기원전 49)을 알현하고 신하의 예를 갖추었다. 이때, 호한야선우가 한의 조정에서 하사받은 부인이 중국 4대미인 중 한 명인 왕소군(王昭君)이다. 화번공주라고 불리는 한 왕실의 여인을 정략결혼시켜 변경의 안정을 꾀하고자 한 것이다.

　이로써 100여 년을 지속하던 한과 흉노 전쟁에서 한나라의 승리로 결정났다. 한나라와 대등한 지위를 요구했던 서흉노 질지는 한과 동흉노 연합공격에 쫓겨 서쪽으로 이동하였다. 이리 지방으로 이동한 질지는 동족인 이리목선우를 공격하여 병합하고 오손을 차지하고 정착하려 했으나, 한과 동흉노 및 오손 연합군 공격을 견디지 못하고 오손과 대립관계인 서쪽 강거(康居) 땅으로 도주하였다. 그러나 한파 속에 강거에 살아 도착한 서흉노는 그 숫자가 3천 명에 지나지 않았다고 한다.

기원전 36년 한은 쿠차 서역도호 감연수로 하여금 서흉노를 정벌하여 질지를 살해하였다. 무제는 흉노 정벌 후 둔황에 서역도호부를 설치하여 활발하게 서역과 교역을 이어갔으며 둔황, 숙주, 감주, 양주 등의 교역장뿐만 아니라 직접 장안에까지 서역인들이 들어와 교역을 하였다(전한의 제2차 서역 경영). 이때 교역품 이외에도 바빌로니아의 천문학, 이집트인의 환술(幻術)과 각종 식물들인 참깨, 호두, 마늘, 오이, 석류, 완두콩 등이 들어왔으며 서역 악기인 비파와 공후 등이 중국에 전해졌다.

후한시대

전한시대 활발했던 서역과의 교역으로 서역 36국은 인구가 늘어나고 경제활동도 활발해져 전한 말기에는 55국으로 새로운 오아시스국이 개척되었다. 이렇듯 활달하던 서역은 전한 말기의 혼란으로 한나라가 힘을 잃어 새롭게 들어선 신나라(기원후 8~25) 왕망이 중화주의를 내세워 서역과 관계를 거부하자 세력 변화가 일어났다. 야르칸드(Yarkand)의 사차국(莎车)이 선선(鄯善)과 우전(于闐), 차사(車師國, 트루판), 구자(龜玆)를 공격하여 타림

67

분지 대부분을 차지하였으나, 곧 사차국 현(賢) 왕이 죽자 선선국, 우전국, 언기(焉耆)국, 쿠차국은 주변 작은 오아시스들을 거느리고 독립하였다. 또한 흉노는 한나라가 약화된 틈을 타 다시 타림분지의 오아시스국에 영향력을 행사하기 시작하였다.

흉노의 전횡이 심해지자 오아시스 소국들은 중원 왕조에게 도움을 요청하였으나, 개국 초기 광무제(재위 25~57)는 서역을 적극적으로 경영할 여력이 없었다. 흉노는 신나라가 멸망 무렵에서 후한 광무제 재위 중간(기원후 46년경)까지 북방 군웅들의 세력다툼에 개입하여 중국 내륙에 터를 잡는 등 반짝 중흥기를 맞이하였으나, 선우 여(輿)가 사망하자 고질적인 선우 계승 문제가 다시 불거졌다.

선우 여의 맏아들 오달제후가 왕소군이 낳은 이복동생 이도지사아를 살해하고 선우에 오른 그해 사망하자(기원후 46), 동생인 좌현왕 포노가 선우 자리를 이어받았다(북흉노). 그러자 남부지구 내몽골과 화북 지방 및 오환(동호의 후예)을 관할하던 일축왕 비(比)가 반기를 들고 할아버지의 이름인 호한야 선우라 칭하였다(남흉노, 기원후 48). 흉노가 또다시 분열하여 남북흉노로 나뉜 것이다.

기원후 49년 남흉노 호한야는 포노선우(북흉노)를 공격하여 전과를 올린 후 이듬해 한왕조에 투항하였다. 한나라 광무제는 황금 선우새와 막대한 하사금을 주어 남흉노 8부족에게 한나라의 변방인 삭방, 운중, 안문, 대군, 상곡 등에 거주하면서 만리장성 선을 방어하도록 하였다. 반면 북흉노는 수십 년 동안 타림분지의 지배권을 놓고 한나라와 싸움을 이어갔는데, 한나라의 대표되는 인물이 유명한 명장 반초(班超)다.

68

반초

후한의 수도 낙양 거리에 검은 얼굴에 백발이 듬성듬성한 머리카락을 묶은 노인이 힘겹게 걷고 있었다. 노인은 서역에서 30년 만에 귀국하여 젊은 황제 화제를 알현하고 집으로 향하는 중이었다. 집에 도착한 노인은 10여 일 후 조용히 숨을 거두었다.

반초는《사기후전》을 쓴 반표의 아들로 한서를 완성한 반고의 아우다. 반초는 전한의 장건이나 부개자처럼 전공을 세우고자 42세의 늦은 나이에 투필종군(投筆從軍)했다. 후한명제 때 주천(酒泉) 성문을 나선 장군 두고와 경병은 북흉노의 근거지 이오(伊吾)를 점령하였다.(기원후 73) 반초는 총대장 두고의 명령에 따라 36명의 장졸을 인솔하고 옥문관을 나서 선선국(鄯善國)으로 출발하였다. 최전선에서 두고와 경병이 흉노와 싸우는 동안 후방의 오아시스국들의 안정을 도모하기 위한 임무였다. 반초는 옥문관을 나서 18일 만에 선선국에 도착하여 왕의 영접을 받았으나, 며칠 후 대접이 소홀해진 것에 수상한 생각이 들어 시중드는 사람을 추궁하니 30여 리 떨어진 곳에 흉노 사신단이 와 있다고 실토하였다. 반초가 36명의 부하로 흉노 사신단을 급습하여 100여 명을 사살하고 흉노 사신의 목을 선선왕에게 보이자, 왕은 한나라에 복종할 것을 맹세하고 아들을 인질로 보냈다.

한 달 후 반초 일행이 우전국으로 가는 길에 3명의 부하가 열사병에 목숨을 잃었다. 30여 일 만에 도착한 우전국은 처음에 냉대하였으나, 반초가 타고 온 말을 재물로 바치겠다는 무당을 칼로 베어버리자, 우전왕은 겁을 먹고 우전에 와있던 흉노 사신의 목을 베어 바치고 한나라에 충성을 맹세하였다. 그 사이 두고의 본대는 투르판의 차사전국, 차사후국을 점령하였다. 이듬해 반초는 소륵국(카슈가르)로 들어갔다.

소륵국은 흉노와 동맹을 맺은 구자국(쿠차)이 소륵왕을 죽이고 구자인을 왕으로 세워 주민들의 불만이 많았다. 반초는 성 안에 들어가 빈틈을 엿보아 구자인 왕을 죽이고 옛 소륵왕 혈족인 충(忠)을 왕위에 복위시켜 소륵인들의 신망을 받았다. 당시 소륵의 인구는 2만 1천호(戶)에 3만의 병력을 가지고 있었다.

69

반초는 소륵을 근거지로 서역 남도의 여러 나라를 한나라에 복속시키겠다는 전령을 두고 장군에게 보냈다. 한나라는 투르판에 서역도호를 부활시키고 도호로 진목과 무교위 경공을 임명하였다.(기원후 74) 진목과 경공이 차사후국의 금포성에 둔전병 수백 명을 주둔시켜 방어하는 사이 반초는 소륵에 정착할 결심으로 본국에서 처자식을 불러왔다. 그러나 몇 개월 후 한나라 명제가 죽자 흉노는 2만의 대군을 보내 금포성을 공격하였다.(기원후 75) 서역의 구자, 언기, 차사전국, 차사후국이 흉노와 함께 한나라군을 공격하였으나 경공은 끝까지 방어하였다. 이듬해 정월 한나라 본토에서 7,000명의 구원군이 차사전국 교하성을 공격하여 3,800명을 살해하고 3천의 ㅕ부를 삽났다. 또위뒤 금포성에 구원병으로 출병한 2천의 한나라 군사가 경공을 구출하고 보니 생존자는 26명에 불과하였다. 그나마 귀국 도중 차례로 죽고 겨우 13명만이 옥문관으로 철수하였다. 소륵왕 충과 함께 구자와 싸우고 있는 반초에게도 철수 명령이 도착하였다. 반초가 구자 도위가 자결을 하며 반대한 것을 뿌리치며 우전에 도착하니, 경공이 둔황으로 철수한다는 두 번째 사신이 와 있었다. 본국으로 가려던 반초는 우전국에서 말고삐를 잡고 반대하자 생각을 바꿔 사신에게 서역에 남아있겠다는 뜻을 전해 보냈다.

반초는 한나라 편에 선 소륵, 우전, 강거 연합군 1만을 이끌고 구자를 공격하여 700명의 살해하는 전과를 올렸다. 반초는 서역의 친한 국가들과 한나라가 연합하면 충분히 흉노를 막아낼 수 있으며, 둔전을 하면 식량도 충분히 조달할 수 있다는 상소문을 조정에 올렸다.(기원후 78) 1만 리가 넘는 먼 거리로 군대를 파견하지 않을 가능성이 많다는 반초의 생각과 달리 조정에서 1천 명의 죄수들과 장수를 파견해 주었다. 본국에서 처자식을 불러들여 정착한 반초는 수시로 상황을 조정에 보고하는 사신을 보냈는데, 돌아온 사신이 조정의 소문을 전하기를, 반초가 서역에서 처자식과 호의호식하고 있다는 내용이었다. 중간에 전령으로 파견된 자가 언기에 막혀 임무를 완수하지 못하자 거짓 보고를 한 것이다. 반초는 오해를 피하기 위해 처자를 본국으로 돌려보냈다. 반초가 장제가 추가로 파견한 800명의 증원군과 함께 서역 남도의 여러 나라를 관리하던 때 총령 너머 대월지가 7만의 대군을 이끌고 우전을 공격하였다.(기원후 90) 대월지는 서천하기 전부터 옥을 교역하며 우전국과 교분이 있었는데 박트리아지방에서 쿠샨국을 건설하고 세력을 확장 중이었다. 훗날 제2의 호불왕이라 불리는 쿠샨왕국의 카니슈카 대왕도 왕자 시절 우전국에 머물다가 우전국 군사의 도움을 받아 쿠샨국 왕위에 올랐다. 반초가 보급이 어려울 것을 예측하고 군대를 매복시켜 식량을 구하러 가는 보급부대를 습격하여 섬멸하자, 대월지군은 화해를 요청하고 물러갔다.

서역북도에서는 본국에서 파견한 장군 두헌이 투르판의 차사국과 알타이산의 북흉노를 공격하여 대승을 거두었다. 북흉노가 정벌당하자 구자가 반초에게 항복하였다.

서역도호부가 철수한 지 15년 만에 다시 서역도호가 설치되며 반초가 도호로 임명되었다.(기원후 91) 서역에 온 지 18년, 힘겹게 서역국들을 안정시키던 60대의 반초에게 낙양에서 온 사신은 연이어 비보를 전해왔다. 형 반고가 투옥되어 옥사하고, 어머니도 아내도 수 년 전에 사망했다는 내용이었다. 또한 함께 목숨을 걸고 싸웠던 경공이 모함을 받아 옥중에서 사망했다는 것이었다. 낙담 속에서도 반초는 아직 한나라에 복종하지 않는 언기(焉耆)를 정벌하였다. 선선, 구자 등 8개국에서 소집한 7만의 군대를 이끌고 언기를 정벌하고 언기왕을 교체시킨 후 구자로 돌아왔다. 이듬해 부하 감영(甘英)을 대진국(로마)에 사신으로 보냈다.(기원후 97) 감영은 도중 안식국(파르티아)의 방해를 받아 되돌아왔지만 한나라의 위상을 파미르 너머로 알리는 계기가 되었다.

나이 70에 이른 반초는 황제에게 상서문(上書文)을 올려 귀국 허락을 요청하였다.

"…사막에 온 지 30여 년 혈육과 지인들은 모두 세상을 떠나고, 늙은 몸 감히 주천군까지 가기를 바라지 않고 다만 살아서 옥문관을 들어가길 바랄 뿐입니다."

반초는 나이 71세에 후임자와 교대 후 낙양으로 돌아왔다.(기원후 102) 처음 함께 떠난 36명의 부하들은 모두 사막에 묻히고 홀로 돌아온 것이다. 반초는 귀국한 지 20일 만에 황제를 알현 후 세상을 떠났다.

후한의 명제는 두고를 총대장으로 흉노 원정을 단행하였다.(기원후 73) 이
때 반초는 두고의 부하로 타림분지의 오아시스국들로 들어가 선무작전을
하였다. 반초는 단 36명의 부장들만 대동하고 선선국으로 들어가 때마침
선선국에 온 흉노의 사신난 100여명을 기습하여 선멸시켰다. 반초는 타림
분지 내 여러 오아시스국을 돌며 무력이 아닌 덕으로 한에 복속토록 하고,
여러 나라들로 연합군을 결성하여 흉노를 몰아냈다.

또한 흉노에 쫓겨 서천했던 월지족이 흥기하여 세운 쿠샨왕조가 우전
국을 비롯한 타림분지로 세력을 확장하려하자 이를 격퇴하였다.(기원후 90)
더 나아가 지금의 파미르고원을 넘어 길기트 지역까지 영향력을 행사했
을 뿐만 아니라, 부하 감영(甘英)을 대진국(로마)에 보내 교역로를 확보하려
하였다.(기원후 97) 감영은 지금의 시리아까지 도착하여 지중해를 건너 로
마로 가려 하였으나 중국이 식접 로마와 교역하려는 것을 우려한 파르티
아의 방해로 돌아왔다. 반초가 머무는 30년(기원후 73~102) 동안 타림분지
의 여러 나라는 안정을 찾았다. 그러나 신망을 받던 반초가 노쇠하여 71
세(기원후 102)로 한나라로 귀국하고 난 후 상황이 달라졌다. 후임자가 엄격
한 규율로 서역국들을 통제하자 각국의 반발이 심해져 이탈하기 시작했
으며, 결국 반초가 귀국한 지 5년 만에 타림분지에서 도호(都護)와 군사를
철수하고 말았다.(기원후 107) 그 후 반초의 아들 반용이 서역장사로 임명되
어 투르판에 파견(기원후 123)되었으나 4년 만에 문책을 받고 철수하였다.
한나라가 서역경영에서 완전히 철수한 것이다.

한나라는 환관의 전횡과 황건적의 난으로 220년 멸망하였는데, 이후
간간이 내지의 왕조들이 둔황이나 투르판 등에 관리를 파견하여 둔전병
을 두었으나 중원이 통일된 수(589년), 당 시대에 이르기까지 타림분지 전

72

체를 장악하기에는 역부족이었다.

흉노 훈 동족설

몽골 내륙의 북흉노는 한나라와 남흉노 연합세력과 선비족에게도 쫓기는 신세가 되었다. 87년, 89년 선비족과 한나라 두고 장군에게 연패하자 91년 오르혼 강부근의 근거지를 떠나 이리(伊犁) 지방으로 서천하였다. 북흉노의 행적에 대해서는 4~6세기 유럽에 바람같이 나타난 훈족과 동일설이 있다. 166년경 선비족에게 쫓겨 그 옛날 서흉노가 갔던 루트를 따라 강거로 이주한 흉노는 이후 중국사에서 자취를 감추었는데, 이들의 생활상이 훈족과 유사한 점이 많아 흉노 훈족 동족설이 회자되고 있다. 훈족은 북흉노가 사라진 지 200여 년 만에 중부 유럽에 나타나 로마를 침입하여 유럽을 공포에 떨게 하였는데 그 대표적인 인물이 아틸라였다.(~453년) 훈족의 서방 출현은 연속적인 민족이동을 촉발시켰다.

이들에게 쫓겨난 게르만족이 생존을 위해 로마 영내로 밀려들기 시작했으며, 476년 게르만의 용병대장 오도아케르에 의해 서로마가 멸망하였다. 루마니아의 고트족은 멀리 유럽의 서쪽 끝 이베리아반도까지 이동하여 서고트왕국을 건설하였으며, 반달족은 에스파니아를 거쳐 북아프리카까지 이동하였다.

불교 전래

기원전 3세기 무렵 서북인도와 아프가니스탄 지역에, 기원전 2세기 무렵이 되면 총령(파미르) 서쪽의 각 서역의 국가들이 불교를 신봉하고 있었다.《대당서역기》에는 아소카왕의 전설을 기록하고 있다. 인도 아소카왕

73

백마사 전경

의 태자 법익(쿠날라)이 왕비의 음모로 탁실라에서 눈이 도려내는 일을 당
하자, 왕이 격노하여 태자를 보호하지 못한 신하들을 북쪽으로 유배 보냈
는데, 그들은 동쪽에서 온 왕자의 무리에 복속되어 호탄에 정착하였다고
한다. 소륵, 호탄, 쿠차에 언제 불교가 전래되었는지는 정확치 않으나 대략
기원전 76년경에는 호탄에 불교가 전래되었을 것으로 보이며, 기원후 3세
기경 점차 대승불교가 성행하였다. 또한 쿠샨왕조 카니슈카왕의 2대손으
로 알려진 신반(臣槃)이 소륵국(카슈가르)의 왕이 되면서 소승불교를 소륵
국에 전파시켰다고 한다.

불교의 중국 본토 전래는 여러 이설이 있으나 후한 명제 때인 기원후 67
년으로 보고 있다. 명제(기원후 58~75) 때 황족인 초왕(楚王) 영(英)이 불교
를 믿었다는 기록이 있는 것으로 보아 후한 명제 때는 확실히 불교가 중
국에 전래되어 있었다. 명제가 등에 빛을 지고 있는 금인이 궁전 뜰에 내

74

부풍현 법문사

려오는 꿈을 꾸고 신하들에게 물으니, 천문학자인 채음(蔡愔)이 말하길 "그
것은 신독국의 부처님입니다"라고 하였다. 명제가 채음을 사신으로 인도
에 보내 불법을 구하게 하여 아프가니스탄 대월지국(大月氏國)의 승려인
가섭마등(迦葉摩騰)과 축법난(竺法蘭)과 함께 42장경을 백마에 싣고 돌아
와 후한의 수도인 낙양에 도착한 것이 최초라고 한다. 이듬해 낙양에 중국
최초의 불교 사원인 백마사(기원후 68)를 짓고 불경을 번역하였다.

　이 시기는 이미 파미르 고원을 넘어 간다라 지역 상인들과 교역이 활발
한 시기로 무역상들과 함께 북천축국 승려들이 중국에 들어와 포교를 했
을 것이다. 그 이전 불교 도래설은 부풍현(扶風) 법문사(法門寺. 옛 아육왕사)
유래 설화로 인도 아소카왕 때 중국에 승려가 들어왔다고 한다.(기원전 243
년경)

　후한 말기(기원후 148)에 중국으로 온 안식국(파르티아)의 왕자 안세고(중

75

국 도착 148~171)가 중국에 도착하여 환제를 알현하고 말하길 "관중 땅 미양성에 신령스런 불빛이 나타나는 것으로 보아 불사리가 묻혀있을 것"이라며 발굴할 것을 청하였다. 고총을 발굴하자 서역승 석리방이 쓴 것으로 "18명의 승려가 기원선 243년경 포교를 위해 함양에 도착했다. 30년 동안 포교했으나 성과가 없고 대부분 승려들이 사망하여 단 3명만 남아, 아직은 때가 아님을 알고 19과의 불사리를 봉해놓았다"는 비문과 불지사리를 비롯한 18과의 사리가 나왔다. 이에 발굴된 곳에 불지사리를 모시고 전탑을 세웠으며, 전국에 18개의 탑(아육왕사)을 건립하여 사리를 모셨다. 법문사의 전래설화에 의하면 중국에 불교가 들어온 시기가 훨씬 앞당겨진다.

서역승들의 도래

후한 말기 무렵부터 서역승들의 내지 방문으로 불교 포교가 활발해졌는데, 안세고(147~167년경)에 이어 월지국의 지루가참(재중 178~189) 같은 서역승들이 연이어 중국에 도착하였다. 위진시대에 둔황보살로 불리는 축법호(竺法護, 231~308)는 대대로 둔황에 살고 있던 월지족 출신인데 8세 때 출가하여 승려가 되었다. 축법호는 많은 경전들이 서역으로부터 전래되지 않았음을 절감하고 스승인 축고좌(竺高座)와 함께 천축으로 가 불경을 구하고자 하였다. 그가 천축으로 출발할 때는 대월지가 세운 쿠샨왕조(105~225년경)가 멸망한 직후였지만, 월지족이었기에 북천축국을 여행하기가 용이했을 것이다.

낙양으로 돌아 온 축법호는 경전을 모두 번역하였는데 149부나 되었다. 전진왕 부견은 출정하는 여광에게 쿠차를 정벌하면 그 당시 널리 명성을 얻은 구마라집(343~413)을 모셔올 것을 명하였다. 383년 전진의 장군 여광이 7만 5천의 병사를 거느리고 원정길에 올라 언기와 쿠차를 정복하자, 타림분지의 여러 호족들이 찾아와 한나라 때 받은 사령장을 바치고 복속하였다고 한다. 귀로 길에 전진왕 부견이 비수전투에서 패했다는 소식을 들은 여광은, 전량을 공략하여 얻은 무위와 주천을 근거지로 독립하여 후량(386)을 세웠다. 불교에 관심이 없던 여광은 압송한 구마라집에게 술을 먹이고 쿠차의 왕녀와 통침하게 하는 등 멸시하였으나 구마라집의 혜안에 승복하여 정치 자문 역할로 융숭하게 대접하였다. 15년 후, 후진의 제2대 요흥이 후량을 토벌하고 구마라집을 장안으로 맞이했다.(401) 그때 구마라집의 나이 58세였다. 요흥은 그를 국사로 예우하여 서명각(西明閣)과 소요원(逍遙園)을 하사하고 장안대사(長安大寺)를 건립하여 경전을 번역할 수 있는 도량으로 제공했다.

현재 우리나라 조계종의 소의경전(所依經典)인《금강경》은 구마라집의 역경본이다.

2~4세기경 페르시아, 중앙아시아, 인도 등에서 많은 서역승들이 중국에 들어와 포교가 활발하게 이루어졌다. 후한 말기에 중국으로 온 안식국의 왕자 안세고(중국 도착 148~171), 월지국의 지루가참(178~189)같은 서역승들이 낙양으로 들어왔다. 그중 쿠차 출신으로 인도에서 불경을 공부한 구마라집(344~413)은 경전을 한문으로 번역하여 불교 발전에 지대한 공헌을 하였다.

이 시기 한반도에도 불교가 전래되었다. 소수림왕(小獸林王) 2년(372) 여름 6월 전진(351~394) 왕 부견(符堅)의 사신이 승려 순도(順道)화 함께 불상과 불경을 전하였고, 4년(374)에 승려 아도(阿道)가 진으로부터 왔다. 백제는 침류왕(枕流王) 1년(384)에 인도의 승려 마라난타(摩羅難陀)가 동진(東晋)

에서 백제로 들어옴으로써 최초로 전래되었다.

한반도의 불교 전래 이설 중 하나는 인도 아유타국에서 온 허황후에 대한 전설이다. 삼국유사에 의하면 금관가야(가락국)의 시조 수로왕의 왕비 허황옥이 16세에 배를 타고 김해 가라구에 도착하였다.(기원후 48) 허황후는 157세까지 살면서 모두 10명의 자녀를 두었으며, 그중 2명을 왕후의 성을 따라 허씨 성을 갖게 하였다고 하여 지금도 김해김씨와 김해허씨는 함께 시조로 모시고 있다.

허황후의 오빠 장유화상은 금관가야에 장유암(長遊庵)을 짓고 불상을 모셨으며 허황후의 7명의 아들이 지리산으로 들어가 수행하여 성불했다고 한다. 장유화상사리탑은 가락국 8대 질지왕 때(451~492) 장유암 재건 당시 세워진 것으로 전해진다. 그러나《삼국유사》〈가락국기〉에는 장유화상에 대한 상세한 기록이 없어 후대에 첨가된 이야기일 가능성이 많다고 하겠다.

허황후의 묘와 사당 지역에는 파사석탑이 있는데, 파사는 대체로 '페르

법성포 마라난타사

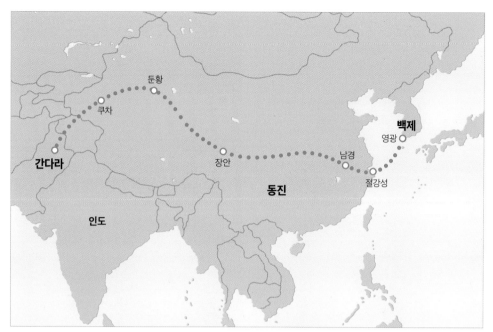

마라난타 스님의 이동 경로

시아' 즉 서역 지방을 지칭하는 뜻으로 보여 허황후 일행이 서역에서 온 민
족일 가능성을 뒷받침하고 있다. 허황후가 왔다는 아유타국은 인도 우타
르프라데시주 수도 럭크나우 동쪽 약 125km에 현존하는 지명 아요디아
(Ayodhya)일 것으로 추정된다. 아요디아는 히말라야에서 내려오는 갠지스
강변에 있어 해양으로 진출이 가능했을 것으로 보이며, 태국 방콕 북쪽에
있는 지명 아유타야 역시 그들이 진출했던 시기의 지명으로 추측된다.

허황후 사당문에 있는 물고기 문양을 두고 일부에서 기독교 도래설을
주장하고 있으나, 기독교에 최초로 물고기 문양을 사용한 것은 기원후 2
세기이며 3~4세기에 널리 사용되었다. 물고기 문양이 허황후와 관계가
있다면 인도 북부 아요디아 지역의 비쉬니 신앙과 연관성이 있을 것이다.
힌두교의 3대 신중 하나인 비쉬니 신의 첫 번째 화신이 물고기인데, 인도
의 장거리 화물트럭 등에서 안전운행을 기원하는 물고기 모양 장식을 흔

79

허황후   파사석탑

히 볼 수 있다. 불교 최대의 성지인 보드가야 불탑 옆에는 부처와 비쉬니
신을 상징하는 발자국에, 물고기 문양이 있다. 힌두교인들은 부처 또한 비
쉬니신의 화신으로 보고 있어 부처의 족적에도 물고기 문양을 새겨 넣었
으며 현재도 많은 힌두교인이 보드가야 대탑을 참배하고 있다.

5호16국·남북조시대

한나라 이후 위·오·촉 삼국시대(三國時代) 45년간의 전란을 위가 통일했
으나 곧 사마씨에게 정권이 넘어가 사마염이 265년 진(晉, 서진) 나라를 세

80

물고기 문양

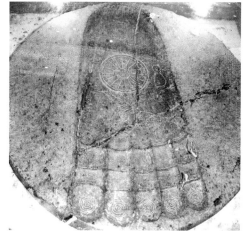
부처님 족적

윘다. 그러나 사마염의 실정으로 8왕의 난이 일어나 저마다 군사를 일으
킨 내란이 발생하였다. 8왕들은 군사력을 지원받기 위해 북방의 이민족
을 서로 끌어들였는데, 이는 중원 땅에 유목 이민족을 불러들이는 결과를
초래하였다. 진(晉, 265~316)은 결국 한나라 때 유씨성을 하사받은 흉노족
유연(劉淵)이 일으킨 영가의 난(307~312)으로 그의 아들 유총에게 멸망하
였다. 진나라 멸망 이후 중원과 화북에 분산해있던 흉노(匈奴), 저(氐), 강
(羌), 갈(羯), 선비(鮮卑) 등은 각자 나라를 세워 각축전을 벌였는데 439년
선비족의 북위(386~534)가 화북 지방을 통일하기까지 136년간을 5호16국
시대라고 한다.

진(晉)의 잔존 세력과 전란을 피해 남쪽으로 이주한 한족이 장강 이남
에 새롭게 진나라를 재건하였는데, 이를 동진(317~419)이라 하고 남하 이
전의 진은 서진이라고 한다. 동진은 이후 송, 제, 양, 진 등 4개 왕조로 교
체되었다.(남조)

남북조시대는 선비족을 비롯한 여러 북방 유목 부족의 중원 진출 및 전
란을 피해 장강 이남으로 이주한 한족들의 강남 정착은 강남 문화 발전을 **81**

촉발시켜, 역설적으로 중화 문명권의 확장 시기라 할 수 있다. 또한 이 시기 많은 서역승들이 중국에 들어와 불교가 중국에 폭넓게 정착하여, 중국 3대석굴인 둔황석굴, 운강석굴, 용문석굴 등의 개착(開鑿)이 시작되었다.

　화북 지방을 통일한 선비족의 북위 효문제(재위 471~499)는 적극적인 한화정책을 실시하였다. 자신의 성을 중국식인 원(元)씨로 바꾸고 선비족의 풍습을 금하였으며 호적 정리와 군현 단위로 행정구역 개편을 통해 군주권을 강화하였다. 중국 최초로 균전제 실시로 조세의 안정을 꾀하고 수도를 평성(平城)에서 중국 왕조의 수도인 낙양으로 이전하였다.(493) 이러한 위나라의 정비된 제도는 훗날 수·당 시대의 국가 운영 기틀로 이어졌다. 5호16국의 혼란을 수습한 북위 태조(太祖) 때부터 남조의 진(陳)이 수나라에 통일될 때까지를 남북조시대(386~589)라고 한다. 양자강 이남의 남조는 온화하고 수량 풍부한 지역으로, 문명이 발달한 한족의 대거 유입으로 농업 생산량이 늘고 강남 개발이 본격화되며 강남이 중국의 경제와 고급문화의 중심지로 성장하는 계기가 되었다.

　삼국시대 오(吳, 229~280)와 동진(東晉, 후진), 남조의 4나라를 통칭하여 흔히 육조(六朝)라고 하며 장강 이남은 도교의 노장사상과 불교가 흥하면서 화려한 귀족문화가 발달하였다. 즉 남북조시대의 북중국은 북방 이민족의 중국화로 북방 지역 중화권이 확장되었으며, 타림분지의 교역로를 따라 들어온 서역승들에 의한 불교가 성행하는 계기가 되었다. 또한, 장강 이남의 개발이 본격화되며 해상을 통한 서역과 교역도 크게 늘어났다.

화목란(花木蘭)

화목란은 각종 민간전설과 중국 고교 교과서에도 수록되어 있을 정도로 중국인 들의 사랑을 받는 인물이자, 1998년 디즈니의 애니메이션 영화 <뮬란(Mulan)> 의 주인공이다.

화목란은 중국 남북조시대 북위(北魏) 태무제(太武帝, 408-452) 때의 여성으로, 성은 화(花)로 알려져 있지만 주(朱)로 쓰기도 한다. 그래서 화목란 또는 주목란이 라고도 한다. 선비족인 북위가 중원에 정착할 무렵 중국문화에 동화되지 않고 북 방에 있던 유목부족이 침입했을 때를 배경으로, 목란(뮬란)은 병든 아버지를 대 신하여 남장을 하고 전쟁터에 나간다. 신분을 숨기고 나간 전쟁에서 큰 공을 세워 장군의 벼슬이 내려졌으나 사양하고, 12년 만에 귀향하여 늙은 아버지를 모시고 살았다는 이야기다. 중국 역사서에는 기록이 없으나 6세기경 서사시 <목란사(木 蘭辭)>가 쓰였으며, 원나라 때 비문에 '목란사'가 새겨진 기록으로 보아 북위 때 실존 인물로 보인다. 목란의 고향은 중국 허난성 상추(商丘)시 위청(虞城)현으로 알 려져있으며, 당나라 때 건립한 목란사당은 1943년 전란 때 소실되고 1982년 중 수되었다.

3~6세기 서역은 5호16국의 난립으로 간섭이 줄어들자, 각자 번영의 길 을 가고 있었다. 둔황과 고창 지역은 내지와 비교적 가까워 한대로부터 중 국인들의 이주가 많아 대대로 이어온 한족의 후손들이 지배할 수 있었으 며, 중앙에 새로운 왕조가 들어서면 사자를 보내 책봉관계를 유지하며 발 전하였다.(둔황편 참고) 이 시기에는 서역 남도의 호탄과 서역 북도의 쿠차가 번영을 구가한 대표적인 오아시스국이었다. 이들 지역의 대다수를 치지한 원주민은 이란—인도 아리아계인들로 중국 내지보다는 인도, 이란의 문화 영향을 많이 받았다.

83

키질석굴

호탄(和田, Khotan)은 한나라 이전부터 백옥강과 흑옥강에서 나온 연옥 (軟玉)의 명산지며, 풍부한 수량으로 농사에 적당하여 과일이 풍부하였다. 또한 비단무역을 통한 부를 축적하였으며 직접 누에를 길러 비단을 제조 하여 서방에 수출하였다. 호탄에 대한 현장 스님의 기록을 보면 다음과 같다.

"호탄은 주위가 4천 리이며 농사가 잘되고 과일이 많이 난다. 주민들은 부유하고 집집마다 편안한 마음으로 생업에 종사하며, 사람들의 성품이 온화하며 학문을 좋아하고 예의를 안다. 불법을 숭상하여 가람이 100여 개에 이르며 5천여 명의 승려가 대승법을 익히고 있다."

당시 번창했던 호탄은 19~20세기 초 스타인이 단단윌릭(Dandan Uriq) 등 유적에서 화려했던 불교사원과 잠종설화 그림, 힌두교 신상과 이란풍의 벽화를 발굴하면서 실체가 밝혀졌다. 이런 미술품 들은 서아시아나 인도 및 페르시아 문화권과 교류가 활발했음을 보여준다.

쿠차는 후량(386~403)의 여광이 내세운 백진(白震)의 후손이 계속 통치하며 중계무역과 천산산맥의 철을 비롯한 광물 채굴로 부를 축적하였다. 쿠차의 키질석굴은 둔황석굴보다 개착년도가 앞서,《진서(晉書)》에 의하면 서진(265~316) 시기 쿠차에는 약 1,000여 개의 사원과 답이 있다고 기록되어 있다. 중국의 3대 역경승인 구마라집(344~413)은 쿠차의 번영기에 활동했던 대표적인 스님이다.

0 4 해상 실크로드

동서 해양무역로

기원전 3000년에 메소포타미아문명과 인도 모헨조다로 사이에 해상 교통로가 열려 있었으며, 기원전 2000년경에는 영국 남서단 콘월(Cornwall) 지역의 주석이 해상을 통해 공급되면서 오리엔트 지방에서 청동기의 대량 생산에 이용하였다. 구약성경의 열왕기(상9:26~28)에는 솔로몬왕(기원전 10)이 오피르(ophir, 남인도)에 선박을 보내 황금 420탤런트를 가져 왔는데, 3년이 걸렸다고 한다. 또한 진시황 때 남해 무역을 통해 남방 열대 물품을 가져 왔으며, 《한서지리지》에는 한무제 때 광주를 출발하여 베트남, 수마트라, 미얀마를 거쳐 황지국(潢支國, 남인도 칸치푸람)에 황금과 비단을 가져가 벽(璧), 유리(琉璃), 기석이물(奇石異物) 등을 가져 왔는데 수년이 걸렸다는 기록이 있어, 이미 기원전부터 원거리 항해가 있었음을 알 수 있다.

기원후 70년경 이집트 상인 그레코의 《에리트라해 안내기》에는 당시 홍해와 페르시아만에서 동방으로 해상무역에 대해 상세히 기록되어 있는데 스리랑카, 미얀마, 말레이반도를 지나 중국에 이르는 항로가 제시되어 있다. 또한 인도 서남부 해안 지역 수십 곳에서 1~4세기 로마 화폐가 발견되었으며, 베트남 남부 항구 유석(迪石, 끼엔장)의 유적지에서는 다량의 로마 제품과 로마 황제 마르쿠스 아우렐리우스 안토니누스(121~180)의 이름 및 서기 152년을 나타내는 금박 파편과 후한시대 청동 거울이 발굴되었다. 이는 《후한서》의 대진(로마) 황제 안돈(安敦, 마르쿠스 아우렐리우스 안토니누스, 재위 161~180)의 사절이 일남(日南, 월남)으로부터 와서 상아, 서각, 거북이등껍질 장식을 헌상했다는 기록과도 일치한다.

당시에 이미 인도 서남부, 미얀마, 베트남을 중개지로 로마와 해상무역을 하고 있음을 알 수 있다. 유추해보면 이미 한나라 때 육로나 해상으로 로마와 중국 간에 무역이 이루어지고 있었으나 중간 무역상들이 중개무역으로 이익을 취했다는 것을 알 수 있다. 삼국시대 남쪽의 오나라 손권은 5,000척의 선박을 보유하고 있었으며 관리들을 파견해 남방의 부남국(캄보디아), 임읍(베트남 중부)을 비롯 100여 국과 멀리 페르시아만 티그리스강을 건너 대진(로마)으로 가는 정보를 수집하였다.

당시에는 연안을 따라 항해를 하여 광주에서 남인도까지 11개월 이상 소요되었으나, 송(宋)대에 이르러서는 원양항해의 발달로 70여 일로 단축되었다고 한다. 내륙의 중원이 중심이었던 남북조 이전에는 육로가 서방과 연결하는 주요 교통로였지만, 북조에 막혀 육로 교통이 차단된 4세기경부터 남조는 해상무역이 발달하였다.

해상무역이 발달하게 된 계기는 남조의 귀족문화 발전에 따른 수요뿐만 아니라 6세기 막강한 돌궐족의 흥기로 육상교역이 통제를 받기 때문이었다. 돌궐은 요동에서부터 아랄해까지 광대한 지역을 장악하고 무역을 통제하고 있었다. 중앙아시아의 강국(康國, 사마르칸트), 석국(石國, 타슈켄트) 등이 모두 돌궐의 무력에 복속하고 있어, 로마와 중개무역을 하는 데 어려움을 겪던 페르시아는 해상으로 활로를 찾았다. 특히 거란, 여진이 북방 초원을 지배하던 남송시대 때는 해상무역이 더욱 활발해져 동남아뿐만 아니라 아랍 상인들의 출입이 빈번하였는데 광주, 천주, 항주 등에는 이들을 관리하는 제거시박사(提擧市舶司)를 설치하였고 번방(藩方)이라는 아랍 집단거주지와 이슬람사원들이 생겨났나

상선들은 동남아를 지나 남인도, 스리랑카, 페르시아만 유프라테스강까지 항해하였는데 3세기 《남주이물지(南州異物志)》의 기록에 의하면, 당시 상선의 크기는 20여 장에 이르며 6~7백 명의 승선할 수 있으며 화물을 만 곡이나 실을 수 있었다고 한다. 300톤 정도의 배는 낙타 600마리가 지는 짐을 나를 수 있어 많은 물동량을 운반하기가 용이하였다. 남해에서 중국에 주로 수출한 물품은 향목, 상아, 바다거북, 설탕 등과 인도에서 건너온 홍보석, 유리, 산호, 면직물 등 귀족들의 사치품이 주를 이루었다. 또한 무거운 철광석등을 배에 실을 수 있어 교역이 가능해졌다.

《삼국유사》에는 인도의 아육왕이 황철 5만 7천 근과 금 3만 근을 인연 있는 땅에 실어 보냈는데, 마침내 경주 땅에 이르러 황룡사 장육존상(진흥왕 35, 574년)을 만드는 데 쓰였다는 기록이 있다. 황룡사 불국인연설(佛國因緣說)의 신빙성 여부는 알 수 없으나, 베트남 참족의 나라 임읍에서 금, 은, 동 등 40여 만 근을 중국에 조공(445)하였다는 기록이 있어 철광석이 해상무역의 주요 품목 중 하나임을 알 수 있다. 광주를 비롯 중국 해안에 다다른 상선들은 더 동쪽인 신라나 백제, 일본에서 온 무역선들에 의해

적산법화원 장보고상

교역이 이루어졌다. 한때 백제는 해상왕국이라 불리며 근초고왕(346~375) 시절 한강을 중심으로 중국의 동진과 산동반도 및 요서 지방, 가야와 왜 (倭)의 큐슈까지 교역의 활동무대로 삼았다. 청해진 대사 장보고(張保皐. ?~846)는 당나라에서 무령군소장(武寧軍小將)을 달고 무장으로 지내다 귀국하였다.

장보고는 흥덕왕(興德王, 재위 826~836)의 허락을 얻어 완도에 청해진을 설치하여 당나라에 견당매물사(遣唐賣物使)와 왜에 회역사(廻易使)를 보내 중국과 신라, 일본을 잇는 해상무역을 장악하였다. 때로는 인도양을 건너 온 대식선(大寔船)들이 직접 신라와 백제까지 들어오는 경우가 있었다. 아랍 지리학자인 이븐 쿠르다지바(Ibn Khurdādhibah, 820~912)는 자신의 저서 《도로와 왕국지》에서 "신라에는 금이 많고 경치가 좋아 들어가면 정착하여 나오지 않는다"라고 적고 있다.

안이드리시 세계지도 (1154년 제작)

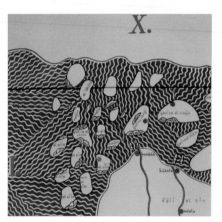

메카를 중심으로 남쪽이 위로 그려져 좌우가 바뀌어 보인다. 좌측 상단 섬으로 표시된 신라. (wikimediacommons 공개사진, 1929 Konrad Miller)

신라는 수출품목으로 사향, 말안장, 표범 가죽, 도자기, 계피, 생강, 인삼 등을 수출하고 슬슬(구슬), 유리제품 등을 수입하였다. 《삼국유사》에서 처용(處容)은 신라 제49대 헌강왕 때 개운포(開雲浦, 울산)에 나타난 동해용의 아들로 묘사되었는데, 그것으로 봐서 이슬람 상인 출신일 것이라고 추측한다. 중세 아랍의 지리학자 알이드리시(Al—Idrisi)는 모로코 출신으로 프랑스, 영국, 아라비아, 소아시아, 그리스 등을 여행한 후 세계지도 제작 작업에 착수하여 타원형의 지구본을 제작하기도 하였다. 1154년에 펴낸 세계지도에는 신라의 위치가 중국 동남방의 6개 섬으로 표시되었는데 "신라를 방문한 사람들은 누구나 정착하여 떠나려 하지 않는다. 그 이유는 신라가 매우 풍족하고 금이 많아…"라고 이상적으로 묘사하고 있다.

아마 상당수의 아랍인들이 한반도에 정착해 있었을 것으로 추정하는 데, 《조선왕조실록》에는 세종의 즉위식에 회회(回回)인들이 하례를 올린 기록이 남아 있어 당시의 이슬람인들의 규모가 어느 정도 형성된 듯하다. "회회교도(回回敎徒)는 의관(衣冠)이 보통과 달라서 … 기도하는 의식을 폐지함이 마땅하다."

세종 9년(1427) 예조에서 이슬람 복식을 폐지할 것을 세종에게 청한 것이다. 이에 세종은 이슬람 복식과 의식 등을 폐하면서 우리나라 사람들과 동화해서 살게 하였다.

벽란도

> 물결은 밀려왔다 다시 밀려가고
> 오가는 뱃머리 서로 잇대었네
> 아침에 이 누각 밑을 출발하면
> 한낮이 못되어 남만(南蠻)에 이를 것이다

고려 중기 이규보(李奎報)가 고려의 국제무역항 벽란도를 굽어보며 쓴 시의 일부이다. 고려의 수도 개경으로 통하는 예성강 어귀에 위치한 벽란도는 가까운 일본, 송나라와 멀리 아라비아 상인까지 드나들었다. 이들은 수은, 몰약, 유황, 향신료, 진주, 악기, 해조류, 나전제품, 거울 넣는 상자, 벼루 넣는 상자, 부채, 빗, 칼, 감귤, 도검류, 색깔 있는 비단, 무늬 넣은 비단, 후추 등의 각종 토산물이나 동남아 등지의 물산을 가져와 교역하였다. 멀리 대식국에서 온 아라비아 상인들이 이채롭게 보여 고려왕이 금과 비단 등 후한 하사품을 내리기도 하였다. 고려를 다녀간 대식상인들이 코리아란 이름을 바깥 세상에 알렸다.

해상교통로는 인도를 기점으로 동서로 나눌 수 있다. 남인도에서 스리랑카와 수마트라, 동남아시아를 거쳐 중국 남부로 이어지는 해상교통로의 길목인 수마트라와 자바가 속한 인도네시아(Indus+Nesos, 인디아의 군도)의 어원에서도 알 수 있듯, 자바의 많은 힌두교 유적들은 인도 문화권임을 잘 나타내고 있다.

자바의 인도 영향이 활발한 때는 5세기경부터이며 자바에 흩어져 있는 초기 힌두교 양식은 남인도의 6~7세기 양식과 비슷하다. 불교 전래는 1~5세기경으로 계빈국(罽賓國, 카시미르)의 구나발비(369~431)가 찾아와 교화활동을 폄으로써 불교가 정착되었으나 그 세력은 미미했으며 대체로 인도 남부의 영향을 받아 힌두교가 우세하였다. 캄보디아를 지배한 부남국(扶南, 1~7세기)은 인도계 왕이 지배하며 6세기 중반까지 해상무역으로 융성했던 불교국가였다. 7세기 초 크메르왕조 진랍국(眞臘國, 현 캄보디아)의 침입으로 부남국의 잔존 세력이 수마트라에 내려와 스리비자야 왕국을 세워 불교가 크게 융성하였다. 당나라 의정 스님이 당으로 귀국할 때 머물렀던 시기다. "집집마다 작은 불상을 안치했으며 오전 10시와 11시 사이에 향수물에 부처상을 목욕시킨다. 물로 해시계를 삼아 북을 쳤으며 의례는 그 시간에 따라 이뤄진다." 의정은 스리비자야의 대승불교를 소상히 기록하였다.

자바에는 '산의 왕'이라는 사일렌드라왕조(774~864)가 출현하여 스리비자야 공주와 혼인을 맺고 크게 융성하였다. 그들이 8세기경 건축한 세계 최대의 불교 건축인 보로부두르(Borobudur) 사원은 만다라 형식의 석조 건축으로, 선재동자가 구도의 길을 떠나 53명의 선지식을 찾아 깨달음을 얻어가는 행로를 부조한 벽화가 유명하다.

92

보로부두르 대탑

인도네시아 중앙자바(Central Java)에 위치한 보로부두르 사원은 사일랜드라
(Saliendra)왕조 시기인 750~842년에 세워졌다. 이는 유럽의 대성당들이 건축 시
기보다 400년 앞선 것이며 앙코르왓 사원보다 300년 먼저 건축되었다. 10층 구
조로 되어 있으며 기단 2층은 욕계, 7층까지는 색계이며 그 위 원형구조는 무색

아웃리거

93

계와 수미산과 만다라 형상을 나타내고 있다. 동서남북 각각 92체의 불상이 안치되어 있으며, 회랑에는 선재동자가 53선지식을 찾아 깨달음을 얻는 구도기를 표현한 1,460장면 벽면 부조가 조각되어 있다.

1,460면에 달하는 벽면 부조. 선재동자가 53선지식을 만난 후 미륵궁에서 하늘을 나는 장면, 4회랑.

10~11세기 무렵 베트남의 참파 부근으로 유입된 이슬람교는 13세기에 수마트라섬 북부로 진출하여 이슬람 왕국을 성립시켰다. 14세기에는 말레이반도 말라카를 중심으로 세력을 확장하였으며, 15세기에 자바로 진출하여 발리섬을 제외한 동인도제도를 휩쓸었다.

현재 발리섬에 남아 있는 힌두교는 16세기 자바의 힌두교 왕조가 이슬람에 쫓겨 발리섬으로 망명한 영향이다. 구법승들 역시 빈번해진 해상교통로를 이용하여 천축으로 여행을 하였다. 그 대표적인 인물이 법현 스님으로 육로를 통해 천축에 갔다가 15년 만에 해로를 통해 중국으로 귀국하였다.

4~9세기 천축으로 갔던 스님 중 23명만 육로를 이용하였으며, 40여 명

의 스님들은 해상교통으로 인도 여행을 하였다. 현장 스님은 육로를 이용하여 천축국을 왕복하여 자세한 기록을 남겼으며, 법현 스님은 육로로 천축국에 도착하여 순례를 마친 후 해로를 통해 귀국하였고, 혜초 스님은 중국 광주를 출발하여 해로를 이용하여 천축국을 순례한 후 육로로 돌아왔으며 의정 스님은 해상교통로를 이용하여 천축국을 왕복하였다.

법현(法顯) 스님

동진(東晉) 때 승려로 340년경 산동성에서 태어났고, 성은 공(龔)이다. 위로 두 형제가 요절하자, 그 화가 막내까지 미칠까 두려워 세 살 때 사원에 보내졌다. 40년을 수행한 법현은 399년 혜경, 도장, 혜응, 혜외와 뜻을 모아 천축국에 가서 3장 중 빠진 율장(律藏)을 가져오기로 했다.

장안을 출발해 장액(張掖)에서 지엄, 보운 등 다섯 명의 승려가 합류하였고, 호탄에서 혜달이 추가하여 총 11명이 되었다. 장액에서 하안거를 보내고 둔황에 이르러 한 달을 머물렀다. 법현은 둔황에서 출발하는 사신단을 따라 먼저 5명의 승려와 출발하였고 보운 등과는 헤어졌다. 이때 한족 출신 둔황태수 이고는 쿰다리아(沙河)를 건너는 경비를 보시하였다. 선선국에 한 달을 머문 후 오이국으로 출발하였는데, 선선은 땅이 거칠어 농사가 잘 안 되고 왕은 불교를 숭상하는데 승도가 4천 명 정도로 모두 소승을 믿고 있었다고 기록되어 있다.

15일을 걸어 오이국(언기)에 도착하여 두 달을 머물며, 늦게 출발한 일행과 합류하였다. 오이국은 역시 승려가 4천으로 모두 소승을 믿고 있으며, 사람들은 예의가 없고 야박하다고 기록하고 있다. 여기서 지엄등 몇 명은 고창국으로 돌아갔다.

오이국을 출발해 호탄(우전국)까지 1달 5일이 걸렸다. 호탄왕은 불교를 믿고 있으며 수만 명의 승려가 있고 대승을 믿고 있었다. 호탄에는 큰 가람만 4개가 있고

95

성 밖의 큰 가람인 왕신사(王新寺)는 높이가 25장이나 되고 누각은 금·은으로 장식되었으며 3대왕 80년에 걸쳐 완성되었다고 한다.

호탄에서 받은 대접은 융숭하였으며, 혜경 등 몇 명은 먼저 갈차국(타스쿠르간)으로 출발하였고, 법현은 큰 불상을 모시는 행상 축제를 보기 위해 3개월을 더 머물렀다. 일행 중 승소는 서역승을 따라 바로 계빈(아프가니스탄 카피샤)으로 먼저 떠났고, 법현 일행은 총령 언저리에서 하안거와 불교 행사를 구경한 다음 힘든 총령을 넘어 오장국(스와트 계곡)에 도착하였다. 중천축국·간다라 지방과 부처님 8대 성지를 모두 순례한 다음, 파탈라푸트라(파트나)대승사에서 3년을 머물며 범어를 배우고 율상을 베껴 썼다. 지금까지 함께한 두점 스님이 인도에서 부처님 법을 배우고 생을 마치기로 결정하였다.

법현 스님은 갠지스 강 하구를 따라 내려와 다마리 제국에서 2년을 더 머물며 경전을 베끼고 불상을 그린 후, 상선을 타고 사자국(스리랑카)으로 이동하여 불치사와 상가미타가 옮겨 심은 보리수 등 스리랑카를 순례하였다. 순례 중 수많은 승려들을 만나 법문을 듣고 중국에 전하지 않은 경전들을 베껴 쓰며 2년을 스리랑카에서 지냈다. 귀로에 200여 명이 타는 상선에 올라 출발하였으나 곧 큰 풍랑을 만나 배가 좌초 위기에 처하자 일부는 작은 구명보트를 내려 도망가고 나머지 사람들은 배의 무게를 줄이기 위해 물건들을 바다에 던지며 13일 만에 겨우 한 섬에 도착하여 배를 수리할 수 있었다. 이때 법현은 경전과 불상만은 버리지 말아달라고 대중에게 빌어 겨우 위기를 모면하였다. 배를 수리한 후 대해를 지나 90일 만에 자바에 도착하였다.

자바는 기원전후 인도인들이 많이 이주하여 브라만교가 흥하고 있었다. 법현 스님은 이곳에서 5개월을 머문 후 4월 16일 광주로 가는 상선에 몸을 실었다. 상선에는 약 200명의 인원이 50일 먹을 식량을 준비하고 출항 하였는데, 출항하고 약 1개월 후 또다시 큰 풍랑을 만나고 말았다. 그러자 브라만들은 사문이 타고 있어 바다가 거칠다고 법현을 가까운 육지에 버리고 갈 것을 선동하였다. 다행히 법현을 따르던 시종이 "중국의 왕들은 불법을 받드니 중국에 도착하면 당신들을 고발할 것이오!" 으름장을 놓아 진정시켰으나, 예정된 50일이 지나고 70일이 되도

96

록 중국 땅이 보이지 않았다. 식량과 식수가 다 떨어져 갈쯤 겨우 육지에 도착하였으나 광주를 한참 벗어난 산동성 청도까지 올라가 있었다.

서역에서 경전과 불상을 모셔왔다는 소식에 청주자사가 초청하여 겨울과 여름을 보낸 후 장안으로 돌아왔다. 장안을 떠나 약 15년 만에 돌아온 법현은 남경 도장사에서 불타발타라 승려와 함께 삼장을 번역하였다. 귀국 때 법현의 나이가 대략 75세 정도였으며 세수 82~86세에 입적하였다.

의정(義淨) 스님

의정 스님의 기록은 책마다 약간의 차이는 있으나 37세(당나라 672년경)에 인도로 떠났다. 광주에서 뱃길로 수마트라의 파렘방에 도착하여 이듬해 인도로 들어갔다. 인도에서 10년 동안 불적지를 순례하고 날란다대학에 머문 다음 팔렘방에 돌아와서 2년을 체류하였다. 689년 광주로 편지를 보내기 위해 상선에 올라탔다가 갑자기 배가 출항하는 바람에 아무 준비 없이 광주로 오게 되었다.

의정 스님은 급작스런 출발로 미처 챙기지 못한 불경과 자료들을 찾기 위해 6개월 후 후원하는 정고율사(貞固律師)와 4명의 제자와 함께 다시 팔렘방으로 돌아왔다. 이때 함께한 과정을 기록한 책이 《중귀남해전(重歸南海傳)》이다. 의정 스님은 팔렘방에서 4년을 머물며 그간 천축을 여행하면서 현장 스님의 귀국 이후(645) 56인의 순례자들의 사적을 기록한 《대당서역구법고승전》을 기술하였는데, 그 가운데 신라 승려 7명과 고구려 승려 1명에 대한 기록도 포함되어 있다.

소안탑

97

의정 스님이 나란타에 머물며 자료를 조사하던 중, 신라의 아리야발마 스님은 당 태종 시기 천축을 순례하고 나란타사에 머물렀는데 돌아갈 마음 있었으나 나이 70에 돌아갈 수 없었다는 기록과 "불치목(佛齒木) 아래서 신라승 혜업이 베껴 쓰다"라는 문구를 찾았다. 의정이 절의 승려에게 물으니, 혜업 스님은 나란타사에서 돌아가셨다는 말을 들었다. 집필을 마친 의정은 나이 61세, 천축순례 25년 만인 694년 팔렘방을 떠나 1개월 후 광주에 도착하였다. 낙양에 입성할 때는 측천무후가 친히 성문 밖까지 마중 나왔다고 한다. 의정이 가지고 온 불경은 장안의 천복사 소안탑에 보관하며 번역하였는데 그 숫자가 68부 290권에 이른다.

그리스 스트라본(Strabon, 기원전63~기원후24년경)의 지리지에는 해마다 120척의 선박이 로마에서 인도로 향하였으며, 주요 교역품으로 실크, 후추, 계피, 향료, 금속, 염료 등을 로마로 가져왔다고 되어 있다. 6세기 이집트 알렉산드리아 출신 코스마스(Cosmas)는 상인이자 기독교 지리학자로 인도 여행가로 불렸다. 알렉산드리아를 출발하여 에디오피아와 페르시아만을 거쳐 인도와 스리랑카를 여행하였다. 코스마스는 여행 후 그리스도교 지지학(地誌學)과 인도 여행기를 썼는데, 지구는 평편한 직사각형으로 그 중심에 인간이 살고 있고 둘레는 바다이며 그 너머에 아담의 낙원이 있다고 주장하였다. 코스마스가 쓴 인도 여행기에서 그간 막연하게 동쪽 어딘가에 있는 세레스인이 살고 있는 나라, 즉 중국의 실체를 처음으로 서방에 소개하였다.

아라비아해와 지중해는 항해술이 뛰어난 아랍인들의 무대였다. 우리가 '아라비안나이트'라고도 하는《천일야화》는 인도와 이란·이라크·시리아·아라비아·이집트 등의 갖가지 설화가 포함된 180여 편의 이야기로 사랑과 범죄, 역사와 여행기, 교훈담, 우화 등을 담고 있다.《천일야화》는

98

옛 페르시아에 전해오는 이야기를 토대로 이슬람 이전과 이후의 이야기로 되어 있어, 최종적으로는 14~15세기 이집트에서 정리된 것으로 보인다. 이야기에는 큰 바다로 나가 먼 나라로 항해하는 상인들과 진귀한 물건들에 대한 내용을 포함하고 있어 당시에 이란인과 아랍인들의 해상 활동이 매우 활발했음을 알 수 있다.

8세기 남부 유럽 이베리아반도에 진출한 이슬람들이 우마이야 왕조를 재건한 국가를 건설하자, 지중해는 프랑크 왕국과 이탈리아 반도, 비잔틴 제국의 소아시아를 제외한 지역이 이슬람의 바다가 되었으며, 중국에서 발명한 나침판을 11~13세기 아랍 상선들이 사용하여 원양항해술이 크게 발달하였다.

대항해시대

대항해시대인 1500~1635년 리스본과 인도를 오간 배 중 20%가 침몰했을 정도로 바다는 거칠었다. 대항해시대 전까지 지중해 무역은 홍해와 레반트(Levant,근동의 시리아, 요르단, 팔레스타인 지역)를 통해 운반해온 향신료를 베네치아와 제노바 상인들이 유럽으로 실어 날랐다. 오스만제국(1299~1922)은 콘스탄티노플에서 연명하고 있던 비잔틴제국을 점령(1453)하여 지중해 및 중국으로 이어지는 무역로를 장악하였고, 이집트의 맘루크 왕국을 정복(1517)하여 아라비아해를 연결하는 지중해와 홍해 및 페르시아만 무역로를 차지하였다. 이 무렵 14~15세기 유럽은 천 년의 긴 중세시대를 마감하고 르네상스(Renaissance) 운동이 일어나 근대 유럽문화가 발

99

달하고 있었다.

향신료는 대부분 베네치아를 통해 구입할 수 있었는데 후추 한 줌에 돼지 15마리 가격에 거래되었다고 한다. 인구 150만 명의 베네치아는 향신료 무역으로 축적힌 자본이 프랑스의 5배나 되었고 막강한 해군력을 가지고 있었다. 유럽 각국의 늘어나는 무역의 욕구는 지중해 무역을 장악한 베네치아와 제노바를 대체할 새로운 교역로가 필요하였는데 지중해의 출구인 이베리아반도에 8세기 동안 틀어 앉아 있던 이슬람왕국의 쇠퇴로 그 출구가 열렸다.

알함브라(Alhambra) 궁전으로 유명한 그라나다의 이슬람왕조는 유럽 그리스도인들의 '레콘키스타(국토회복) 저항'으로 점령 기간 781년 동안 3,700여 회의 전투를 벌였다. 레콘키스타 동안 소국으로 나눠 있던 이베리아반도는 점차 통합하여, 포르투갈을 제외하고 카스티야와 아라곤 두 왕국 남아있었다. 현재 스페인에서 독립을 주장하고 있는 카탈루냐는 옛 아라곤 왕국을 포함한 피레네산맥 서부 지역으로 스페인 중앙정부로부터 전통적으로 자치권을 가졌던 곳이다. 1469년 마침내 두 왕국의 이사벨 1세와 페르난도 2세가 결혼하여 스페인을 통일한 후, 9개월 동안 치열한 공세 끝에 그라나다를 점령하였다.(1492) 이슬람을 유럽에서 쫓아낸 것이다. 그리고 그해 스페인 이사벨 1세 여왕의 후원을 받은 콜럼버스가 신대륙을 찾아 미지의 항해에 나섰다. 콜럼버스는 왜 한 번도 가보지 않은 위험한 신항로를 찾아 떠났을까?

콜럼버스는 이미 희망봉 루트를 개척한 포르투갈에게 거절당하자, 경쟁 관계에 있는 스페인의 이사벨 여왕을 찾아가 6년 동안 설득한 끝에 신대륙을 찾아 항해를 떠날 수 있었다. 포르투갈은 지브롤타 해협의 목인 세

콜럼버스 산타마리아호

우타(Ceuta)항을 이슬람에게서 빼앗고 지중해를 벗어난 대항해를 꾸준히 준비하고 있었다.(1415)

포르투갈은 인구 100만의 유럽 변방으로 향신료 무역의 70% 이상을 독점하고 있는 베네치아의 지중해 무역을 파고들 능력도 없고 지리적 위치도 좋지 않았기 때문에 지중해를 벗어난 새로운 무역 항로가 필요했다. 그런데 이슬람이 쇠퇴하면서 드디어 기회가 열린 것이다. 1487년 포르투갈의 주앙 2세는 바르톨로메우 디아스에게 명령하여 아프리카의 남쪽 끝이 어디인지 알아보고 전설의 기독교 왕국, 프레스터 요한이 다스리는 땅 에티오피아를 찾도록 하였다.

아프리카 연안을 따라 항해하던 바르톨로메우디아스(Bartholomew Diaz)는 폭풍우 속에 배가 남쪽이 아닌 동쪽으로 가는 것을 알았다.(1488) 아프리카 끝 남단을 돌아선 것이다. 그는 인도로 갈 수 있는 항해 가능성을 보

101

아프리카 최남단 희망봉.
싱가폴 9,667km / 시드니 11,642km / 런던 9,623km

았으나 지친 선원들이 더 이상 항해를 거부하여 배를 돌릴 수밖에 없었다. 귀로에 자신이 처음으로 통과했던 거친 바다(폭풍의 곶, Cape of Storms), 아프리카 최남단 희망봉(希望峯)을 보고 돌아왔다.

10년 후인 1498년 비스코 다 가마는 향신료를 찾아 희망봉을 지나 인도에 도착하였다. 1497년 포르투갈을 출발한 선단은 희망봉을 돌아 케냐에 도착한 다음 아랍의 항해사 이븐 마지드의 안내를 받아 인도 서해안 켈리켓(Calicut)에 도착하였다. 150명의 선원 중 55명만이 돌아온 험난한 항해였다. 바스코 다 가마는 2년 반 만에 3척의 배에 향신료를 가득 싣고 포르투갈로 돌아왔다. 그는 후추와 육계(肉桂, 계피) 등 향신료를 팔아 60배의 이문을 남겼다.

1502년 바스코 다 가마는 20척의 함대를 이끌고 인도를 공격하여 남겨두고 온 포르투갈 선원을 살해했다는 이유로 메카로 가는 아랍 상선을 해적질하고 29척의 아랍 함대를 격퇴하였다. 이어 초대 총독 알메이다는 인도 이슬람 상인들의 요청으로 결성한 오스만제국과 이집트 맘루크 왕조의 연합 함대를 인도양에서 격파하여, 해양무역의 주도권을 확실히 하였다.(1509) 2대 인도 총독인 알부케르크는 포르투갈제국의 시초를 만든 사람이다. 그는 포르투갈에게 부의 선물 및 기독교 전파와 동방의 전설적인 성 요한을 찾아 인도로 출발하였다.(1503) 먼저 인도 고아를 공략하여 이슬람 관리들을 축출하고 힌두교 우대 정책으로 교두보를 삼고, 동방무역의 해상요충지이자 향료무역의 중심지인 말라카항을 점령하였다.(1511, 이후 130년간 포르투갈령으로 남음) 또한 페르시아만에 위치하여 유럽과 인도를 연결하는 중간 기착지이자 이슬람 상권의 목인 호르무즈를 점령하여 (1515) 당시 해상무역의 핵심 지역 호르무즈, 고아, 말라카 3곳을 모두 장악하였다.

1513년 포르투갈 상선이 중국 광동 앞바다에 모습을 나타난 이후 마카오에 무역사무소가 설치되었다.(1557) 포르투갈 상선은 중국의 은 본위제 화폐를 유지하는 데 모자란 은을 중남미에서 대량으로 공급해주었다. 인도 디우(Diu)섬과 다만(Daman), 고아(Goa)는 450년간 포르투갈의 지배를 받다가 1961년 인도에 반환하였으며, 마카오는 1999년 12월 20일 중화인민공화국에 이양되었다.

이렇듯 인도양 항해로를 막강한 포르투갈 해군력 아르마다(무적함대)가 보호하고 있었기 때문에 스페인은 다른 신세계 개척이 필요하였다. 포르투갈과 스페인은 무력충돌을 방지하기 위해 토르데시야조약을 체결하였다.(1494년 6월 7일) 서경 46도 지점을 기준으로 동쪽은 포르투갈 서쪽 아메리카 지역은 스페인이 차지하는 내용으로, 중남미 대부분이 스페인어권인데 반해 브라질의 언어가 포르투갈어인 이유가 바로 이 조약에서 비롯되었다. 스페인의 마젤란이 배를 타고 서쪽으로 출항하여 남미대륙을 돌아 귀국한 지구 한 바퀴는, 서세동점(西勢東漸)의 대세를 알리는 항해였다.(1519~1522년, 마젤란은 도중 필리핀에서 전사) 당시 유럽인들의 최대 교역품은 정향과 후추였는데, 정향은 말레이 상인들에 의해 말라카에 모인 후 봄베이로 운반하여 인도 후추와 함께 유럽으로 향했다. 인도를 출발해 페르시아만 홍해로 보내져 시리아와 알렉산드리아로 운반된 후 베네치아 상인들에 의해 지중해를 건너 유럽에 도착하였다. 이 길목을 이집트의 맘룩크 왕조(1390~1517)가 시리아에서 알렉산드리아까지 점령하여 막대한 부를 축직하고 있었다. 이집트가 십자군과 몽골군의 침입을 막아낼 수 있었던 것도 베네치아와 제노바 상인들에게 거둬들인 관세로 막대한 자금을

105

가져기 때문에 가능하였다. 1502년 포르투갈은 무적함대(아르마다) 21척을 파견하여 인도 코친을 점령하고 홍해와 페르시아만 호르무즈 해협을 장악하여 알렉산드리아와 시리아를 통한 지중해 무역의 숨통을 막아버린 것이다. 결국 지중해 무역로가 막힌 이집트 맘루크 왕조는 1517년 새롭게 흥기하는 오스만터키에게 멸망하였다.

대항해시대는 서방세력의 무대로 세계사 흐름이 변한 것을 알려준다. 그러나 간과할 수 없는 것은 대항해시대를 연 포르투갈이 취급한 향신료는 전 세계 향신료의 10%에 불과했으며, 설반 이상이 아시아 시장에서 소비되었다. 또한 18세기까지 전 세계 인구의 2/3가 아시아에 거주하고 있었으며 전 세계 생산의 70%가 청나라를 비롯한 아시아에서 생산되고 있었다는 사실이다. 해양무역을 통해 도자기를 비롯한 화려한 물품은 아시아에서 서양으로 흘러 들어갔으며, 상대적으로 서양 물건 중 아시아에서 필요한 것은 많지 않았다. 평화로운 무역에 의존했던 이슬람과 아시아 상단들은 무역선이지 전투상선이 아니었기 때문에 무장이 아주 빈약하여 무기가 발달한 서양 전투상선을 상대할 수 없었다. 또한 대륙국가인 명·청과 무굴제국 등은 육상의 생산품만으로 제국의 번영을 누렸기 때문에 해군 양성에 큰 비중을 두지 않아 대항해시대를 서양에 선점당할 수밖에 없었다.

대항해시대 서구의 선교사들의 동양 진출도 같이 활발하였다. 이전 몽골제국 때 가톨릭 선교사들이 동양에 진출할 기회가 있었으나, 몽골제국의 분열과 이어진 흑사병의 대유행으로 중단되었다.

마테오 리치(Matteo Ricci, 1552~1610)는 이탈리아 출신 예수교 선교사로 1578년 포르투갈 리스본을 출발하여 인도 고아와 코친에 머물렀다. 마테오 리치는 1582년 중국에 선교하라는 명령을 받고 고아를 출발하여 마카오에 도착 후 중국어와 한문을 배웠고 남경에 들어가 천문, 지리, 수학을 가르쳤다. 1601년 북경에 도착하여 신종 황제의 허락을 얻어 선무문(宣武門) 안에 천주당을 세우고(1605) 200여 명의 신도를 두었다. 마테오 리치는 그간 중화사상에 사로잡힌 중국인들에게 세계지도를 제작하여 보여주며, 중국 밖은 오랑캐라는 중국인들에게 새로운 인식을 심어 주었다. 마테오 리치는 1610년 북경에서 생을 마쳤다.

기원전부터 서방에서 중국을 지칭하던 명칭은 시대나 도착한 지역과 육로나 해로를 통한 방문에 따라 세레스(Seres, 육로) 치나(기원전3~기원전2, 해로), 탐가츠(탁발씨), 키타이(요나라) 등 여러 명칭으로 알려져 있었다. 인도 고어의 대사교는 포르투갈 예수회 선교사 베네딕트 고에스(Benedict Goes)에게 예전부터 서양인들이 찾아갔던 동방의 나라 키타이가 같은 중국인지 확인해보라는 명령을 내렸다. 1603년 아그라를 출발하여 북인도와 간다라 지방 라호르를 거처 파미르 고원을 넘어 카슈가르, 쿠차, 투르판, 하미를 지나 옛 실크로드를 따라 난주에 도착한 베네딕트 고에스는 옛 키타이가 중국이란 것을 확인하였다. 17세기에 이르러서야 여러 이름의 거대한 동방국가 하나의 중국이란 것이 알려졌다. 베네딕트 고에스는 북경으로 가 먼저 와 있던 마테오 리치 신부를 만날 예정이었으나 도중에 병사해(1607) 만나지 못했다.

수에즈운하와 파나마운하

대항해시대 유럽에서 동양의 인도와 중국을 오가는 무역을 하기 위해서는 아프리카 남단 희망봉을 돌아가야 하는 험난한 길을 지나야 했다. 기원전부터 인류는 홍해와 수에즈만을 통해 이집트에 도착한 다음 육로를 이용해 나일강 하류로 물건을 운반하여 다시 강을 따라 지중해로 들어갔다. '운하를 파서 지중해와 연결할 수 없을까?' 이런 시도는 기원전부터 있었다.

기원전 6세기 이집트는 수에즈만과 나일강을 연결하는 대공사를 시작하였다. 그러나 운하기 완하되면 에클 되네는 나라가 이집트를 공격할 것을 우려하여 공사를 중단하였다. 아케메네스 페르시아의 다리우스 1세는 이집트를 점령하고 이 운하를 연결하였다. 단속을 반복하던 이집트 운하는 8세기 아바스 왕조의 2대 칼리프는 이집트 속국이 운하를 이용하여 세력을 확장할 것을 우려하여 운하를 폐쇄시켜버렸다. 서유럽은 운하 개통을 원했으나 이집트의 맘루크 왕조나 오스만제국은 인도와 연결하는 무역로를 장악하고 있어 딱히 필요성이 없었다.

대항해시대의 서구 열강은 식민지인 인도와 청나라를 연결하는 이집트 운하기 필요하게 되었다. 19세기 후반 오스만제국이 쇠퇴하여 이집트가 독립국이 되자 프랑스의 레셉스(1878~1955)는 수에즈운하 건설회사를 건립하였다. 영국은 프랑스가 부상할 것을 우려하여 서구 각국으로부터 운하 건설 투자를 방해하였으나 프랑스와 이집트 정부만의 투자로 수에즈운하를 개통하였다.(1869년 11월 17일) 그러나 막대한 투자로 재정 위기에 몰린 이집트는 수에즈운하 주식 전부를 영국에게 팔아넘겼다. 영국은 수에즈운하 보호와 반란군 진압을 명분으로 군대를 이집트에 주둔시켜 사실상 이집트를 속국으로 만들어버렸다.

제2차 세계대전 후 이집트의 나세르가 영국에 반기를 들고 쿠데타를 일으키자 서방국가는 이집트의 아스완댐 건설 지원을 취소하였다. 나세르가 이에 반발하여 수에즈운하를 국유화하자 영국은 프랑스와 이스라엘을 끌어들여 이집트를 침공하였다.(2차 중동전쟁 1956~1957) 이스라엘은 전격적으로 진격하여 이집트 시나이 반도와 수에즈운하를 점령하였다. 이에 소련이 반발하여 핵공격까지 경고

하자 철수하여 이집트에 반환하였다.

현재도 수에즈운하는 전 세계 물동량의 8%가 통과하며 이집트 정부 재정의 10% 이상 수입을 차지하고 있다. 수에즈운하와 쌍벽을 이루는 파나마운하는 태평양과 대서양을 연결하는 운하로 수에즈운하를 건설하였던 프랑스 레셉스가 1880년 시도하였으나 2만 명 이상의 희생자가 발생하며 실패로 끝나고 말았다.

동부 대서양과 서부 태평양을 연결하기 위해서 멀리 남극에 가까운 마젤란 해협을 통과해야 하는 미국은 파나마운하가 절실하게 필요하였다. 미국의 2대 루스벨트 대통령은 프랑스와 콜롬비아로부터 각각 4천만 달러, 2천만 달러를 주고 파나마운하권을 사들였다.(1902) 미국의 횡포에 콜롬비아가 반발하자 미국은 파나마 독립 세력을 이용하여 단 5일 만에 콜롬비아로부터 파나마를 분리하여 파나마독립국을 세웠다.(1903) 1904년 미국은 파나마운하 공사를 시작하여 6천 명의 희생자를 내고는 10년 만에 파나마운하를 완성하였다. 1959년부터 일어난 반미운동으로 미국은 파나마 침공(1989)까지 일으키며 파나마운하 운영권을 지키려 하였으나, 결국 국제여론에 밀려 파나마에 반환하였다.(1999)

대항해가 정화

바스코 다 가마가 희망봉을 돌아 인도에 도착하기 약 1세기 전, 명나라의 환관 정화(鄭和)가 7차에 걸쳐 대항해를 하였다.(1405) 정화는 운남성 출신으로 1371년 태어났는데, 그의 아버지 마합지는 소년 시절 할아버지를 따라 이슬람의 성지 메카를 순례한 이슬람 집안이었다. 명나라가 운남성의 원나라 잔존세력을 정복할 때 포로가 되어 환관이 된 정화는, 정난의 변(靖難之變)에서 군공을 세워 영락제로부터 정씨 성을 하사받왔다.(1404) 2005년 베이징 인민대회당에서 정화 남해원정 600돌 기념행사와 우표를 발행하며 화려하게 재조명하였다.

정화의 원정 이유에 대해서는 정난의 변 때 행방불명된 전 황제 건문제의 행적을 찾기 위한 원정, 남해 여러 나라에 명나라 위세 과시 및 조공무역, 티무르 제국의 중국 공격에 대비한 정보 수집, 해금정책으로 부족한 왕실 물자 수입 등 여러 가설들이 있다. 원정단은 200여 척의 대소 선박과 인원 2만 7천 명으로 제1차 세계대전 이전까지로 보면 최대 규모 선단이었다. 7차(1405~1433)에 걸쳐 아시아와 아프리카 등 약 30여 개국 10만여 해리(약 18만 5천km)를 항해하였다. 콜럼버스가 약 150톤 크기의 산타마리아 호 등 3척에 선원 40여 명으로 항해한 것을 감안하면 600여 명이 승선하는 대형 선박을 200여 척으로 구성한 정화의 원정단은 실로 놀라운 규모였다.

원정단은 정화 사망 3개월 후 중국에 돌아왔다. 정화 원정단이 지나간 곳에는 정화를 신격화하여 자바, 수마트라, 타이 등에 삼보묘(三寶廟)가 세워졌으며 자바의 대각사(大覺寺)에서는 지금도 정화를 모시고 있다.

관광용 중국 범선

▷ **1차 원정** (1405~1407) 남경을 출발하여 베트남을 거쳐 말라카까지 항해 후 돌아왔다.

▷ **2차 원정** (1407~1409) 태국, 브루나이, 인도 서남단 코친(Cochin)을 갔다가 스리랑카에서 부처님 사리를 가지고 왔다.

▷ **3차 원정** (1409~1411) 역시 스리랑카까지 원정 후 귀국했다.

▷ **4차 원정** (1413~1415) 아라비아를 거쳐 멀리 아프리카 말린디(Malindi)까지 진출하여 조공으로 기린을 가져왔다.

▷ **5차 원정** (1417~1417) 승려 혜신을 수행원으로 대동 자바를 경유, 동부 아프리카의 모가디슈, 바라와, 말린디(케냐)까지 항행하였다.

▷ **6차 원정** (1421~1422) 방글라데시를 항해할 때 영락제의 사망 소식을 듣고 귀국하였다.

▷ **7차 원정** (1431~1433) 10년 만에 재항해를 시작하였으나 인도 서남부 캘리컷(케랄라주)에서 병사하여 묻혔다.

111

도자기

정화의 원정으로 동남아에 화교사회가 출현하였다. 원정 중에는 각국에 중국 도자기를 선물했는데 대단한 호평을 받았으며 그 기술을 전해주기도 하였다. 하노이 외곽의 밧짱(Bat Trang) 도자기는 12세기 중국 화남지방에서 기술을 전수받아 만들기 시작했으며 15세기에는 안남도기, 남마도기로 베트남 주변국에 인기가 많았다. 현재도 밧짱 도자기는 많은 인기를 얻고 있다.

중국 도자기는 해양교통로를 이용하여 9세기 이전부터 중·근동 지방과 동남아시아로 수출하였다. 사막 오아시스로가 비단의 길이라면 중국 남방의 해양로는 세라믹의 길이라고 할 수 있다.

난파선의 도자기

1998년 인도네시아 수마트라 인근 벨리퉁(Belitung) 섬 부근 수심 17m 지점에서 옛 난파선이 발견되었다. 길이 22m, 폭 8m의 아랍 선박에는 당말~송초 시기의 이집트의 희귀한 공예품과 금괴, 은식기, 동경 등을 비롯해 826년에 제작된 장사요 도자기를 포함 4만여 점의 도자기와 유리 그릇, 루비, 사파이어 등이 발굴되었다. 또한 1987년 중국 광동성 양강에서 발견된 송대의 선박에는 복건성과 강소성에서 제작된 8만 점 이상의 도자기가 실려 있었다.

중국 도자기의 본산은 강서성(江西省) 포양호 동쪽 기슭에 위치한 경덕진(景德鎭)이다. 송나라 때 황실 도자기를 만들어 냈으며 원나라 때 많은

112

도공들이 경덕진으로 모여들었다. 인도 항로가 열린 이후, 경덕진 가마에서 생산된 도자기는 중동과 유럽에 수출되어 귀족들의 신분 상징이 되었다. 경덕진에서는 이슬람 문화권의 수요 요구에 맞춰 아랍어와 페르시아어로 장식된 대형 접시 등을 제작하여 수출하였다. 이란의 아르데빌 궁전에는 14~16세기 중국 청화백자 600여 점과 백자와 청자 등이 보존되어 있으며, 터키의 톱스카 궁전에는 1만 점이 넘는 중국 도자기를 보유하고 있다.

명·청 교체기에 생긴 혼란으로 경덕진 도자기를 수입할 수 없게 되자, 경덕진의 청화백자를 수입하던 네덜란드의 동인도회사는 대체품을 찾기 위해 네덜란드와 무역을 하

아랍 도기

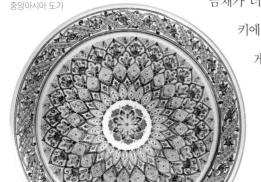

고 있던 일본으로 눈을 돌렸다. 네덜란드 동인도회사는 일본의 아리타 가마에 중국풍의 청화백자를 굽게 했다. 사가현(佐賀縣) 아리타(有田)에서 구워진 도자기는 근처의 이마리(伊萬里)항에서 수출하였기 때문에 '이마리 도자기(Imari wares)'라 불렀다.

일본은 중국풍의 도자기 모방에 그치지 않고 유럽인들의 취향에 맞는 제품을 개발하였다. 기존의 그림에 적·청·녹·황색, 금채가 더해진 이마리 도자기의 하나인 가키에몬 패턴이 바로 그것이었다. 이렇게 수출한 채회자기(彩繪瓷器)가 유럽인에게 인기를 끌면서, 중국이

명대 도자기

중앙아시아 도기

113

가키에몬 도자기

다시 도자기 수출을 시작한 이후에도 여전히 많은 일본 도자기를 유럽에 수출할 수 있게 되어 일본의 근대화에 많은 기여를 하였다.

16세기 이전까지 일본의 도자기 기술은 형편이 없었다. 임진왜란 때, 일본에 끌려간 조선 도공들이 일본 도자기의 시조라는 것은 누구나 아는 사실이다. 일본 최초로 백자를 구워낸 이삼평은 일본 도자기의 신으로 추앙받고 있다. 일본백자 탄생 300주년 되는 1917년 도조이삼평비(陶祖李參平碑)를 아리타 시내가 내려다보이는

도조이삼평비

도조이삼평(陶祖 李參平, ?~1656) 요(窯)

이삼평 15대

14대 심수관   단군 신사

렌게이시산(蓮花石山) 정상에 세우고, 매년 5월 4일 도조제(陶祖祭)를 지내
고 있다.

　14대 심수관이 생존해계실 때 일본 도자기의 본산인 아리타와 사쓰마
야끼를 몇 차례 방문한 적이 있다. 정유재란 때 끌려온 심당길(沈當吉)은
영주로부터 사무라이(武士) 대우를 받았다. 그들은 망향을 그리워하며 사
쓰마 옥산신사(玉山神社)에 단군을 모셨다. 메이지유신 때 천황을 제외한
외국 신사를 모두 파괴하자 일본식 도리(鳥居)를 세웠다고 한다.

　1998년 14대 심수관은 고향인 남원에서 불을 채화하여 일본에서 도자
기를 구웠다. 일본 근대화에 크게 기여한 도공들, 조선은 그 기술과 사람
을 어떻게 취급하였는지….

05 국제도시 장안

수나라의 통일

북조의 마지막 왕조 북주(北周)의 수국공(隨國公) 양견(수문제 581~604)은, 선비족 군벌의 딸과 결혼하고 자신의 딸을 황태자비로 보내 외척이 되었을 뿐만 아니라, 북제(北齊)를 공략하여 북주 통일에 큰 공을 세운 실력자였다. 북주 무제가 급성장하는 돌궐족을 막기 위해 유주(幽州, 북경 지방)로 출정 중 36세 나이로 급사하자(578), 양견은 3년 후 북주로 부터 황위를 이양 받아 수(隋)나라를 세웠다.(581)

이어 수문제는 둘째 아들 양광(楊廣)을 50만 대군의 총사령관으로 출정시켜, 중국 강남 개발 후 최대의 곡창지대가 된 남조의 진(陳)을 함락(589)하여 국고를 풍성하게 하였다. 한나라 이후 370여 년 만에 중국을 재통일한 수나라는 거대해진 영토만큼이나 할 일들이 많았다. 수 문제는 생활을 검소하게 하여 국고를 충실하고 부역을 공평하게 하여, 《수서(隋書)》는 "인물이 번성하고 조야(朝野)가 즐거워하여 20년간 천하가 무사하더라"라고 평하였다. 또한 군벌과 귀족 세력을 견제하기 위해 중국 최초로 과거제를 도입하여 관리를 등용시켰으며, 운하를 건설하고 전국의 사찰 4천여 곳을 재건하여 황실의 권위를 높였다. 외적으로는 북방에서 세력을 확장하는 돌궐을 이간책으로 동돌궐을 끌어들이고 서돌궐을 견제케 하였다. 그러나 고구려를 정벌하기 위해 30만 대군을 출정시킨 원정이 패하는 치욕을 당하기도 하였다.(598)

604년, 형 대신 태자에 오른(600) 양광은 병환 중인 아버지를 살해 후 황제에 올랐다. (수 양제 재위 604~618) 수 양제는 장강과 황하를 잇는 대운하 건설에 착공, 550만 명의 인력을 동원해 1,900km에 이르는 대운하를 건설하였다. 수 양제는 갓 완성된 운하를 8만 명을 동원하여 낙양에서 양주까지 1,000여km를 선박을 끌게 하여 유람하였는데, 그 선단의 길이가 200여 리에 이르며 양제가 탄 배에는 방이 무려 100개가 넘었다고 한다.(605) 이어 대운하 유람을 위해 건조하였던 용선들과 수군을 동원하여 해양 원정을 단행해 베트남 참파를 복속시키고(605), 대만, 수마트라의 스리바자야 왕국까지 조공을 보내도록 하였다.

주장

수나라 대운하

대운하 유람을 마친 수 양제는 육로로 북방을 순행하였는데 동돌궐 계민칸과 족장들이 순행길의 잡초를 직접 뽑았다고 한다. 북방 순행 후 수 양제는 북방의 돌궐을 믿을 수 없었는지 100만 명을 동원해 만리장성을 재정비하였다. 현존하는 장성(명대 축조)의 위치가 이때와 거의 같다.(609년경)

610년에는 운하를 북경까지 완성하였다. 또한 수나라의 영역이 둔황까지 이르자 서역과 교역을 적극 추진하였다. 배구(裴矩)는 양제가 서역에 관심이 많은 것을 알고 위험한 서역 근무를 자청하고《서역도기(西域圖記)》를 집필하여 수 양제에게 올렸으며, 하서 지방에서 변경무역을 하던 서역 상인들을 설득하여 중앙으로 보내 직접 중앙 정부와 거래토록 하였다. 배구는 북제, 북주, 수·당에 이르기까지 4대조에서 활동한 처세의 달인으로, 고구려에게 소공 요구 사신을 보내고 양제의 고구려 침공을 건의한 인물이다.

남북조 혼란기인 5~6세기경, 세력을 확장한 토욕혼(土谷渾)이 청해성 지역을 근거지로 멀리는 차이담(Tsaidam)과 내몽골에 이르는 지역까지 실크로드의 길목을 장악하고 내지로 가는 서역 무역을 통제하고 있었다. 양제는 직접 원정을 단행하여 이들을 쫓아낸 후 서역4군(西域四郡, 선선·차말[且末]·내몽골·청해 지역)과 이오군(伊吾郡, 하미)을 설치하여 서역 교역로를 확보하였다.(609년경) 토욕혼을 정벌한 양제가 귀국길에 양주(무위)에 이르자 서역 27개국의 사신들이 찾아와 성황을 이루었다고 한다. 양제는 수나라가 중국을 통일한 것을 확실시하기 위해 타림분지의 여러 나라 왕들과 상인들을 수에 입조케 하였다. 수는 이들을 위해 낙양에 시장을 열어 수의 부강함을 한껏 자랑하였는데, 술과 음식을 무료로 제공하고 나무에 비단을 휘감는 등 지나친 허세를 부려 "가난한 사람은 옷도 입지 못하고 있는데…" 하는 비웃음을 사기도 했다.

입조한 왕들 중에 고창국왕 국백아와 태자 국문태도 있었다. 국백아는 수 양제의 고구려원정(수의 2차 침공)에도 종군하고, 북주황실 우문씨 가문의 여자를 아내로 맞이한 후 귀국하였다.(612) 양제는 3차에 걸친 연이은 고구려원정(612~614)에 실패하여 나라가 피폐하여 민심을 잃은 상황에서도 북방 순행(615)을 단행하였는데, 복속했던 동돌궐 계민칸이 죽은 후 족장이 된 아들 시피칸이 산서성 안문(雁門)에서 수 양제 일행을 포위하였다. 이때 수 양제를 구하러 달려온 사람이 당나라를 세운 이연과 그의 아들 이세민이었다. 그러나 수 양제는 과도한 부역과 폭정으로 각지에서 반란이 일어나는 중에 또 다시 강도(江都, 강소성 양주시江苏省扬州市)로 안전한 향락을 위한 순행을 떠났다.(617) 북방에서 돌궐을 막고 있던 당국공(唐國公) 이연은 번번이 패하여 전과를 올리지 못하여 문책을 받을까 두려워하던 중, 양제가 순행을 떠나자 20만 명의 군대를 동원하여 수도로 진격하였다.

수 양제가 순행 중 부하들에 의해 목 졸려 살해당했다.(618) 이연은 이미 사기가 떨어진 수나라 군대를 손쉽게 제압하고 수도로 입성했다. 수 양제 사망 소식이 전해지자 수도에 남아있던 어린 공제(恭帝)를 압박하여 황위를 양위 받아 당나라를 건국하였다.(618)

119

돌궐

돌궐 부족은 몽골제국 이전에 중앙 유라시아 동서양의 광대한 영토를 가진 유목 부족이다. 서양에서는 튀르크라는 이름으로 알려져 있으며 약 2세기에 걸쳐 실크로드를 장악하고 페르시아와 비잔틴제국의 역사에 큰 영향을 주었다.

돌궐의 건국신화로는 다음과 같은 이야기가 전해진다. 흉노 북방에 살던 유목민이 있었는데 어느 날 적들이 쳐들어와 부족민이 모두 살해되고 다리가 잘린 열 살 소년만 살아남았다. 암컷 늑대가 이 소년을 양육하였고, 얼마 있어 암컷 늑대와 소년 사이에서 10명의 자손을 낳았는데 그중 아사나가 세운 국가가 늑대의 후예인 돌궐족이라는 이야기다. 돌궐의 민족에 대해서는 흉노의 별종(수서) 등 여러 설이 있는데, 지배층은 선비족과 같은 몽골어를 사용하지 않고 튀르크어를 사용하였으며, 북방유목민들이 섞인 잡호(雜胡)로 구성된 듯하다.

5호16국 시기 흉노가 세운 북량(北涼)이 북위 태무제에게 멸망하자 서진하여 투르판의 고창국(高昌國)으로 이주하였다가, 유연이 고창을 공격(460)하여 한족을 왕위로 세우자 아사나를 포함한 돌궐인들이 알타이산으로 이주하였다. 550년경 북방 초원은 선비족의 유연, 고차, 이란계인 에프탈이 있었다. 그 서쪽에는 사산조 페르시아와 비잔틴제국이 있었으며, 중국은 남북조시대의 마무리 단계였다.

돌궐은 당시의 맹주였던 유연에 복속되어 알타이산에서 대장장이로 종사하였으며 유연과 고차가 싸울 때 유연을 도왔다. 유연이 돌궐의 혼인 요구를 거절하자, 부민칸은 북조의 서위와 손잡고 유연을 공격하여 유연의 아나괴를 자살케 하였다.(552년) 돌궐은 유연의 땅을 차지하여, 동몽골 초원은 부민칸의 아들이 동돌궐을 세우고 서쪽 지역은 큰 전공을 세운 부민칸의 동생 이스테민이 차지하여 서돌궐을 세웠다. 돌궐은 북조의 북주와 북제를 압박하여 북주에는 돌궐왕족을 시집보내고, 북제를 공략하여 수도 업을 함락하기도 하였다.(577) 돌궐의 압박에 반발하여 북주의 무제가 북제의 잔존세력과 연합하여 돌궐에 대항하다가 36세의 나이로 사망했다. 이때 북주의 실권자 양견이 3년 후 북주의 제위를 이어받아

수나라를 세웠다.(581)

돌궐은 사위국가인 북주를 멸망시켰다는 이유로 수나라를 공격하여 신생 수나라의 큰 위협이 되었다. 때마침 서돌궐의 이스테민이 사망하자 그의 아들 타르두는 동돌궐의 영향에서 벗어나 독자적인 통치권을 선언하였다.(582) 동돌궐 역시 가한의 자리를 놓고 내분이 일어나고 있었는데, 수나라 양견은 서돌궐 타르두에게 돌궐카간의 직위를 수여하였다. 중국의 전형적인 이이제이(以夷制夷) 정치술이었다.

동돌궐은 가한의 자리를 놓고 다투던 세력과 서돌궐 및 수나라와 전쟁을 해야 하는 불리한 상황이 되자 계민칸은 수나라에 투항하여 군신관계를 맺고 복종하였다. 그러나 수 양제가 실정하는 틈을 타 세력을 회복한 돌궐족은 당나라 2대 황제 태종 때까지 위협적인 존재였다. 돌궐의 힐리(頡利) 칸이 산서성의 육반산(六槃山)에서 부터 장안 가까이까지 천막을 치고 주둔하여도 당은 항의조차 하지 못하였다.

630년, 당 태종이 철륵, 설연타 등의 부족민이 반기를 든 것을 틈타 동돌궐의 근거지 내몽골을 급습하여 힐리칸을 사로잡자 동돌궐 부족민들이 투항하였다. 당 태종은 연회를 열어 돌궐 힐리카간에게 춤을 추게 하고 남만 수령에게 노래를 부르게 하여 자신의 통치하에 '호월일가(胡越一家) 화이(華夷)가 하나가 되었다'고 자화자찬 했다.

서돌궐의 이스테민은 실크로드의 안전한 통행을 위해 중앙아시아의 에프탈을 공략하였다. 더 나아가 카스피 해 부근의 아바르족(Avara)을 몰아내자, 돌궐의 압박을 받은 아바르족이 헝가리 지역으로 이주하여 비잔틴제국과 프랑크 왕국을 위협하였다. 마치 제2의 훈족의 이동과 같은 현상이 일어났다. 서돌궐은 소그드 상인들로 하여금 중국에서 가져온 비단을 중개토록 하였는데, 서방으로 가는 비단교역을 독점하고 있던 사산왕조가 돌궐이 보낸 소그드 상인 마니악이 가져온 비단을 공개적으로 불태운 사건이 일어났다. 실크로드 교역권을 놓고 다툼이 발생한 것이다. 돌궐은 시산왕조와 내립하고 있던 비잔틴제국과 연합하여 사산조 페르시아를 공격하여 수십 년 동안 분쟁이 이어졌다. 서돌궐의 지속적인 공격은

121

훗날 사산조가 이슬람에게 멸망하는 원인 중 하나가 되었다.

반면 비잔틴제국과는 100명이 넘는 사신단을 보내며 우호관계를 유지하였는데, 598년 서돌궐 카간이 비잔틴제국의 황제에게 보낸 편지에 "전 세계 일곱 인종의 통치자이고 일곱 기후의 지배자…"라고 했을 정도로 위상이 높았다. 이후 토욕혼(土谷渾)의 반란을 진압하던 가한이 전투에서 사망하자(603) 후계 계승으로 혼란을 겪기도 하였는데, 이를 수습한 통엽호가한(統葉護可汗, 618~630)이 통치하면서 서돌궐을 발전시키고 불교를 돌궐인들에게 전파시키는 등 현명하게 이끌었다.

현장 스님이 인도로 갔던 시기(629)가 바로 서돌궐이 타림분지와 파미르 이서까지 지배했던 통엽호가한(칸) 때다. 그러나 통엽호가한이 살해되자(630) 중앙아시아를 지배했던 서돌궐 역시 고질적인 유목민의 분열로 이식쿨(IssykKul) 호수 서쪽은 노시필부, 동쪽은 돌륙부로 나눠진 후 당나라에 의해 제압당하고, 제1차 돌궐제국의 막을 내렸다.(657년경) 퀼테긴(Kül-Tegin) 비문(723)에는 한때 강성했던 돌궐족에 대한 회한이 묻어나 있다.

682년경 당이 티베트와 전쟁으로 발생한 틈을 이용하여 동돌궐 구민들이 당에서 독립하여 몽골 초원을 중심으로 제2차 돌궐제국을 재건하였다. 제2의 돌궐을 부흥시킨 인물은 2대 묵철가한(默啜可汗, ? ~ 716)이다. 그는 30여 개의 부족을 연합하여 강력한 돌궐로 부흥시켰으며, 당의 측천무후의 요청에 따라 용병으로 출정하였다가 발해의 대조영에게 참패를 당한 인물이다. 돌궐족은 중국 변경에서, 서로는 비잔틴 변경까지 광대한 지역을 지배하며 유목민 최초로 문자를 만들어 사용하였다. 돌궐을 의미하는 튀르크(Turk)는 서구 사회에서 유라시아 대륙 유목민을 통칭하는 용어로 사용되었다. 제2의 돌궐 또한 수차 반복되었던 유목민의 분열의 전철을 밟으며 쇠락해지다 위구르족에게 멸망하였다.(745)

동양에서는 중국과 위구르에게 쫓겨 소멸되었지만 서천한 돌궐족들은 그 옛날 흉노가 서천하여 훈족으로 서양 역사의 흐름을 바꾼 것처럼 큰 영향을 주었다. 중국과 가까운 동돌궐인들은 농경사회에 정착하거나 다른 유목민 부족에 흡수되어 사라졌고, 서돌궐은 아바스 왕조의 이슬람을 받아들였다. 이슬람으로 개종한 돌궐인들은 중앙아시아와 중동 지역 아나톨리아 반도까지 흩어져 여러 튀르크계 왕국을 세워 이슬람 세계의 확장에 많은 기여를 하였다.

튀르크인들은 위구르 왕조 멸망 후 카라한 왕조(840~1212)와 셀주크튀르크(1037~1307)를 건설하였다. 셀주크튀르크는 이슬람권의 중심부인 중동으로 진출하여 아나톨리아까지 세력을 확장하여 오늘날 터키의 시발점이 되었다. 노예로 팔려간 킵차크 튀르크인들은 이집트의 칼리프에 의해 맘루크 군대로 육성되어 몽골군의 침략에 맞서 싸웠는데, 이들은 정권을 탈취하여 이집트의 맘루크 왕조(1250~1517)를 세웠다. 셀주크튀르크에서 독립한 룸셀주크(1077~1308)는 아나톨리아 반도 대부분을 차지하며 세력을 확장하였다. 룸셀주크는 비잔틴제국과의 전쟁과 1차 십자군 원정군에게 수도인 니케아를 빼앗기는 등 세력이 약화되다 이란 지역을 장악한 몽골군인 일한국에게 멸망하였다. 셀주크튀르크는 아나톨리아 지방에서 여러 소 부족국가로 흩어져 있다가, 13세기 말 아나톨리아 서북부에서 세력을 키운 오스만 1세가 터키의 전신인 오스만튀르크(Ottoman Turks)를 건설하고 비잔틴제국과 이집트 맘루크 왕조를 정복하였다.(1299~1922)

당나라 시대 서역 경영

당 왕조 이연의 조상은 5호16국 시기 북량의 둔황태수 이고(李暠)라고 한다. 이고가 독립하여 서량(西涼, 400~421)을 건설하였으나 흉노족 저거몽손에게 멸망당한 후 그의 후손이 내몽골 무천(武川)의 무장으로 이씨 가문은 거기에 머물렀다. 수문제는 당고조의 이연의 이모부였다. 수나라 양건과 당고조 이연은 같은 무천 군벌(내몽골 호화호특시呼和浩特市 지역)에 속한 무장이었다.

북주의 유력 무장인 탁발부 독고신이 딸 3명을 북주의 정제(精帝)와 수국공(隋國公) 양견(수문제) 및 당고조 부친과 혼인시켜 수나라와는 같은 외가 관계였다. 당고조 이연의 정실 두황후는 북주황실의 외손으로 선비족 어인이었다. 선비의 탁발부는 거슬러 올라가면 흉노족 욕려왕의 후예로, 당 왕조의 절반은 북방유목민의 DNA를 이어받아 개방적인 성향을 보였다. 수 양제, 당 태종, 당 고종 등 황제가 직접 전투에 출정하는 경우가 잦은 경우나, 당 고종이 아버지의 후궁인 측천무후를 자신의 아내로 맞이하고, 측근 중 이민족을 중용하는 것은 북방 유목민의 개방성이 크게 작용했다고 볼 수 있다. 옛 흉노가 투항한 한족 중에서 출신에 구애치 않고 중용했고, 원나라가 위구르인과 색목인을 지배 조력자로 발탁한 것은 유목국가의 한 특징이다.

수나라 역시 외국 문물에 개방적이어서 대흥성을 설계한 우문개는 서역 출신으로 성을 건설할 때 페르시아가 진상한 물품 등 서역 예술을 많이 채용했다. 당 고종의 딸 태평공주가 결혼을 할 때 연회장인 만년현 청사의 문이 좁아 철거하려 하자, 고종이 '만년현의 문은 우문개가 만든 것이며 그 제작이 진기하므로 허물어서는 안 된다'고 반대한 것으로 보아 서역풍의 독특한 양식의 건축되었을 것으로 보인다. 수나라가 남조의 진을 정복할 때 수도인 남경의 인구가 100만이었다고 하는데, 당나라 역시 수도를 건설할 때 진의 수도 인구를 고려하여 100만의 계획도시를 건설하였다.

당나라의 수도 장안(長安)은 동서 9.7km 남북 8.2km의 거대한 성을 110개 구역으로 나눠 각 구역마다 직능공들을 분산시켜 수용하였다.

장안의 정식 명칭은 경성(京城)으로 현종 이후 서경(西京), 중경(中京),

장안

상도(上都)로 개칭되었으나 우리에겐 장안이 익숙하다. 장안은 동서 약 300km, 남북 130km의 '관중 800리'로 불리는 관중평야에 위치하며 서주(西周, 기원전 1112~기원전 770) 이래 당조까지 11왕조의 수도였다. 관중은 식량 공급이 가능하고 주위가 산으로 둘러싸여 낙양 쪽에서 들어오는 함곡관(函谷關)만 지키면 외부 침입을 방어하기에 유리하여 관중을 차지한 자가 중국을 지배한다고 하였다.

당은 수나라가 건설한 황궁인 대흥궁의 이름을 바꿔 대녕궁으로 개수하여 사용하였다. 한나라의 서역 경영은 대 흉노의 전쟁이었다면, 당시대는 돌궐, 고구려, 토번, 이슬람 등 국경의 막강한 상대들과의 관계였다. 또한 이전 시대의 카라반과 종교인들이 오가는 왕래를 넘어선 국제세력과 동시 문명권 간의 교류와 충돌 시대라 할 수 있다. 중국을 통일한 당나라는 북동부에 강력한 고구려와 북서쪽의 돌궐, 서남쪽의 토번족은 변경의 **125**

불안한 요인이었으며, 당나라가 국경 불안을 안정시킬 무렵 세력을 확장하고 있는 이슬람의 등장은 또 하나의 위협이 되었다.

당은 수나라 말 지배권이 약화된 서역 경영을 빠르게 복원시켜 나갔다. 619년, 허서 지방을 공격하여 양(凉), 감(甘), 숙(肅), 과(瓜) 등 4주를 설치하여 서역으로 가는 통로를 확보하였다. 당 태종이 원정군을 보내 수나라에 반기를 들었던 동돌궐의 힐리가한(카간)을 생포하자 이오(伊吾, 하미)의 성주 석만년(石萬年)이 당에 복속하여 입조하였다.(630) 당은 석만년을 이오성주로 임명하고 이주(伊州)를 설치하여 군대를 주둔시켰다.

힐리가한과 장수들

힐리가한 본진을 습격한 장수가 소정방이며, 토욕혼으로 도망진 힐리기한을 생포한 장수가 이도종이다. 힐리가한은 생포되어 장안으로 압송된 후 우울증에 걸리자 당 태종이 이를 불쌍하게 여겨 우위대장군에 임명하였다. 633년 미양궁에서 연회가 배풀어졌을 때 당 태종 앞에서 춤을 추는 굴욕을 당하다 634년 사망하였다. 소정방과 이도종은 훗날 당의 고구려 원정에 참가한 인물이며, 이도종의 딸 문성공주는 화번공주로 티베트 송첸깜보에게 보내져 티베트에 불교를 전파하였다.

고구려 멸망(668) 후 당에 압송된 보장왕(~682)은 당 고종에게 이끌려 당 태종 무덤에 절을 하는 치욕을 겪다가 사후 힐리가한 무덤 옆에 묻혔다.

석만년은 타슈켄트(석국) 출신 소그드인으로 당시 트란스옥시아나(Transoxiana)에서 타림분지까지 상당수 소고드인 집단들이 거주하며 실크

고창 고성터

로드 무역업에 종사하고 있었다. 같은 해 고창국의 국문태도 당나라에 입조하였다. 현장 스님이 국명을 어기고 몰래 당나라 국경을 벗어나 고창국에 머물다 서역으로 출발한 2년 후의 일이다. 현장 스님이 토크막에서 서돌궐 통엽호가한을 만나고 떠난 뒤 국문태가 당에 입조하던 해, 통엽호가한이 암살되었다.(630) 이후 서돌궐은 이식쿨을 기준으로 동쪽은 돌륙부와 서쪽은 노시필부로 분열되었다. 국문태는 수나라 때 태자의 신분으로 입조하여 이번이 두 번째로, 개국 초기 당나라의 모습을 보고 세력이 수나라 때보다 못한 것으로 오판하였다. 언기(焉耆, 오이국[烏夷國])가 폐쇄되었던 길을 복원하여 고창국을 건너뛰는 새로운 길을 개척하려 하자, 국문태가 친당인 이오(이주伊州/하미)와 언기를 공격하는 일이 발생하였다. 국씨 고창국은 서돌궐과 혼인관계를 맺고 있어 서돌궐의 지원을 기대했으나, 서돌궐은 당나라가 출정하자 관망하다가 퇴각했다. 당의 후군집(侯君集)은

127

고창 국씨왕국을 정벌하고 서주도호(西州都護)를 설치하고 3만 명을 주둔시켰다.(640년 국씨 고창국 멸망) 이어 천산이북의 준가르 분지까지 진출하여 정주(庭州)를 설치하였다.

이수와 서주, 정주는 서여북도의 천산남북로가 만나는 길목으로 서돌궐의 타림분지내 영향력을 차단하는 중요한 기지가 되었다. 서주도호부는 곧 방어가 유리한 고창의 교하성으로 옮기고 이름도 안서도호부로 개칭하였다. 서돌궐의 돌륙부(이식쿨 호수 동쪽지배)가 당에 반기를 들고 이주를 공격하자 당은 서돌궐의 노시필부(이식쿨 서쪽)와 협공하여 돌륙부를 멀리 박트리아 방면으로 쫓아냈다. 타림분지에서 서돌궐의 영향력이 약화되자 당나라는 언기국과 쿠차를 당 영토에 포함하고 서역 남도의 소륵과 우전을 복속케 하였다. 당은 고창에 있던 안서도호부(安西都護府)를 더 서쪽 쿠차로 전진시키고 언기, 쿠차, 소륵, 우전에 안서4진(安西四鎭)을 설치하여 서역 경영로를 보호하였다.(648)

타림분지 오아시스국

고창국은 일찍이 한족 왕국이 들어섰으나(460), 고창 이서의 타림분지 깊숙한 오아시스국들은 당시대까지 주로 인도-이란 아리아계가 지배층을 이루고 있었다. 호탄(우전), 카스(소륵국), 쿠차, 언기 등 타람분지의 작은 국가들은 현장 스님이 방문했을 당시 불교가 성행하였고 산스크리스트 불교경전을 토착언어인 토하라어(Tokhara, 인도유럽어)와 동부 이란 방언으로 번역하였다. 불교를 전파한 승려들도 인도 북부 이란 변경에서 온 승려들이 많아 불상과 불화에 이란적인 요소가 많이 포함되어 있다. 호탄의 동쪽 단단윌릭의 불화에는 헬레니즘적 화풍이 짙으며, 쿠차의 키질 벽화에는 군사들의 복식이 원뿔형 투구, 쇠미늘갑옷과 긴창 등의 무장이 사산조 페르시아적인 특징을 지니고 있다. 당이 쿠차를 공격하여 안서4진을 포함시켰을 때 아리안계가 지배하고 있었다. 쿠차는 수 양제 시기 중국에 충성을 맹세 하였으나, 당 태종의 정책에 불만을 품은 언기, 서돌궐과 함께 당에 반기를 들었다.(644) 쿠차왕이 죽고 동생이 왕위를 계승하여 당 조정에 충성을 다짐하는 사신을 보냈으나 이미 때가 늦어 정벌군이 출발한 후였다.(647) 당군과 동돌궐, 철륵으로 구성된 진압부대에게 쿠차왕이 사로잡혔는데, 서돌궐에게 구원병을 요청하러 갔던 쿠차의 장수가 돌아와 당군을 급습하여 당나라 장군 곽효각이 전사하였다.

보복에 나선 당나라군과 동돌궐의 아사나사이가 다섯 성을 파괴하고 1만 1천여 남녀를 살해하였다. 타림분지의 끝 소륵(카슈가르)는 옛 사카인들의 후예가 살고 있었으며, 현장의 기록에도 녹색 눈동자를 갖고 있었다고 기록되어 있다. 그들의 문자는 인도에서 기원하였으며, 소승불교를 비롯하여 소수는 사산조의 마즈닥교를 믿고 있었다. 소륵과 호탄, 사차(莎車, 야르칸드)는 당 태종 즉위 때 충성을 맹세하였는데(635년 전후), 쿠차정벌 때 몇 기의 경기병을 호탄에 보내자 놀란 호탄왕 위지慰遲가 당 조정으로 들어와 책봉을 받았다.(648)

위지는 월지의 음사로 생각되며 당시 호탄의 지배층은 옛 월지족의 후예로 추측한다. 당나라의 서역 지배 이후 타림분지의 소국들은 한족의 이주와 튀르크 진출 및 티베트의 점령기를 거치면서 다양한 민족이 공존하게 되었는데, 북방 위구르 왕국이 멸망하면서 대거 타림분지로 남하하여 현재는 위구르계가 주 민족을 이루고 있다.

그러나 당 태종이 죽은 후 곧 세력을 끌어 모은 서돌궐이 반란을 일으키자 타림분지의 도시들이 당에서 이탈하기 시작하였다. 당은 반란을 진압코자 세 차례 원정을 보냈다.(652~657) 소정방의 부장 소사업은 서돌궐

129

사발라가한(沙鉢羅可汗)을 추격하여 석국(타슈켄트)에서 생포하여 당나라로 압송하였다.(서돌궐 멸망 657년) 당은 확보한 서역교역로를 지키기 위해 고창(서주)으로 후퇴하였던 안서도호부를 다시 쿠차로 전진시키고 파미르의 타스쿠르간(Tashkurghan)에 총령수착(總領守捉)을 두어 대상들의 안전을 보호하였다.

돌궐을 멸망시킨 당나라는 고구려 침공에 힘을 집중할 수 있었다. 설인귀, 소정방, 계필하력 등 돌궐과의 전쟁으로 북방과 서역을 달리던 무장들이 대거 고구려 원정에 투입되었다. 돌궐이 망한 10년 후 나당 연합군에 의해 고구려가 멸망하였다.(668) 당이 돌궐 및 3차에 걸친 고구려 원정(645~668)으로 주력군이 동북에 있는 동안, 토번은 청해성의 토욕혼(선비족 모용씨의 후손)을 정벌하고 타림분지로 내려와 둔황을 비롯한 안서도호부까지 점령하였다.(670) 7세기 초 송첸캄포(松贊干布, 581~649)는 티베트 고원

송성

일원산

을 통일하고 당나라에 공주를 보내 달라고 요구했다.(634) 그러나 당나라는 토욕혼이 당이 티베트와 가까워지는 것을 꺼려하여 청해성의 길목을 막고 방해한다는 핑계로 공주를 보내지 않았다.

송첸캄포는 청해 지방으로 내려와 토욕혼과 강족(羌族)을 정벌하고 (636), 20만 대군을 동원하여 중국과 국경인 송주(松州, 사천성 구채구 지역)까지 압박하며 혼인을 요구하였다.(638) 당나라는 고구려 원정과 서역 공략에 군사력을 집중해야 하는 상황이라 티베트와의 무력충돌을 피하고자 문성공주를 티베트로 시집보냈다.(641) 흔히 문성공주가 송첸캄포에게 시집간 것으로 알려져 있으나, 문성공주는 먼저 송첸캄포의 아들과 결혼하였다. 그러나 왕위를 이어받은 아들이 3년 만에 사망하자(643), 송첸캄포가 재차 왕위에 올랐으며 문성공주는 중국에서 불상을 가져와 라모체 사원을 세우고 3년 상을 치른 후 송첸캄포와 재혼하였다.(646, 3년 후 송첸캄포 사망) 문성공주의 티베트 행은 불교의 티베트로 전파뿐만 아니라 선진 중

131

국 문명이 고원에 전해진 중요한 계기가 되었다. 이후 얼마간은 화평기간이 이어졌으나 송첸캄포와 당 태종이 사망(649) 이후 티베트는 친당 성향의 토욕혼을 공격하였다.(659) 약 100년에 걸친 당과 티베트의 공방이 시작된 것이다.

당은 쿠차 안서도호부를 부활시킨 소정방(蘇定方, 592~667)을 파견하여 토욕혼(285~663)과 함께 대항하였으나 패하였다. 소정방은 티베트와 전투에서 패하고 좌천되어 동쪽으로 보내졌는데, 이때 투입된 전투에서 백제를 멸망시키고 의자왕을 포로로 낙양에 보냈다.(660년 백제 멸망) 당은 고구려를 멸망(668)시킨 후 안동도호부에 있던 설인귀를 보내 토번을 공격했으나 대비천(大非川) 전투에서 대패하고 포로가 되고 말았다.

토번(티베트)은 토욕혼이 있던 청해성의 티베트 점령을 인정받고 설인귀를 석방하였다.(670) 티베트군이 여세를 몰아 언기(焉耆)·쿠차(龜玆)·호탄(于闐)·카슈가르(疏勒)을 공격하여 안서4진을 점령하였다. 당은 언기와 쿠차를 버리고 안서도호부를 투르판으로 후퇴시켰다.(670) 또 한 번 체면을 구긴 당은 18만 대군을 파견하여 토번을 공격하였으나, 전투경험이 없는 재상 이경현은 승풍령(承風嶺) 전투에서 다시 포위당하여 대패하고 말았다.(678) 이때 백제유민 흑치상지(663년 임존성에서 당에 투항)가 500명의 결사대로 포위망을 뚫어 당 군을 구하였고, 2년 후 티베트와의 양비천(良非川) 전투에서 3천의 군사로 3만의 티베트군을 급습하여 승리하는 등 홀로 분전하였다.

당 고종은 흑치상지 장군에게 3천 필의 비단을 하사하고 하원군 경략대사로 서녕(西寧)에 주둔하게 하였다. 흑치상지는 79여 곳의 봉화를 쌓아 토번의 침입을 조기에 차단하도록 하였고 자체적으로 둔전을 실시하여 1

년에 500여 만 서을 收穫하여 조성의 지원이 없이도 병영을 운영할 수 있었다. 흑치상지가 정예기병 1만으로 청해 부근에 접근하는 토번군을 습격하여 군량창고를 불사르고 토번군을 격파하자, 이후 토번군이 다시 공격하지 못하였다.(681) 흑치상지의 7년 동안의 성공적인 티베트 방어는 후일 당의 안서4진을 재탈환할 수 있는 발판을 만들어주었다. 토번이 서돌궐과 연합하여 안서도호부를 공격하자 당은 안서도호를 지낸 배행검으로 서돌궐을 정벌케 하였는데, 4진에서 1만 명를 모집하고 이슬람의 공격으로 망명한 페르시아인 1천 명이 참가하였다. 677년 배행검은 망명한 파사(페르시아)왕의 아들 니원사를 나라로 돌려보낸다는 명분으로 돌궐을 기습해 아사나도지를 붙잡고 쇄엽성(碎葉城, 키르키스탄 톡막Tokmak 악베심)을 점령하였다. 당은 쇄엽성에 성을 쌓고 언기 대신 4진에 넣어 방어하였다.(679)

고종이 죽고(683) 측천무후 재위 때(690~712) 티베트에 내분이 일어나 대수령인 갈소(曷蘇)와 잠추(贊捶)가 당에 투항하였다.(692) 이에 힘입어 당은 20년 만에 타림분지에서 토번을 몰아내고 안서도호부를 다시 쿠차로 전진시켰다.(693) 당의 타림분지 재탈환은, 티베트의 왕권강화로 일어난 내분의 영향이 컸다. 곧 반격에 나선 티베트는 하서의 양주(涼州, 무위)를 장악하고 안서4진과 서돌궐의 10성을 돌려줄 것을 요구하였다.(696) 그러나 토번의 공세 동안 내분도 지속되면서 당에 투항하는 토번 군벌들이 있었고, 니파라문(尼波羅門, 네팔)의 반란 진압 중 왕이 전사하여 계승 문제로 공세가 주춤하였다.

당은 새로 즉위한 토번왕에게 금성공주를 화번공주로 보내며(710) 항하 발원지인 하서구곡(河西九曲) 일대를 지참금으로 티베트에게 양도(713~716)했다가 재탈환하는 등, 필사적인 노력으로 하서 지방과 안서4진

133

의 타림분지를 경영해나갔다. 정주의 쇄엽성이 40년 만에 다시 서돌궐 십성가한(十姓可汗)에게 빼앗기자, 후퇴하여 언기를 4진에 포함하여 서역을 관리하였다.(719) 이후 당은 안서도호부를 쿠차에 두고 고선지 장군의 파미르 원정의 거섬이 되었으나, 안사의 난(755~762)을 틈탄 토번(티베트)에게 타림분지를 빼앗기고 안서도호부는 완전히 폐지되었다. 이렇듯 당과 티베트, 잔존한 서돌궐이 얽힌 타림분지를 차지하기 위한 싸움은, 단속(斷續)을 거듭하며 100여 년을 이어가 백성들에게 큰 고통을 주었다. 이때의 어려움을 이백의 시 〈전성남(戰城南)〉이 잘 표현하고 있다.

지난해에는 상건하(桑乾河) 상류에서
올해는 타림강(蔥嶺河)을 건너 전투를 벌였네
(…)
만 리 머나먼 원정길에
삼군의 장병 모두 지치고 늙어가네
(…)
병사는 야전에서 격투 중에 전사하고
주인 잃은 말은 하늘 향해 슬퍼우네

소그드인

1930년대 말 발굴을 시작한 쇄엽성 유적에서는 당나라 성채, 불교사원과 네스토리우스파 예배당, 소그드 문자와 위구르 문자들이 발굴되었다.

이태백의 고향 쇄엽성에도 많은 소그드인들이
거주하고 있었다. 소그드인들은 마와라알나흐
르(Mawarannahr, 강 너머의 땅), 즉 트란스옥시아
나 지역에 거주하고 있었는데, 알렉산더 동방
원정 때 무력으로 진압당한 후 무력을 포기하
고 지배집단과 결탁한 상업과 수공업을 주
업으로 하는 삶을 선택하였다.

그들은 주로 사마르칸트, 부하라,
타슈켄트 등 지금의 우즈베키스탄과
타지키스탄 지역에 거주하며(소무9성)
돌궐 등 시대에 따라 등장한 유력 무장
집단의 보호 속에 교역에 종사하였다. 소그드
인들은 쇄엽성을 비롯한 서역 북도 타림분지와
하서 지방의 거의 전 도시에 이들 무역상들의
집단 거주지가 있었는데, 강국(康國) 출신의
소그드인들은 당 태종 때 실크로드 길목인
선선(鄯善)에 이주하여 석성진(石城鎮) 등 4개
성을 쌓고 집단촌을 형성하였다.

이들 소그드인들은 네트워크를 구성하여
6~9세기 실크로드 무역을 장악하였다. 또
한 이들은 외교와 군사 방면에서도 많은
활약을 하였다. 소그드인은 돌궐의 사신
단으로 사산조페르시아와 비잔틴제국으

소그드 상인

135

로 외교 역할을 수행하였는데, 서위가 돌궐에 보낸 사신이 주천에 살고 있던 부하라 출신 소그드인이었다.

수·당 때는 소그드인들을 감독하기 위해 살보(薩保)라는 자치관직을 두기도 하였다. 당이 쇄엽성을 장악한 약 40년(679~719) 간은 소그드인들의 수도까지 방문이 더욱 활발하여 실크로드의 유례없는 번영기를 맞이하였다. 8세기 토번에 의해 하서가 막히자 귀국하지 못한 사절단과 상인들이 무려 4천 명이나 되었다. 소그드인들은 서방의 유리제품, 향신료, 악기, 융단 등 진귀한 물건을 낙타에 싣고 개원문을 들어와 중국의 비단, 도자기, 칠기 등을 서방에 실어 날랐다. 호인(胡人)들의 왕래가 빈번해지자 당연히 그들의 음식, 복식, 음악, 각종 외래 식물과 종교, 천문학, 의학들도 따라 들어왔다. 호희(胡姬), 호선무(胡旋舞), 호악(胡樂), 호병(胡餅), 호복(胡服), 호과(胡瓜) 등 장안에는 이들이 들여온 문화가 널리 유행하였다.

안록산은 강국(사마르칸트) 출신 소그드인 아버지와 돌궐족 어머니 사이에서 태어나, 어머니의 재가로 안씨로 성을 바꾼 무장이었다. 200kg의 거구라고 알려진 안록산은 무거운 몸에도 불구하고 빠른 발놀림의 호선무를 멋지게 추자 당 태종과 양귀비가 기뻐하였다고 하니, 당시 상류층에서 서역풍의 문화가 널리 유행하였음을 알 수 있다. 당 태종은 고창원정 후 마유포도(馬乳葡萄)를 가져와 궁전 뜰 안에 심고 자랑하였으며 8종의 포도주를 만들어 여러 신하에게 하사하였다고 한다. 맛좋은 포도주를 서역에서 들여온 야광 술잔에 따라 마시는 것은 당시에 큰 호사였다.

경주 원성왕릉 무인석

쿠시나메

2009년 영국국립도서관에서 1108~1111년 사이에 쓰여진 이란 신화 역사 〈쿠시나메(Kush Nama)〉의 필사본이 발견되었다. 한국과 이란, 영국은 2014년 〈쿠시나메〉를 공동 연구하여 출판하였다. 그중에는 신라에 대한 내용이 포함되었는데, 630년경 페르시아의 왕자 아비딘이 중국을 거쳐 신라로 들어와 신라 타이후르왕의 공주 파라랑과 결혼하여 그들의 자손이 페르시아를 되찾는다는 줄거리다. 우리나라 〈처용가〉의 구성이 당시 페르시아에서 유행하였던 천일야화에 자주 등장하는 3각관계와 같은 구조를 가진 점 등과 조합해 보면 페르시아인의 신라 도래 신빙성이 높다고 할 수 있다.

당나라가 서돌궐을 정벌하며 파미르 이서까지 세력을 확장해갈 무렵, **137**

페르시아는 아랍 이슬람 신흥세력의 공격을 받고 있었다. 카디사아 전투에서 대패한 페르시아는 당에 구원요청을 하였지만 허사였다. 4년 후 페르시아가 이슬람에게 점령당하자(641), 페르시아왕은 당에 구원요청을 했으나(648) 양국 사이를 서돌궐이 차지하고 있어 구원병을 보내지 못하였다. 이슬람에 패한 페르시아왕은 10여 년을 떠돌다 암살당하고 사산조 페르시아는 막을 내렸다.(651)

페르시아의 왕자 페로즈 3세는 중국으로 망명하여 고종(670~673년경)으로부터 우무위상군(右武衛將軍) 직책을 받았다. 페로즈 3세는 679년 당의 배행검이 서돌궐의 쇄엽성을 정벌할 때, 파사왕(波斯王)이라는 직책을 받고 대식의 1천 병사와 함께 쇄엽성(碎葉城) 전투에 참가하였다. 서돌궐 정벌 후 배행검이 페르시아로 원정을 가다가 길이 멀다는 이유로 회군하고도 조정에서 이 무런 책망을 듣지 않은 것으로 보아, 비로사(페로즈 3세)의 체면을 세우기 위한 시늉만 한 것으로 보인다. 이후 페로즈는 20여 년 동안 타림분지를 떠도는 동안 부민들도 다 흩어지자, 다시 당에 입조(중종 708)하여 좌위위장군이라는 직책을 받은 얼마 후 병사하였다. 앞서 언급한 당의 쇄엽성 점령 후 소그드인들의 장안까지 왕래하는 일이 잦아졌고, 페르시아의 멸망 후 많은 페르시아 사람들이 중국에 망명하면서 외래 문물의 유입도 활발하였다.

유곽(遊廓)으로 달려가는 젊은이를 묘사한 이백의 시 〈소년행(少年行)〉에 나오는 호희(胡姬) 중에 페르시아에서 이주한 여인들이 있었다. 이들은 풍만한 몸매와 짙은 눈화장 등 이국적인 매력으로 남성들을 불러들였다. 이란과 중앙아시아 지역은 사산조 페르시아가 국교로 삼은 조로아스터교 (배화교)를 비롯한 기독교에서 이단으로 추방된 네스토리우스파 기독교,

138

미트라교, 풍요의 신인 아나히타, 불교, 마니교 등 다양한 신과 종교가 공존하고 있었다.(실크로드의 종교 편 참고) 이들 페르시아 지역의 종교들은 교역상을 따라 장안에 들어왔다.

조로아스터교(배화교)는 이른 시기 중국에 들어왔었다. 북제 때 페르시아에서 온 사신들을 위해 홍로사(鴻臚寺, honglusi)를 예배장소로 마련해 주었으며, 당 태종 때인 621년에는 장안에 첫 조로아스터교 사원이 건립되었다. 페르시아에서 박해를 받던 마니교 또한 소그드 상인들에 의해 측천무후 때 중국에 전파되어 위구르인들이 마니교를 수용하면서 각지에 대운광명사(大雲光明寺)가 건립되었다. 이즈음 경교(景敎, 네스토리우스파 기독교) 역시 처음 장안에 들어왔다.(635) 경교는 현교(祆敎, 조로아스터교)나 마니교와는 달리 현지인에게 선교 목적이 있어 중국인 중 경교로 개종하는 경우가 있었는데, 이들 외래 종교의 선교사들이 대부분 페르시아인들이었다.

이슬람 대식과 당의 충돌

이슬람 대식(大食)은 페르시아를 멸망시킨 후 당나라에 첫 사신을 보내왔다.(651) 페르시아의 왕자가 당에 망명해 있었지만, 비잔틴제국에 중계무역을 하는 대식은 교역품의 최대 소비국이자 서방으로 보내는 물품을 공급하는 중국과는 비교적 원만한 관계를 유지하였다. 우마이야 왕조 때인 732년에는 한 해 4차례나 사절단을 연속 파견하였으며, 아바스 왕조(750~1258)는 탈라스 전투(751) 이후 안사의 난 때에 당에 원군을 보내기도 하였다.(757)

139

코란

대식은 8세기 초부터 중앙아시아로 진출하기 시작하였다. 705년, 토하리스탄(옛 빅트리아)를 공격하였는데, 이곳은 중국에 복속한 돌궐족의 관할지로 불교를 믿고 있었다. 이어 사마르칸트와 부하라 등을 공략하여 친이슬람 정권을 세우기 시작하였다. 파미르 이서의 중앙아시아는 중국으로부터 관직을 받는 속국관계를 유지하고 있었는데, 대식에게 쫓겨난 페르가나왕이 쿠차에 들어와 중국에 도움을 요청하였다.(712) 중국은 군대를 파견하여 대식이 임명된 왕을 쫓아내고 다시 복위시켰다. 옛 오손(烏孫)의 후예 발한나국(拔汗那國, 탈라스 남쪽 200km)는 당 고종 때(679) 조공을 바치고 당에 예속되어 있었는데 토번과 대식이 반당(反唐) 인물인 아료달(阿了達) 왕으로 세우자, 발한나왕이 안서도호부로 도망쳐 구원을 요청하였다.(당 현종 714년)

당이 파미르 이서의 지배권이 약화되는 것을 우려하여 1만 기를 파견하여 1천의 무리를 사살하자 아료달이 도망쳤다. 당의 원정군을 본 강국(사마르칸트), 대원(페르가나), 석국(타슈켄트), 계빈(罽賓, 카슈미르)등 8개국이 친당으로 돌아섰다. 그러나 중국은 아랍의 확장에 적극적으로 대응할 수 없었다. 티베트의 타림분지로 진출을 막아야 했고 안서도호부를 공격하는 서돌궐의 부족민과 전투에 여념이 없었기 때문이었는데, 이는 곧 파미르 이서의 이탈이 발생하는 계기가 되었다.

고선지의 파미르 원정

문성공주가 토번(吐蕃, 티베트)의 화번공주로 40년(641~680)을 살다가 사망한 지 30년 후, 14세의 금성공주를 티베트의 7세 왕에게 화번공주로 보내며 화친을 도모하고자 했다. 그러나 지참금으로 티베트에게 내준 청해성을 다시 찾는 등 당과 티베트는 7번 싸우고 7번 조약을 맺는 분쟁의 연속이었다. 두 나라는 경계인 청해성 일월산에 경계비를 세우고 국경을 정하였다.(734)

그러나 이듬해 토번과 돌궐은 혼인 관계를 맺고 서역로를 재탈환하려 하였다. 돌궐이 안서와 북정도호를 공격하자 대발률(현 스카르두Skardu)에 주둔한 토번의 기마병은 200km 북서에 위치한 당의 속국 소발률(小勃律, 현 길기트Gilgit)을 원정하였다.(735) 이전에도 토번이 소발률을 공격한 적이 있었는데, 정주(定州) 북정절도사 장효숭이 출병시킨 소륵부사 장사례(張思禮)와 4천 병사에게 수만이나 되는 티베트 병사가 도륙될 정도로 대참패를 하였다.(722년 당 현종) 소발률은 소륵에서 파미르 이서의 인도로 가는 길목에 위치하여 와칸계곡(Wakhan valley)과 함께 여러 대상들과 서역승들

141

길기트

이 오가는 중요한 요충지였다. 토번의 소발률 공격은 이곳을 거점으로 대식과 연결하여 서역에 대한 교역로를 확보하려는 것이었다. 토번이 소발률 왕을 토번에 초청하여 공주를 시집보내 속국으로 삼자 주위 20여 국이 토번(티베트)에 투항하였다.

중국에 여러 차례 책봉을 받은 카불계곡의 계빈(罽賓, kapisa), 사마르칸트 등 파미르 이서의 국가들이 티베트 세력과 이슬람 대식의 공격에 위태롭게 된 것이다. 당은 안서절도사인 전인환, 개가훈, 부몽영찰(夫蒙靈詧)을 보내 세 차례나 공략했지만 지세가 험하여 탈환하지 못했다. 당 현종은 안서부도호인 고선지((高仙芝)를 행영절도사(行營節度使)로 임명하여 소발률을 정벌토록 하였다.(747)

1만의 기병을 이끌고 원정을 나선 고선지는 3,200~4,700m의 파미르 고원을 행군하여 토번이 장악한 소발률을 탈환하였다. 고선지의 원정루

142

트는 통상의 진격로와 다른 매우 정교하고 상식을 뛰어넘는 치밀함이 있었다. 소발률을 직접 공략하지 않고 예상치 못한 방향에서 배후를 먼저 무력화 한 다음 공격하는 유격작전이었다. 총령수착(타스쿠르간)에서 연운보를 북으로 우회하여 식닉국에서 군대의 정비와 물자를 보충한 다음 군대를 셋으로 나눠 두 부대를 왔던 길로 우회시키고 본대는 후방의 티베트의 속국인 호밀국(護蜜國, ishkashim)을 먼저 정벌하였다. 3면에서 모인 고선지 군대는 파륵천(婆勒川)을 건너 일시에 기습하여 난공불락인 600m 절벽 위 연운보(連雲堡, Sarhad kansir fort)의 1천여 티베트군을 전멸시킨 다음 곧장 주둔지인 사륵성(娑勒城)으로 밀고 들어가 9천 명의 티베트군을 괴멸시켰다. 해뜨기 전 어둠과 물안개가 깔린 짧은 시간을 이용한 기습으로 불과 4시간 만에 이전 세 번의 원정에도 실패한 연운보를 단숨에 점령한 것이다.

배후의 티베트군을 괴멸시킨 후 탄구령(다르코트, darkot pass 4,703m)을 넘어 소발률을 정벌하였다. 소발률이 정복당하자 주위 72개국이 다시 중국에 복속하는 대성공이었다. 공로를 인정받아 안서도호로 승진한 고선지는 이후 석국(타슈켄트)의 반란원정(750)과 탈라스(751)로 2~3차 원정을 출정하였다. 소발률 원정 후 석국에서 반란이 일어나자 고선지는 2차 원정을 감행하였다. 티베트와 선쟁으로 당의 지배력이 약한 틈을 타 석국이 돌기시와 함께 이탈한 것이다. 고선지는 석국을 공략하여 왕성을 불태우고 왕을 포로로 장안으로 압송하였는데, 조정은 이전 소발률 국왕에게 벼슬을 내렸던 것과 달리 석국왕을 처형해버렸다. 석국왕의 처형으로 파미르 이서의 속국들이 반발하여 조공을 끊고 친이슬람으로 돌아서자, 이를 진압하기 위해 3차 탈라스 원정을 단행하였다.

143

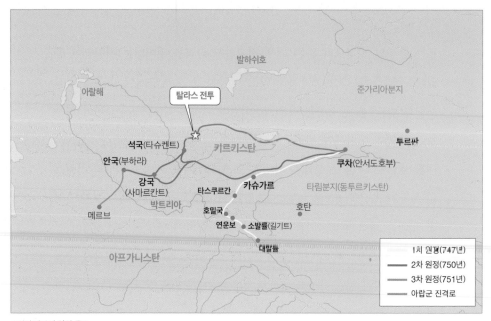

고선지 장군의 원정 루트

　　고선지가 3차 원정을 단행하기 직전 시리아의 다마스쿠스를 수도로 한 우마이야 왕조가 멸망하고 아바스 왕조가 들어섰다.(750) 아바스 왕조에 쫓겨난 우마이야의 잔존세력은 아프리카 모로코를 거쳐 이베리아반도로 넘어가 유럽 땅에 첫 이슬람 왕조인 후우마이야 왕조를 건설하였다.(756)

　　신생 아바스 왕조(750~1258)는 아랍과 비아랍인의 차별을 두는 이슬람인 우대정책을 폐지하고 페르시아와 이민족의 문화를 포용하는 정책으로 많은 지지를 얻었다. 아바스 왕조는 페르시아와 여러 민족의 문화를 아랍권 내로 흡수하여 문화, 예술, 과학, 종교 분야에 눈부신 발전을 이룩하여 오늘날과 같은 이슬람권을 형성하는 데 큰 기여를 하였다. 석국의 도움 요청은 동방으로 진출하려는 신생 아바스 왕조의 좋은 명분이 되었다. 아바스 연합군과 당나라 연합군이 싸운 탈라스 전투는 최초로 동서 문명권 충돌로 일어난 전쟁이었다. 아랍군 및 석국 등 이슬람 연합군과 5일간 벌

144

인 전투에서 당 연합군에 속한 카를록족의 배반으로 당 군이 크게 패배하여 5만이 전사하고 2만 명이 포로로 잡혔다. 탈라스 전투 패배 이후 중국은 더 이상 파미르 이서로 진출하지 못했으며, 이슬람의 중앙아시아 진출 계기가 되었다. 또한 중국의 제지술이 서방에 전파되었다.

종이는 기원후 100년 경 후한의 채륜(蔡倫)이 처음 만들었으며 탈라스 전투에서 포로가 된 중국인에 의해 사마르칸트에서 제조가 시작되었다.(757). 지금도 사마르칸트지는 인기 있는 관광 상품으로 유명하다. 제조 종이가 없던 시절에 서양에서는 양피지나 파피루스 등을 이용하여 기록하였는데 코란 1권을 필사하려면 통상 양 300마리 분량의 양피지가 필요했고 정밀한 그림을 그리기도 어려웠다. 사마르칸트에서 활발했던 제지술은 10세기경 이집트에 전파되어 이슬람의 문학과 학문 발전에 크게 기여하였으며, 이베리아반도를 거쳐 15세기에는 영국에서 종이를 만들기 시작하였다. 유럽에 전파된 제지술은 훗날 성경의 보급과 지식의 대중화를 이끌며 유럽 종교개혁과 르네상스를 촉발시켰다. 비록 원정은 실패하였으나, 영국 탐험가 오렐 스타인(Aurel Stein, 1862~1943)은 파미르를 답사하고 "고선지의 파미르 원정은 한니발과 나폴레옹의 업적을 뛰어 넘는다"고 감탄하였다. 이슬람 주요 역사서(1340년경)에는 고선지 장군을 '중국산맥의 제왕'이라고 기록하였고, 지금도 전승되고 있는 키르키스탄의 민족 서사시 〈마나스(Manas, 玛纳斯)〉에 탈라스 전투가 등장할 정도로 파미르를 넘나든 고선지 장군의 활약은 대단한 것이었다.

145

고선지 장군

고선지(高仙芝, ?~756)는 북경 북방 밀운군에서 고사계(高舍鷄)의 아들로 태어났다. 고사계는 훗날 유민무장으로 정4품인 제위장군까지 오른 인물이다. 고선지는 어린 시절 아버지를 따라 북경 북방 밀운 지방에서 하서의 양주(涼州, 감숙성)로 이주하여 살았다. 이 지역에는 이른바 단결병(團結兵)으로 상당수 고구려 유민이 있었다. 청해성에서 장안으로 들어가는 길목인 농우와 타림분지를 연결하는 하서 주랑의 하서도호 및 사천성의 검남 등 3도호부는 모두 토번군을 방어하고 북방 유목민과 면세글 지던히기 위한 준유하 규사 지역으로《구당서》에는 "대체로 관내(關內)에는 단결병(團結兵)이 있고 진(秦)·성(成)·민(岷)·위(渭)·하(河)·난주(蘭州)의 여섯 주에는 고려병(高麗兵)과 강병(羌兵)이 있다"라고 기록되어 있다.

다시 새로운 부임지인 쿠차 안서도호부로 이주한(734) 고선지는, 성년이 되기 전부터 아버지를 따라 크고 작은 전투에 참가하였고, 아버지의 후광으로 나이 20세 때 유격장군(736)이라는 지위까지 올라 진수사로 호탄에 주둔하였다. 이때 안서절도사가 소발률 원정을 한 강족(羌族) 출신 부몽영찰(夫蒙靈詧)이었다. 몇 년 후 고선지가 두각을 나타낸 사건이 일어났는데, 천산산맥 서쪽의 달해부가 반란을 일으키자 당 현종은 안서도호인 부몽영찰에게 진압을 명령하였다. 안서도호인 부몽영찰은 고선지를 발탁하여 이를 진압하도록 하였다.

고선지는 보병을 제외한 기병 2천 기를 이끌고 천산을 넘어 쇄엽성으로 쳐들어오는 달해부를 기습하여 전멸시켰다.(741년경) 당 현종은 고선지를 안서도호부의 2인자인 부도호로 임명하였다. 안서도호부의 3차에 걸친 소발률 원정이 실패하자, 당 현종은 고선지에게 임시 행영절도사(行營節度使)의 관직을 내려 소발률 원정의 전권을 주었다. 고선지는 1만 명의 기병을 이끌고 안서도호부를 출발 55일 만에 총령수착(타쉬쿠르간/석두성)에 도착하여 파미르 고원으로 진입했다.

다시 20여 일을 행군하여 파밀천(播密川)에 도착한 고선지 부대는 직진하여 티베트군 주둔지인 연운보(사르하드Sarhad 3,200m)로 가지 않고, 반대편 서북으로

파미르 원정 지도

파미르를 가로질러 오식닉국(五識匿國 3,900m 타지키스탄 호루그)으로 우회하였다. 오식닉국에서 식량을 보충하고 식닉국왕 질실가연도 참전시켰다. 이때 고선지 장군은 또다시 예상을 벗어난 명령을 하였다. 계곡을 따라 와칸계곡(Wakhan valley) 끝에 위치한 연운보로 가지 않고 군대를 셋으로 나눠 3천 명씩 두 개의 부대는 왔던 길을 되돌아 적불당로와 북곡로를 따라 우회하도록 명령하였다. 자신은 4천 병사를 이끌고 티베트에 복속하고 있는 호밀국(아프가니스탄 국경 지역 이시카심 ishkashim)을 향해 진격하였다. 먼저 호밀국을 정벌하여 연운보를 공격할 때 후방교란을 차단하고 연운보 공격 시 서·북·동 3면에서 일시에 기습하려는 대담한 작전이었다.

호밀국으로 진격하는 본대 군사들이 두려워하자 고선지는 몰래 일부 병사를 호밀국 야노월성 적군 복장으로 병사들로 변장시켜 항복하는 것처럼 속여 군대의 사기를 높였다. 음력 7월 13일 아침 달이 지고 안개가 자욱한 시간을 이용해 일시에 3면에서 2km의 강을 건너 연운보를 기습하였다. 전초기지 600m 절벽 위에 있는 연운보(連雲堡, wakhan sarhad, 칸시르 성)에는 1천여 명의 티베트군이 지키고 있었는데, 불과 4시간 만에 점령하고 본진인 사륵성(娑勒城)에 주둔한 9천 명의 티베트군을 괴멸시켰다.

147

소발률의 배후인 연운보 티베트군를 전멸시킨 고선지는 탄구령(파키스탄 다르코트 darkot pass 4,703m)를 넘어 소발률로 진격하였다. 군사 감독관인 환관 변령성이 두려워 가지 않으려 하자 3천의 군사와 함께 후방에 남겨두고, 7천의 병사를 이끌고 만년 빙하를 넘어 소발률을 습격하여 점령하였다. 이 전투 중 종군한 식닉 국왕이 전사하였다. 소발률이 항복하자 주위 72개국이 당에 복속하는 대성과를 거두었다.(《신당서》) 이어 고선지는 남쪽 60여 리, 길기트 강과 인더스강 합류 지점에 있는 등나무 다리를 잘라 대발률(Skardu)의 티베트군의 지원을 차단하고, 소발률 왕과 토번 출신 왕비를 장안으로 압송하였다.

귀국길은 운사계곡을 띠라 빠른 길을 태하였다. 그러나 안서도호부에 도착한 고선지는 목숨을 잃을 위기에 봉착하였다. 전승 보고를 당 조정에 하였는데, 안서도호 부몽영찰이 자신을 거치지 않고 당 조정에 직보하여 군율을 어겼다고 크게 질책한 것이다. 고선지를 발탁했던 부몽영찰은 '개, 돼지만도 못한 고구려놈'이라며 화를 내었다고 한다. 이때 목숨을 구해준 사람이 감군으로 종군한 환관 변령성(邊令誠)이었다. 변령성은 조정에 자초지종을 알려 고선지의 목숨을 구해줘 부몽영찰은 파직당하고 고선지가 안서도호가 되었다.

750년 고선지는 다시 소륵을 출발하여 천산의 토르가르드 고개(3,752m)를 넘어 석국과 돌기시 정벌길에 올랐다. 석국이 대식의 공격 때 중국에 도움을 요청했으나 지원하지 않고 관리가 소홀하자 당에 조공을 거부한 것이다. 또한 월씨도독부(月氏都督府)가 있는 토하리스탄(옛 박트리아) 왕이 당에 원정을 요청하였는데, 토번군이 걸사국에 성을 쌓고 3천 명의 군대를 주둔하고 있다는 것이다.

타슈켄트 석국성(石國城) 왕궁터 유적지(민우르크 성터)에 불탄 흔적이 남아있다.

고선지는 석국을 정벌하여 슬슬(에메랄드) 등 많은 보물을 약탈하고 왕궁을 불태운 뒤 석국 왕 가족과 걸사국 왕, 토번 장수를 장안으로 압송하였다.

하서도호부는 7만 3천 명과 말 1만 9천 필이 있는 안서도호부의 3배나 되는 큰 규모로, 당 현종은 공로를 치하하여 하서절도사로 승진 발령하려 하였으나, 안록산의 사촌 안사순이 귀를 자르고 얼굴을 칼로 긁어 하서절도사에 계속 있고 싶다고 상소를 올렸다. 당 현종은 할 수 없이 고선지에게 우우림대장군 작위를 내리고

석국성터

기존 영안방에 있던 저택 외에 장안의 선양방에 저택을 따로 지어 하사하였다. 이는 양귀비의 오빠 양국충의 대우와 버금가는 파격적인 대우였다. 그런데 당 조정은 이전에 정벌한 소발률 왕에게 관직을 내려 대접했던 것과는 달리 압송한 석국 왕을 참수해버렸다. 이 사건은 파미르 이서의 많은 속국들이 당의 처사에 반발하는 계기가 되었다.

석국 왕자는 장안을 탈출하여 사마르칸트에 있는 대식국의 총독에게 달려가 도움을 청하였다. 우마이야 왕조를 무너뜨리고 새롭게 시작한 아바스 왕조(750~1037)는 수도를 바그다드로 옮기고 동방으로 진출을 모색하던 때 석국 왕자의 도움 요청은 좋은 빌미가 되었다. 페르가나의 왕이 석국(현 타슈켄트)과 국경 분쟁이 일어나자 중국에 지원을 요청하였다.(750) 고선지 장군은 안서도호부의 2만 4천 군대와 여러 속국에서 소집한 병사를 합하여 7만의 군대를 이끌고 출병하였다. 탈라스 상류에서 맞붙은 이슬람 군대와 당나라 연합군은 5일간의 접전을 펼쳤다. 5일째, 당 연합군에 속한 카를룩 부족이 배반하면서 당 연합군은 타라스 전투에서 대패를 하였다.(751) 5만이 전사하고 2만이 포로가 되었다. 고선지는 패배의 책임을 지고 안서절도사직에서 파직되었으며 충복인 봉상청(封常清)이 안서절도사가 되었다. 봉상청은 연운보 전투 승전보를 조정에 올렸던 인물로 고선

149

파미르 기슭

지의 작전 참모였다.

고선지가 평민으로 강등되어 지내던 중 안사의 난이 발생하였다.(755) 당 현종은 밀운군(북경 북방 70km, 고구려 유민 집단촌) 공(公) 어사대부라는 직위을 줘 고선지를 호출하였다. 고선지는 급히 모은 5만의 군대를 이끌고 현종의 여섯째 아들 이완을 총사령관으로 하고 부사령관의 직책으로 출정하였다. 먼저 출정한 봉상청이 낙양에서 패전하고 섬주(陝州, 샤먼시 남쪽)로 도망쳐 고선지 부대와 합류하였다. 밀려드는 반란군을 섬주에서 맞이하는 것이 어렵다고 생각하여 장안의 관문인 동관(潼關)으로 후퇴하였다. 또한 태원창(太原倉)에 있던 물자들이 반란군의 손에 넘어가지 않도록 병사들에게 나눠주고 나머지는 모두 불태웠다. 이때 군사감독관이 연운보 전투에 종군하여 고선지의 목숨을 구해준 환관 변령성이었는데 이번에는 정반대였다. 고선지 장군이 변령성이 가져온 황제의 명을 받기 위해 들어섰을 때, 이미 봉상청은 목이 달아난 상태였다. 황제의 명을 거역하고 섬주에서 무단으로 퇴각하고 조정의 창고인 태원창의 재물을 착복했다는 죄명으로 산맥의 제왕 고선지는 죽임을 당하였다.(756년, 48세)

고선지 장군의 억울한 죽음에 대해 군사감독관인 변령성에게 뇌물을 주지 않았다거나 성품이 거칠었다는 내용이 있으나, 고선지 장군의 죽음은 필연적이었

150

을 것으로 유추된다. 안록산은 평로, 범양, 하농철도사를 겸직하며 당 군사력의 1/3을 장악하고 있었다. 변방을 수비하는 군대 외 전군을 동원한 당 조정은 고선지 장군이 안록산과 연합을 할 수도 있는 가능성을 두려워했을 것이다.

안사의 난

당 현종(재위 712~756)은 측천무후의 뒤를 이어 권력을 잡은 위황후가 큰아버지 중종을 독살하자(710) 정변을 일으켜, 무씨와 위씨 일파 등 외척을 척결하고 권력을 잡았다. 당 현종은 형제들의 양보로 황위를 넘겨받아 형제간의 우애가 좋았으며 황궁에서 형제들의 저택을 내려 보다 형제들이 놀고 있으면 달려가 함께 어울렸다고 한다. 현종의 통치 전반은 개원성세(開元盛世)라 할 만큼 통치력이 뛰어났다.

측천무후

무조는 사천성 출신(624)으로 그의 아버지 무사확은 수 양제 때 토목공사에 참여하여 거부가 되었으며, 당 고조 이연과 함께 반란에 동참하여 이주(利州)도독이란 작위를 받았다. 무사확 사후 집안이 빈곤할 때 당 태종 이세민의 후궁으로 입궁하였는데, 이세민 사후 감업사(感業寺) 비구니로 있다가 당 고종의 눈에 띄어 재입궁하였다.(650) 자신 아들 세 명도 살해하는 비정한 여자였으나 '건언12사'를 건의하는 등 정치 감각이 뛰어났다. 고종 사후 2명의 황제를 폐위시키며 직접 황제에 올라 15년 동안 통치하였다.

151

황족과 대신들을 주살하며 권력을 유지했으나 과거제를 정비하고 적인걸, 장간지 같은 유능한 인재를 발탁하는 등 민생안정과 생산성 향상에 노력하여 무조가 통치했던 기간은 민란이 발생하지 않았다. 82세 나이에 병이 들자 장간지가 병사를 이끌고 압박하여 황위에서 물러났으며, 무조는 죽음에 이르러 자신의 직위를 황후로 하고 묘비에는 한 글자도 새기지 말라고 유언을 남겼다.(705)

측천무후 사망 이후 며느리인 위황후는 무조와 같은 여황제를 꿈꾸었고 무조의 딸 안락공주는 황태녀가 되어 어머니와 같이 황제 자리에 오르고자 하였다. 위황후가 무씨 일족과 함께 중종을 암살하자, 이에 분개한 예종의 3남 이융기가 성녀를 일으켜 무씨와 위씨 일당을 몰아내고 예종을 복위시켰다.(710) 이융기는 2년 후 아버지 예종으로부터 황위를 양위받아 당 6대 황제(현종)이 되었다.(712)

외적으로도 묵철가한(默啜可汗)이 부흥시킨 제2돌궐을 잘 방어해 내었고 티베트에게 금성공주의 지참금으로 준 청해의 하서 구곡 지역과 삭방과 하서 지방을 되찾는 등 선전하였다. 그러나 당 현종 후기 연호를 천보(741~756)로 바꾼 이후 개원지치(開元之治, 713~741)의 성세기가 지나고 천보난치(天寶亂治)기로 국운이 기울었다. 이임보와 같은 간신과 양귀비 4자매에게 빠진 현종이 정치를 등한시 하자 문제가 불거지기 시작하였다.

결국 동북 3개 절도사직을 겸한 안록산이 양귀비의 4촌인 양국충과 권력 다툼이 폭발하여 반란을 일으킨 것이다. 당 현종은 파죽지세로 몰려오는 반란군을 진압하기가 어려워지자, 탈라스 전투에서 패배해 칩거 중이던 고선지를 불러들였다.

현종의 6자인 이완과 함께 급히 모집한 5만의 병사와 출정하였으나, 먼저 출정하여 반란군과 싸운 안서절도사 봉상청이 크게 패하여 후퇴하는 등 상황이 급박하게 돌아가고 있었다. 당 조정이 명한 섬주(陝州)에서 반란

152

양귀비

군을 막는 것이 어렵다고 판단한 고선지는 관중으로 들어오는 관문인 동
관(潼關)으로 물러나 방어에 나섰다. 또한 태원창(太原倉)의 군비창고가 반
란군의 수중에 들어갈 것을 염려하여 물품들을 군사에게 나눠주고 나머
지는 불태워버렸다. 그러나 동관에 나타난 환관 변령성은 황제의 창고인
태창원의 재물을 취하고 허락 없이 동관으로 후퇴하였다는 죄목으로 고
선지 장군을 사형에 처하였다. 명장의 허무한 최후였다.(756년 48세)

06 위구르

위구르와 회족

8년간 이어진 안사의 난(755년 12월~763년 2월)은 당나라의 급격한 쇠락을 가져왔다. 안록산(703~757)의 반란군을 진압할 수 없었던 당나라는 위구르에게 파병을 요청하였다.(756년) 위구르는 10여 년 전, 쇠퇴한 돌궐을 몰아내고 알타이산맥에서 바이칼호에 이르는 광대한 지역을 차지하고 당나라와는 우호 관계를 유지하고 있었다.(745) 당 숙종(711~762) 때 파병 요청을 받은 위구르는 3천 명, 4천 명의 기병을 연이어 파병하였다.(756~757) 당은 이에 대한 보답으로 매년 2만 필의 비단을 위구르에 조공하기로 약속하고, 숙종의 딸인 사별한 영국공주(소국공주)를 화번공주로 시집보냈다. 영국공주는 2년 후 위구르 카간이 사망하자 귀국하였다.(759)

위구르의 파병은 상호 이해관계가 맞아 떨어진 것이다. 돌궐 멸망 후 많은 돌궐족과 소그드인들이 돌궐과 소그드 혈통인 안록산 휘하로 들어가,

위구르에게도 후한이 될 소지가 있기 때문이었다. 당 나라는 안사의 난에 협조했던 소그드인들을 추방하였다. 이후 소그드인들은 돌궐 대신 위구르에 복속하며 실크로드 무역에 종사하였으나 예전과 같은 번영은 누리지 못했다.

안록산 및 사사명이 사망 후 사조의가 이끈 반란군이 낙양을 점령하고 있을 때 3대 뵈귀카간은(759~780) 4천 명의 기병을 파견하여 낙양을 탈환하였다.(762년 11월 20일) 그러나 낙양에 입성한 위구르군은 3일 동안 낙양을 약탈하고 백성들이 피신한 백마사에 불을 질러 1만여 명이 불타 죽었다.(762) 당나라는 곽자의(郭子儀, 697~781) 같은 명장이 있었으나 각지에 잔존하는 반란군을 진압하느라 위구르의 약탈을 막을 수 없었다. 심지어 당숙종의 황태자인 옹왕(당 대종 재위 762~779)이 보는 앞에서, 당나라 사신이 위구르 뵈귀카간에게 춤을 추지 않는다고 채찍에 맞아 죽는 일까지 있었으며, 말 1필에 비단 1필로 교환되는 견마무역을 말 1필당 비단 40필을 받고 강제 교역하기도 하였다. 위구르인들은 이렇게 모은 비단을 북방을 경유한 회홀로를 통해 아랍과 서방에 팔아 큰 이문을 남겼다. 위구르인들이 당나라의 허약한 모습을 보고 아예 점령하여 지배할 수 있었으나 약탈과 공물만 받고 직접 지배하지 않는 것은 유목민의 특성을 그대로 보여준 것이다.

낙양 회복 후에도 남아 전횡을 일삼던 뵈귀카칸은 이듬해인 763년 5월 몽골로 귀국하였다. 신흥강자 위구르에 협력한 소그드인들은 위구르의 행정 업무에 봉사하였으며, 뵈귀카칸을 소그드의 종교인 마니교로 개종시켰다. 뵈귀카칸은 사제를 대동하고 귀국하여 위구르족의 국교를 마니교로 선포하였다. 유목민 최초로 정착민족의 고등종교인 마니교를 받아들인 것

155

베제클릭 석굴 위구르 왕자

이다.

마니교 교리는 조로아스터교를 기반으로 기독교와 불교 교리를 결합한 선과 악이 대립하는 이원론으로 육식과 전쟁을 금한다. 유목민의 야생적인 습속이 채소를 먹는 정착농경 사람들의 땅으로 바뀐 것이다. 위구르인들이 마니교로 개종한 흔적으로 트루판 베제클릭 제9굴의 마니교 사제들 벽화가 대표적이다. 위구르인들은 마니교의 순한 교리와 내분으로 전투력이 약해진 데다 탄저병까지 발생하였다. 840년 위구르는 속국 부족민인 키르키즈의 공격에 멸망하였다. 위구르 멸망과 함께 초원에 있던 위구르인들이 남하하여 타림분지와 하서, 감숙성 지역에 정착하여 현재 신장위구르자치주와 감숙위구르 인구 구성을 이루었다.

이슬람 대식과 벌인 탈라스 전투 약 5년 후 안사의 난이 발생하자, 당 조정은 아바스 왕조에도 구원을 요청하였다. 비록 탈라스에서 파미르 이서 지배권을 놓고 전쟁을 벌였으나, 아바스 왕조와 당의 관계는 원만하게 유지되고 있었다. 당과 비잔틴제국의 중계무역으로 막대한 이익이 이권이 있는 아바스 왕조는 당의 지원 요청을 받아들여 군대를 파견하였다. 그러나 이들의 귀로는 순탄치 않았다. 안사의 난으로 변경의 수비가 약화된 틈을 타 치송데첸(赤松德贊, 742~797)의 토번군이 티베트 고원을 내려와 귀로가 막혀버린 것이다. 762년 토번 12만 군이 하서와 농우 일대를 점령하고 이듬해 장안에 밀려오자 당 대종은 일시 장안을 버리고 피난을 가야만 했다.(763년 10월) 출병했던 이슬람군 약 1만여 명이 귀로가 봉쇄되자 당 조정은 이들을 중국 여인과 결혼을 주선하고 장안에 이슬람 사원을 세웠다. 760년대 장안에만 약 4천 호의 이슬람이 거주하였는데, 이들이 바로 중국 무슬림 회족(回族)의 시조이다.

위구르에서 몽골로

위구르인들은 몽골 초원의 정령, 고차, 철륵계 부족의 후예로 보이며 돌궐이 부흥 시 이들에게 밀려 하서 지방에 밀려나 있다가 동족인 카를룩, 바스밀 부족과 연합하여 카칸국을 세우며 등장하였다. 745년 서돌궐을 멸망시키고 유목세계의 패권을 차지하였다.

쿠틀룩빌게퀼카간(744~747)은 건국 후 곧 사망하였고, 그의 아들 바얀초르가 즉위하였다. 바얀초르는 먼저 타타르 부족과 거란족을 굴복시켰고, 755년에는 키르키즈와 카를룩, 바스밀을 복속시켜 몽골 초원에서 중앙아시아에 이르는 거대한 영토를 차지하였다. 그들은 흉노, 돌궐과는 다르게 비교적 당과 우호관계를 유지하였다. 안사의 난 때 파병의 대가로 많은 비단을 확보한 위구르는 서방과 교역으로 막대한 이익을 남겼다.

3대 뵈귀카간(759~780)은 미니교를 국교로 선포하여 위구르인들의 인식과 생활을 정착민화 시켰다. 안록산의 난이 진정된 후, 당나라의 위구르, 소그드 같은 외지인 추방에 반발한 뵈귀카간이 또다시 원정을 하려 하자, 숙부가 약탈과 파괴는 위구르의 전통이 아니라며 반대하여 뵈귀카간을 살해하고 쿠틀룩빌게카간으로 등극하였다.(780~789) 782년 부족민들을 당에서 철수시키는 과정에서 중국 여인들이 끌려간다는 이유로 국경 수비대가 위구르 사신을 살해하는 일이 발생하였지만 당과의 화친을 유지하였다. 이에 덕종은 화번공주인 함안공주를 시집보냈다.(788)

787년 토번은 파미르 이서 튀르기쉬(오늘날 우즈베키스탄), 카르룩(천산 이북 발하쉬호 부근) 등을 자신의 편으로 끌어들였는데, 이는 위구르 제국의 서방과 무역로가 쇠퇴한다는 것을 의미했다. 설상가상으로 칸의 대가 끊어져 부족 긴 분열이 지속되고 혹독한 추위와 전염병까지 퍼져 많은 사람들이 사망하였다.(839)

840년, 복속했던 크르키즈가 위구르를 공격하여 몽골 지방을 점령하고 마지막 카간을 살해하였다. 위구르 멸망은 내분도 있었지만 마니교로 개종과 정착 생활로 전사의 성격을 상실한 것이 원인이었다. 이들은 수공예품, 그림, 음악, 조각, 춤 등 대부분의 유목민들이 남지지 못한 문화유산을 남겨 놓았으며 소그드 문자를 기반으로 위구르 문자를 만들어 유목민들에게 문자를 전승하였다. 후에 위구르 문자를 토대로 몽골 문자가 만들어졌으며 위구르인들의 지식은 몽골제국의 광대한 영역을 다스리는 행정과 통치에 중요한 역할을 하였다.

사막에 고립된 바람분지

당과 티베트는 707년부터 822년까지 총 8차례의 회맹을 맺었는데, 784년 청수회맹(清水會盟)을 맺고 당과 티베트의 경계를 정하였다. 그러나 이런 조약도 일시적인 것으로 전쟁은 끊임없이 반복되었다. 토번(티베트)의 통일왕국을 이룬 33대 송첸캄포(재위 630~650)는 문성공주를 화번공주로 맞아들이며 선진문물과 불교를 수용하며 강성한 국가로 성장하였다. 중국은 주변국과 외교 등급에 따라 서책을 선별하여 보내주었는데, 문성공주가 가져간 불경, 농서, 의학을 비롯한 각종 서책은 그 당시 첨단지식을 전수해주는 중요한 외교정책이었다.

티베트는 관료제도를 정비하고 각각 4천 호로 구성된 6개의 기마군단과 귀족 자제로 이루어진 1천 호의 친위대로 구성된 군사 조직으로, 인도 북부에서 티베트 고원과 청해 지방에 이르는 넓은 영토를 지배하였다. 안사의 난이 발발한 해 티베트의 최전성기를 연 38대왕 치송데첸(재위 755~797)이 즉위하였다. 티베트의 전륜성왕 치송데첸은 〈사자의 서〉로 유명한 파드마삼바바를 초청하여 티베트 최초의 불교사원인 삼예사를 건립하고 불교를 국교(791)로 하였다.

치송데첸이 당의 축하 사신에 대한 답례 사신을 당에 보냈을 때 당 현종은 안사의 난을 피해 장안을 떠나 양국충의 고향 사천으로 피신 중이었다. 티베트 사신단은 피신 중인 황제를 찾아 고생 끝에 마외역에서 당 현종 일행을 만났다.(756) 당 황제의 호위 군사들은 허기에 지친 티베트 사신단이 먹을 것을 달라고 양국충과 대화하는 것을 보고 적과 내통하는 것으로 판단하여 양국충을 살해하였다.(756년 7월) 태자 이형(李亨, 당 숙종 제

159

775년경 건립된 티베트 최초 불교사원 삼예사 (사진-김상길 제공)

위756~762)이 재상 양국충을 제거한 호위 군사들의 추대로 황제에 오르자 현종이 태상황으로 물러났다.

티베트 사절단은 호위 군사들에게 재상이 살해당하고 양귀비가 환관 고력사에게 목 졸려 죽는 모습까지 직접 목격하면서 당나라의 혼란스런 현실을 파악했다. 불과 몇 년 전 실크로드를 장악하기 위해 파미르에서 전투(고선지의 연운보 전투)를 벌였던 티베트는 혼란스런 당나라를 공략하였다. 티베트는 당 숙종이 매년 비단 5만 필을 조공하기로 한 약속을 중단한 것을 빌미 삼아 군사를 일으켰다. 티베트군은 안록산 반란 진압을 위해 동관으로 군사들이 떠나 방비가 허술한 농우(隴右) 지방을 점령하였다.(763)

당 숙종이 태상왕 당 현종이 사망한 지 15일 후 52세로 사망하자, 아들 대종(재위 762~779)이 황제 자리에 올랐다. 티베트군이 장안까지 점령하자 당 대종은 하남성 섬주(陝州)로 피신하였다.(763년 10월) 장안을 점령한 다짜뤄공은 비둘기를 날려 치송데첸에게 보고서를 보냈다. "…현재는 적의 대규모의 공세를 대비하여 장안에서 철수하고 본대는 양주, 감주, 숙주를 점령하고 사주(둔황)로 향하는 중입니다."

당의 반격을 우려한 티베트군은 15일 만에 장안에서 철수한 후 실크로드의 요충지를 공략하였다. 티베트가 농우와 하서 지방을 차단하여 당나라는 타림분지의 당 주둔군과 연락을 할 수 없었다. 이주(하미) 자사는 티베트군에 대항해 몇 년을 버티다가 처자식을 죽이고 자결하였으며(762), 양주(764), 감주와 숙주(766), 과주(776)가 차례로 점령당하였다. 사주(둔황)는 사막을 방패삼아 무려 11년 동안이나 토번의 침입을 막아냈지만 결국 함락되고 말았다.(781)

이후 둔황은 장의조(張議潮, 799~872)가 독립하기까지 약 70년에 걸쳐 티베트의 지배(781~848)를 받게 되면서 티베트불교가 성행하였는데, 역설적으로 4만여 개의 사원이 파괴되었던 당 무종의 회창법란(845)을 피할 수 있었다. 티베트는 치송테첸의 4째 아들 랑다르마(42대 재위: 838~842)가 암살당하며 200년의 통일시대를 마감하였다.

통일 티베트는 불교를 믿는 가르가문의 중앙정부와 토착신앙인 뵌교를 믿는 귀족 가문과 갈등이 심했는데, 42대 랑다르마는 이전 왕들과 달리 불교에 관심이 없었고 불교사원 지원 재정도 한계에 이르자 불교를 탄압하다 암살을 당하였다.(842) 티베트 왕국을 이끌던 가르가문은 티베트 고원의 서쪽 아리 지역으로 도피하여 구게 왕국과 라다크 왕국(인도 라다크 지역)을 세웠다.

라다크는 현 달라이라마 14세(1935~)가 티베트 망명정부를 이끌고 있

161

구게 왕국

는 곳이다. 티베트가 분열하자 안서도호 장효순의 후손인 장의조가 한족과 함께 티베트군을 몰아내고 귀의군을 설치하였다.(848) 장의조는 하루 빨리 당 조정에 둔황의 회복 사실을 알리고 싶었으나 하서 지방을 여전히 티베트가 막고 있어 3년이 지나서야 그 사실을 알릴 수 있었다. 당 조정에서 귀의군 절도사직을 하사받은 장의조는 약 18년 동안 토번군과 싸워 숙주, 감주와 양주 등 하서 지방을 회복하였다.(863) 장의조는 4년 후 귀의군을 조카 장회삼에게 이양하고 당조에 입조하였다.(867)

그러나 당 조정이 장의조의 뒤를 이은 장회삼의 둔황절도사 직위 임명을 20여년 간 미룬 사이, 양주(무위), 감주(장액), 숙주(주천) 등 하서 일대는 북방 초원에서 멸망한 위구르인들이 대거 남하하여 차지하였다. (감주위구르) 귀의군은 위구르의 공격과 내분으로 둔황 주변으로 세력이 위축되었

장의조 출행도

으나, 서한(西漢) 금산국(金山國)과 조의금 귀의군 시대를 거쳐 서하의 침공으로 멸망할 때까지, 약 200년간 귀의군 시대를 이어갔다.

　멀리 북정절도사가 있는 정주는 본국과 완전히 단절되어 소식을 전할 수 없다가 20여 년 만에 회홀로를 경유하여 조정에 어렵게 지켜내고 있음을 보고할 수 있었다.(781년경) 이미 티베트에게 함락되었을 것으로 생각한 당 덕종은 크게 기뻐하며 벼슬을 내렸으나 원군을 보낼 처지가 못되었다. 북정절도는 연락도 되지 않는 당나라 황제 이름으로 군사들의 급료를 지불하며 티베트군에 맞서 15년을 항전했지만 끝내 함락당했다.(786년경)

　쿠차의 안서도호부는 안서도호 곽흔(郭昕)이 15년을 조정과 연락이 두절된 상태로 방어하다 겨우 조정에 연락(781)이 닿았으며, 당 조정 지원이 없이 9년을 더 버티다 서주(투르판)로 철수(790) 하였으나, 2년 후 서주 역시 티베트군에 섬령당했다.

　호탄은 주둔 중인 군사 중 5,000명을 안사의 난 진압에 보내 군사가 약

163

한 상태에서도 티베트를 20년 동안 막아내다 점령당했다.(798년경) 몇 년 후 북방 초원의 위구르가 북정절도(791)와 호탄, 투르판(803)의 티베트군을 몰아내고 자신들이 차지하고 있음을 당에 통보하였다. 즉 전성기를 맞이한 티베트는 안사의 난을 틈타 타림분지를 차지하고 파미르를 넘어 사마르칸트까지 공략하였으나 곧 아바스 왕조에게 밀려나게 되었고(815년경) 타림분지는 둔황과 하서를 제외하고 위구르족에게 내주고 퇴각하였다. 위구르는 840년 키르키즈에게 멸망하여 북방 초원을 잃은 후 대거 타림분지와 감숙 지방을 차지하고 이후 능상한 서하와 윈니피에 복속하였다.

타림분지의 이슬람화

위구르가 멸망 뒤 위구르에 복속해 있던 돌궐계 카를룩이 독립하여 카라한 왕조를 세웠다.(840~1211) 카라한 왕조는 키르키스탄의 발라사군(Balasagun)을 중심으로 카자흐스탄 발하시호 남부에서 트렌스옥시아나 부하라, 타림분지의 카슈가르, 호탄을 차지하였다. 이들이 최초로 이슬람으로 개종한 돌궐계(튀르크계) 왕조다. 카라한조는 타림분지의 이슬람화를 촉발시켰다.(튀르크의 서천 참고) 호탄은 위구르 멸망 후 독자 왕국으로 존속하였는데, 이성천(李聖天)이 호탄을 다스리며(912~966) 둔황의 조의금 딸과 결혼하는 등 둔황 왕국과 깊은 관계를 맺고 있었으며 불교를 신봉하였다. 둔황 제98굴에 있는 호탄왕과 왕비의 공양자상 벽화는 둔황석굴 조성에 호탄왕이 크게 후원하였음을 알 수 있다.

164   호탄국은 970년경 카슈가르를 공격하여 차지하였으나, 약 30년 후인

이성천 그림

1002년을 전후하여 카라한조의 공격으로 호탄국은 멸망시켰다. 천 년을 이어온 불교왕국 호탄은 타림분지의 첫 이슬람 땅이 된 것이다.(튀르크의 서천 참고)

흥미로운 것은 둔황 장경동의 폐쇄 시기다. 일반적으로 서하의 둔황 공략 때로 추론하고 있으나, 둔황의 문서에 교류가 빈번했던 호탄의 멸망에

165

액민탑

대한 기록이 없는 것으로 보아 카라한조의 호탄 침략 때일 가능성도 제기
되고 있다. 키르키즈에게 위구르가 멸망할 때(840) 위구르인들은 북방 초원
에서 트루판과 감주, 하서 일대로 대거 이주하였다.

투르판으로 이주한 위구르인들은 위구르칸국을 세웠다.(866년경) 투르판
은 위구르 국교인 마니교를 비롯하여 한인들이 믿던 불교와 도교, 서역상
들의 조로아스터교뿐만 아니라 소그드인들의 네스토리우스파 기독교까지
다양한 종교가 공존하는 도시가 되었다.(3장 실크로드의 종교 참고)

투르판의 북쪽 포도구(葡萄溝)유적지에서는 시리아어, 소그드어, 페르시
아와 위구르어 등 다양한 언어의 기독교 문서가 출토되었다. 마니교는 장
기간 생존하지 못하고 곧 불교가 투르판의 주된 종교로 정착하였다. 베제
클릭제 38굴에는 마니교 벽화 위에 불교벽화가 조성된 것을 볼 수 있다.

166

이슬람 사원

위구르칸국은 이후 몽골의 침입 때 이들에 협조하여 위구르칸국을 유지할 수 있었으며 차가타이칸국에 복속되었다. 이후 차가타이칸국에서 분열한 동부 모굴칸국이 투르판을 점령(1383)하여 종교를 이슬람으로 개종시켰다. 투르판은 청나라의 지배(1756)를 받기까지 독립왕국을 유지하였다. 감주로 이주한 위구르인들은 티베트에 예속되어 있다가 둔황의 장의조가 반기를 들어 티베트군을 몰아내며 하서로 진격해오자 이에 호응하여 협력하였다.(860년경)

이들이 감주위구르(감주회골甘州回鶻)로 불리는 위구르인들이다. 이들은 당나라가 멸망(907) 후 장의조의 손자가 있는 둔황의 금산왕국을 공격하여 함락시켰으며(911) 한때 하서 지방을 장악하고 5대10국 시기 중앙아시아로 가는 실크로드 무역을 장악하였으나 10세기 이후 서하와 원나라에

167

복속하며 하서 지방의 정착민으로 남았다. 이들과 옛 아바스 왕조 때 당나라에 정착한 이슬람인들의 후손이 현재 감숙성과 청해성 및 영하회족 자치구의 회족과 감주위구르 이슬람인들이다.

서하 왕국

당나라 멸망 후 5대10국 시기(907~979), 실크로드는 비림분지의 위구르와 둔황의 한족(漢族) 귀의군, 감숙 지방의 감주회골(감주위구르) 등 소국들이 중계무역을 하고 있었다. 그런데 양주(涼州)를 차지하고 있는 토번이 길목을 가로막고 잦은 약탈이 일어나 중원과의 교역은 멀리 북쪽 영주(寧州)를 경유하여 왕래하고 있었다. 영주와 오르도스 지역은 티베트 고원과 중원 사이 청해 지방의 옛 토욕혼(강족)의 한 지파인 탕구트(黨項族)족이 당과 송, 거란 등과 병립하며 국제관계를 유지하고 있었다. 토욕혼에 복속하며 살았던 탕구트족은, 송첸감포가 토번(吐番)을 건국한 후 청해성과 감숙성 토욕혼(土谷渾)을 멸망시키자(663), 당나라에 투항하여 300여 년간 영주 지역에서 살았다. 당 말기 탕구트족 부족장인 탁발사공이 황소의 난(875~884)을 진압하는 데 큰 공을 세우자, 당 조정은 탁발사공에게 이씨 성을 하사하고 지역 절도사로 임명하였다. 족장 이계천은 명나라 말 농민반란을 일으킨 이자성이 시조로 받든 사람 사람인데, 양주의 토번과 달리 무역상들을 약탈하지 않고 영주를 통과하는 무역상들을 보호하며 중원에 보냈다.

이계천은 송나라가 소환하자 송에 예속을 거부하고 거란으로부터 하국

왕을 봉직받았다. 이계천의 아들 이덕명은 하서 지방 공략에 나서 감주위 구르를 멸망(1028)시키고 과주를 점령(1030)하였다. 영하 지역에 주둔 중이 던 거란군이 북방의 몽골의 반란으로 국경에서 철수하자, 이계천의 손자 이원호(李元昊, 재위 1032~1048)는 토번의 양주 등 하서 지방과 사주(둔황)을 점령하고 대하왕국(大夏王國, 1038~1227)을 세웠다. 다행히 대하는 불교왕 국으로 독자적인 서하문자를 만들고 불경을 번역하는 등 문명국가로 나 라의 체계를 갖추고 있어 불교사원의 파괴는 없었다.

대하는 송나라의 서쪽에 위치하여 서하(西夏)라고 불렸는데, 11세기 중 원은 크게 요·송·서하 3국이 정립한 형세를 이루었다. 서하는 송나라를 공격하여(1041~1044) 송나라와 강화를 맺고, 송나라에 신하의 예를 갖추 는 대신 송나라는 매년 비단 13만 필과 은 5만 냥, 차 2만 근을 서하에 보 내기로 하였다. 반면 거란족의 요나라와는 크고 작은 분쟁은 있었으나 책 봉을 받고 혼인정책으로 긴밀한 관계를 유지하였다. 서하는 영주와 하서 주랑을 장악하여 송과 북방으로 가는 실크로드 무역을 독점할 수 있었다.

요(거란)와는 관무역을 개설하여 매년 8회에 걸쳐 사신단을 보냈으며, 타림분지의 고창국, 쿠차국, 우전국 등과 대식에서 온 상인들의 통과를 독 점하여 1/10의 관세를 받고 송나라와 거란 등 중원에 보냈다. 이들 나라 는 3년에 1번씩 400명의 카라반을 구성하여 왕래하였는데, 요와 만주의 여진으로 가기 위해 하서 지방을 나와 오르도스와 산서성 북부에서 내몽 골로 가는 막남로(漠南路)를 주로 이용하였다. 막남로는 북방민족의 수도 가 대체로 북경에 두었던 관계로 12세기 이후 주요 무역로가 되었다. 약 50년간 서하—송—요나라 3국이 병립한 시대는 북쪽에서 몰려온 몽골군 의 출현으로 와해되었다.(몽골제국 참고)

169

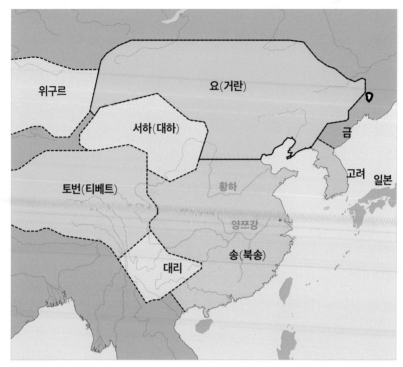

서하 지도

　몽골은 통일과정에서 많은 나이만족이 서하로 피신했다. 국경의 안정이
필요했던 몽골은 서하를 공격하였다.(1207) 수도 흥경이 포위되고 금나라
에 요청한 원병도 오지 않자, 서하의 군주 이안전은 성에서 나와 비단, 옷
감, 매 등 공물을 바치며 딸을 칭기즈칸에 시집보내 부마국으로 몽골에
복속하였다.(1209) 서하는 몽골의 명령으로 금나라 정벌에 군대를 동원하
며 국력이 많이 소모되었는데, 몽골이 호레즘 정벌에 군대를 동원하라는
사신을 보내자, "우리에게 손을 벌릴 정도의 충분한 군대도 없는 자가 무
슨 대칸이란 말인가?"라며 거절하였다.(1219) 칭기즈칸은 호레즘 정벌이
우선이었기 때문에, 호레즘 정벌 후 서하 원정을 단행하였다.(1226)

단바 여인

　호레즘 정벌 때 군대를 파견하지 않은 응징과 송나라가 의외로 장기간 몽골의 공격을 막아내자, 송을 공격할 우회로가 필요했기 때문이었다. 이 전투에서 칭기즈칸이 말에서 떨어져 그 후유증으로 사망하자, 칭기즈칸의 아들 툴루이는 유언에 따라 서하를 철저히 파괴하여 서하의 고유 문명 기록들이 거의 남아 있지 않게 되었다.(1227) 서하 멸망 이후 감숙성 일대는 독자적인 문명을 가진 국가가 출현하지 못하였다.

　중국의 100대 아름다운 명소 중의 하나인 단바(丹巴)는 외적의 침입에 대비하여 화살구가 있는 독특한 망루가 남아있다. 예전부터 미인이 많기로 유명한데, 몽골 침입 때 서하의 궁녀들이 이곳 단바계곡으로 피신하여 이 고장에는 미인이 많다고 한다.

171

키타이

당 말기 환관의 발호를 모두 처단한 주전충이 후량을 세우는 등 혼란한 5대10국 시기 송화강 유역의 거란족이 세력을 급격히 규합하였다. 거란 (916~1125)의 전성기 때, 동으로 발해만에서 서쪽으로는 알타이 산맥 부근까지 넓은 영토를 가지고 있었다. 서양에서 중국을 시대에 따라 세레스, 치나(China) 등으로 지칭하였고 중세시대 이후 오랫동안 키타이 또는 카세이로 불렀는데 거란이 세운 요나라를 서역 상인들이 키타이 또는 카세이라 하였다. 홍콩의 항공사 케세이퍼시픽의 유래이기도 하다.

거란으로 가는 막남로는 요, 금, 원, 명, 청 시대까지 중국의 수도가 북경에 있었기 때문에 실크로드의 주요 이동로로 부각되었다. 거란은 효율적인 통치를 위해 역참을 설치하여 지방의 소식을 빠르게 중앙으로 전달하는 체계를 갖추었는데, 몽골제국은 이 역참제도를 이어받아 몽골 통치에 활용하였다. 거란의 행정 통치는 이원제로 유목민적인 기질을 잃지 않고 이탈을 방지하는 동시에 정주민인 한족의 행정체계와 문화, 지식인들을 흡수하여 다문화 정책을 실시하였다. 한족의 민심을 달래기 위해 불교를 국교로 하고 대단위 불사로 대동의 화엄사와 응현목탑 같은 화려한 불교유산을 남겼다.

거란은 건국 초기 발해를 멸망시켜 한국사에서 만주 지배 역사의 막을 내리게 하였다.(925) 고려는 거란의 침입을 막기 위해 압록강에서 동쪽 도련포에 이르는 천리장성을 쌓았다. 3차에 걸친 거란의 고려 침입은 강감찬 장군의 귀주대첩으로 10만 대군이 괴멸한 후 중단되었다.(1019) 100년간 거란에 조공을 했던 송나라는 백두산 부근에서 세력을 키운 신흥 여진족

화엄사

의 금나라와 손을 잡았다. 거란의 천조제는 금의 공격을 받고 서하로 도망치다가 생포되고 거란은 멸망하였다.(1125) 거란의 야율대석이 잔존세력을 이끌고 서천하면서 타림분지의 천산위구르를 공격하여 종속시키고 중가리아 분지에 카라키타이 (黑契丹/흑거란, 서요)를 세웠다.(1131년경)

응현목탑

이어 튀르크족이 새운 동카라한조를 점령하여 발라사군(토크막 부근)을 수도로 삼고(1134) 사마르칸트로 진격하여, 셀주크튀르크에 복속해 있던 시카라한을 멸망시켰다.(1141) 카라키타이(서요)의 최대 영역은 아무다리야에서 동쪽으로는 팅구트(오르도스 지역)에 이르렀고 동북으로는 알타이 산맥 동쪽 몽골의 나이만과 경계를 이루었고 호레즘 왕국을 복속시키고 있었다. 그러나 약 50

173

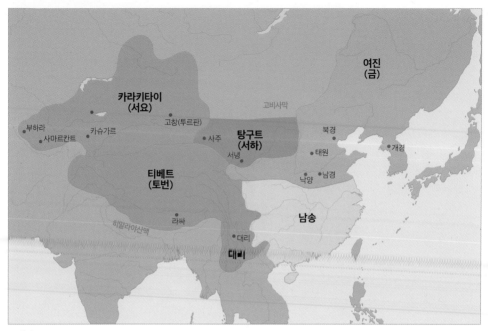

12세기

년 후 13세기 칭기즈칸에게 쫓겨 카라키타이로 망명했던 나이만의 왕자 쿠츨룩이 쿠테타를 일으켜 권력을 잡았다.(1211) 쿠츨룩은 네스토리우스 파 기독교인이었다. 서요의 지배층은 불교도였으며 피 지배계층과 무역업 을 하며 재정의 대부분을 차지하는 주민들은 이슬람이었는데, 쿠츨룩이 이슬람을 탄압하자 몽골에 지원 요청을 하였다. 칭기즈칸은 제베에게 2만 의 군사를 주어 서요를 정벌하고 쿠츨룩을 살해하였다. (1218년) 이듬해 몽골은 호레즘 왕국을 정벌하였다.

07 튀르크의 서천

튀르크인

위구르의 멸망(840년) 후, 복속되어 있던 돌궐인들은 몽골제국이 등장하기 전 중앙아시아에서 세력을 확장하기 시작하였다. 제3차 돌궐의 부흥이라 할 수 있다. 카라한 왕조(840~1211)는 중앙아시아와 동투르키스탄(타림분지)의 이슬람화를 촉진시켰으며, 아프가니스탄 지역에서 남하한 가즈나 왕조는 처음으로 인도에 이슬람을 전파한 왕조이다.

가즈나를 멸망시킨 노예왕조는 델리를 중심으로 이슬람 왕소를 열었으며 몽골제국의 인도 침입을 막아냈다. 이들은 모두 튀르크계(돌궐) 민족이었다. 이슬람조에 용병으로 복속해 있던 셀주크튀르크인들은 이슬람의 본거지인 이란, 이라크, 시리아와 이집트를 점령하고 아나톨리아 반도까지 진출하며 이슬람을 확장시켰다. 튀르크인들은 십자군의 단초가 되는 예루살렘을 점령하였으며, 십자군을 막아낸 살라딘은 튀르크인이었다.

175

몽골의 원정 때 포로가 되어 이집트로 팔려간 킵차크튀르크인들은 맘루크 왕조를 열어 몽골군의 아프리카 진출을 막아냈다. 아나톨리아 반도까지 서천한 튀르크인들의 최종판이 오스만튀르크제국이다. 오스만튀르크는 비잔틴을 함락하고 아나톨리아 반도에 이슬람을 정착시켰으며 발칸 반도까지 이슬람을 확장시켰다.

중앙아시아의 튀르크 왕국들

사만 왕조(819~999)는 아바스 왕조로부터 영지를 하사받아 수도 부하라를 중심으로 지금의 우즈베키스탄을 포함한 트란스옥시아나 지역을 장악하고 독립히였다. 사만 왕조의 중앙아시아 정착은 중앙아시아와 동투르키스탄(타림분지)의 이슬람화에 결정적인 영향을 주었으며 앞서 설명한 카라한과 가즈나의 이슬람화도 사만 왕조의 영향이었다.

사산조 페르시아 때부터 명문가였던 사만조는 우마이야와 아바스 왕조를 거치면서 페르시아의 종교였던 조로아스터교를 포기하고 이슬람 수니파로 개종하였지만 페르시아의 자부심이 강했다.

사만 왕조는 현재 우즈베키스탄을 비롯한 트란스옥시아나 지역에 이란의 페르시아문화가 확고하게 정착하는 역할을 하였다. 또한 중세 이란어 파흘라비어 대신 이란 언어를 아랍문자로 표기한 근세 페르시아어를 처음 사용하였다. 현재 이란과 아프가니스탄, 타지키스탄 등에서 사용하는 페르시아 언어다.

위구르 제국 멸망(840) 후, 종속되어 있던 튀르크계 카를룩이 발라사군

10~11세기 초 카라한 왕조 영역

(현재 토크막 부근)을 수도로 카라한 왕조(840~1212)를 세웠다. 카라한은 시르다리아 강 이남의 이란계 사만 왕조와 대립하며 성장하였다. 왕위 계승 문제로 카라한 왕조는 동부와 서부로 분리되었는데, 동부는 발라사군을 중심이 되었고 서부는 탈라스 지역을 중심으로 통치하였다. 남부 사만 왕조의 나스르가 정치적 망명으로 서부 카라한조에 들어왔다. 나스르의 영향으로 이슬람으로 개종한 서부 카라한은 나스르와 연합하여 동부 카라한을 공격하여 통일한 후 이슬람을 국교로 선포하였다.(960년경) 중앙아시아 최초로 튀르크계 이슬람 국가가 탄생한 것이다.

카라한조는 사만 왕조를 멸망(999)시키고 아무다리야 강까지 국경을 확장하였고 천 년의 불교국가인 호탄을 점령하여 타림분지 서부를 장악하였다. 이는 중앙아시아의 지배층이 이란계 이슬람에서 튀르크계 이슬람으로 바뀌게 되었음을 의미한다. 카라한은 가즈나 왕조를 공격하여 이란 동부 호라산 지역을 빼앗으려다 실패했다. 그 후, 파미르를 중심으로 동·서 **177**

꾸뜹미나르

카라한으로 나뉘었다.(1024) 이후 서요(흑거란)의 공격으로 동카라한이 먼저 멸망하고, 셀주크에 복속된 서카라한은 서요에게 점령당한 후 최종적으로는 호레즘 왕국에 흡수되었다.(1212년경)

가스나 왕조(963~1187)는 이란, 이슬람의 특징을 모두 가진 튀르크계 왕조로 사만 왕조의 호라산 총독이 독립하여 국가를 건설하였다. 가즈나 왕조는 라호르를 수도로 사만 왕조의 영토를 차지하고 남쪽으로는 인도를 17차례나 공략하여 인도 펀자브 주까지 진출하면서 인도에 이슬람을 전파하였다.

가즈나는 옛 사만 왕조의 땅인 호라산 지역을 새롭게 흥기하는 셀주크에게 빼앗기고 아프가니스탄에서 흥기한 튀르크계 고르 왕조에게 멸망하였다. 고르 왕조는 남하하여 델리를 점령하였다. 고르 왕조의 아이바크는 튀르크계 맘루크(노예) 장군으로 델리 지역을 장악하고 독립하였다.(델리노예왕조 1206~1290) 지배자가 노예 출신인 델리 술탄국을 흔히 노예왕조라고 하는데, 무굴제국에 멸망할 때까지 5개의 노예왕조가 델리를 중심으로 인도 북부를 지배하였다.

아이바크가 폴로 경기 도중 말에서 낙마하여 사망하자(1210) 델리 지역에 주둔하고 있던 맘루크 일투미시(Iltumish)는 바그다드의 칼리프로부터 술탄의 칭호를 받고 정식 술탄지위를 인정받았다.(1229) 델리 시내의 유명한 꾸뜹미나르(Qutab Minar)는 이들 튀르크계 이슬람 노예왕조에 의해 건축되었다. 높이 72.5m, 지름 14.5m의 거대한 미나르는 주변 수십 개의 힌두교 사원을 파괴한 건축 재료로 만들어져 이슬람의 인도 정착의 상징적인 건축물이다.

180   2대 할지노예왕조(1290~1320)는 짧은 역사를 가진 술탄국이었으나 몽골

군의 인도 침략을 막아내는 데 결정적인 역할을 하였다. 몽골제국이 각자의 영역을 차지하고 분리되자, 차가타이한국은 대원국과 킵차크, 일한국에 둘러싸여 있어 영토 확장을 위해 인도로 남하할 수밖에 없었다. 수차례 인도 공략에 실패하자 차가타이 칸은 모든 역량을 총동원하여 20만의 대군으로 델리 공략에 나섰으나 델리술탄국도 30만의 군대와 2,700마리의 코끼리 군대를 동원하여 방어하였다.(1299)

차가타이는 야무나 강 부근 킬리(kili) 전투에서 칸의 아들이 부상으로 사망하는 큰 피해를 입었다. 이후 몽골제국의 후예를 자처하는 튀르크계 티무르 왕조에 이르러서야 남하할 수 있었으며, 그 5대 후손인 바부르가 인도에 정착하여 무굴제국을 세웠다.

셀주크튀르크와 룸셀주크

셀주크(1040~1157)는 이란·이라크의 중동과 아나톨리아로 진출한 최초의 튀르크인들이다. 아바스 칼리프로부터 정식으로 술탄의 지위를 인정받았으며 예루살렘을 점령하여 십자군전쟁을 촉발한 원인을 제공하기도 하였다. 셀주크족은 카스피 해의 하자르 왕국의 용병으로 있다가 비산틴제국에 의해 하자르가 멸망하자 카자흐스탄 잔드로 이동하여 당시 팽창 중이던 사만 왕조(819~999)의 용병으로 고용되며 이슬람이 되었다.(960년경)

셀주크인들은 사만 왕조가 멸망하자(999), 카라한 왕조(840~1211)와 가즈나 왕조(963~1187) 사이를 전전하며 생존하고 있었다. 셀주크인들은 우즈베키스탄 부하라 부근에 둔영을 설치하였는데(985년경), 세력을 확장하는 셀주크인들에게 불안을 느낀 카라한조는 부하라 부근에 있던 이들을 쫓아내었다. 셀주크인들은 카라쿰 사막을 건너 가즈나 왕조의 영토인 이란 북부 호라산(Khorasan)으로 들어갔다.(1040년경) 1043년경에는 가즈나 왕조를 공격하여 이란 대부분의 영토를 차지하였다. 이어 이슬람국의 종주국이라 할 수 있는 아바스 왕조의 수도 바그다드까지 점령하고 칼리프에게 충성을 맹세하여 술탄으로 지위를 인정받아 정통성을 확보하였다.(1055) 셀주크는 아랍—페르시아문화의 우수성을 인정하고, 무슬림의 수호자가 될 것을 선언하였다. 이슬람으로 개종한 지 얼마 안 된 셀주크튀르크가 아랍—페르시아의 패자가 된 것이다.

1071년에는 이집트 시아파 파티마 왕조 영토인 팔레스타인을 습격하여 예루살렘을 점령하고 파티마 왕조의 수도인 카이로를 공략하였으나 패하고 물러났다. 셀주크는 비잔틴제국의 영토인 아나톨리아 반도를 공격하여 수차례 전투를 벌였는데, 만지케르트(Manzikert) 전투에서 5만의 군대로 20만의 비잔틴군을 격파하고 황제(로마누스)를 포로로 잡는 대승을 거두었다.(1071)

셀주크가 아나톨리아 반도와 아르메니아에 진출하자 다른 튀르크인들도 이주하며, 아나톨리아 반도에 있던 그리스계와 아르메니아인들이 쫓겨나고, 튀르크인들이 정착하기 시작한 계기가 되었다. (1077년경) 이때 룸셀주크(1081~1308) 소왕국(룸은 로마 또는 로마 사람을 뜻함)이 독립하여 비잔틴제국과 셀주크 왕국 사이에 정착하였는데, 셀주크의 공격을 막기 위해 비잔틴제국과 교류하였다. 1차 십자군에게 니케아(현 터키 이즈니크Iznik)를 빼앗긴 후(1097) 이코니움(현 터키 코냐Konya)에 자리 잡은 룸셀주크는 2차 십자군(1147~1148)과 싸웠으며, 비잔틴제국과 벌인 전투에서 승리하여 아나

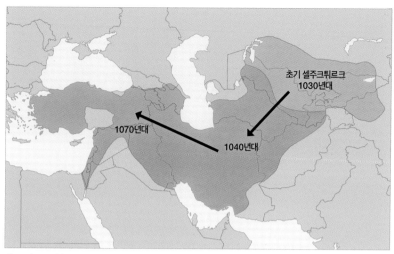

셀주크튀르크 영역

톨리아 반도에 정착하는 발판을 마련하였다.(1176)

룸셀주크의 비잔틴제국에 대한 승리는 1189년 3차 십자군 원정의 계기
가 되었다. 룸셀주크는 1246년경 이곳을 방문한 서방인에 의해 처음 터키
라는 명칭이 사용되었다. 룸셀주크는 소아시아의 은, 동, 철, 직물 등 생산
품을 멀리 프랑스와 영국까지 수출하여 부를 축적하였는데, 1277년경 몽
골의 침입 후 일한국의 속국으로 존속하다 오스만튀르크의 모태가 되었다.

수니파인 셀주크튀르크는 아나톨리아 반도에서 시리아, 이라크, 이란,
중앙아시아 아무다리야 강 이남의 발흐(아프가니스탄)까지 넓은 영토를 차
지하고 있었으나 여러 세력으로 분열되어 있었다. 또한 이슬람의 정신적인
지주인 칼리프는 아바스 칼리프와 시아파인 이집트의 파티마 왕조, 이베
리아로 건너간 후 우마이야가 각자 칼리프를 내세우고 있었다.

시리아의 셀주크는 이집트 파티마 왕조(909~1171, 시아파)와 경계를 예루
살렘을 완충지대를 두고 다투고 있었으며, 예루살렘과 성지순례 길목인

183

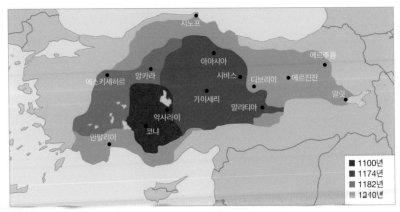

롬셀주크 영역

지중해 연안의 에데사, 안티오크, 알레포 등이 셀주크의 영토에 있었으나 기독교인들의 성지순례는 큰 방해를 받지 않고 있었다. 심지어 터키 남동부 해안 타르수스(Tarsus) 지역의 기독교 소왕국 아르메니아 공국도 존속하고 있었다. 1092년 술탄의 사망 이후 호라산 총독 산자르가 독립하여 동부셀주크를 통치하였다.

동부셀주크는 카라키타이(서요)와 벌인 카트완 전투에서 속국인 카라한조와 연합하여 대항하였으나 대패하여 중앙아시아 지역을 상실하였다.(1141) 셀주크가 지배력을 상실하자 호라산 지역을 중심으로 튀르크계 맘루크 호레즘이 세력을 확장하여 동부셀주크 영역을 차지하고 호레즘 왕국(1077~1231)을 세우고 동부 이란과 중앙아시아를 통치하였다.

호레즘 왕국

호레즘의 행정과 체제는 페르시아 문화를 받아들였으며, 잔존하는 카라한조와 아프가니스탄의 고르 왕조를 멸망시키고 트란스옥시아나에서 아프가니스탄 지역을 통치하였다. 호레즘은 이후 몽골제국의 첫 번째 대외원정의 표적이 되어 멸망하였다. 1092년, 셀주크 술탄 말리크샤가 사망하자 그의 자손과 유력 무장들은 독자 세력을 형성하고 술탄의 자리를 두고 다툼이 이어갔다. 말리크샤의 아들, 호라산 지역 총독 산자르는 이란으로 쳐들어가 셀주크 술탄과 협정을 맺고 동부 셀주크 술탄이 되었다.(1119) 동부 셀주크가 카라키타이와 카트완 전투에서 패한 데 이어 오구즈의 반란으로 술탄 산자르가 포로로 잡히며 통치력을 상실하자, 호레즘은 이란과 호라산 지역 등 동부 셀주크와 카라한조의 땅을 차지하며 동부 이슬람의 최강자가 되었다. 칭기즈칸이 몽골을 통일하고 확장할 무렵, 통상을 위해 찾아온 몽골 사절단을 살해한 보복으로 몽골의 침입을 받은 무함마드 2세는 카스피 해에서 병사하였다. (1220년경) 이 과정에서 호레즘 왕 무함마드 2세를 추격하여 카스피 해를 넘어온 몽골군이 킵차크와 조지아 왕국, 크림반도의 제노바 왕국까지 약탈하고 돌아가 몽골군의 유럽 원정의 단초가 되었다.

호레즘 왕자 잘랄웃딘은 인더스강을 건너 인도로 도망친 후 10년 동안 몽골군과 추격전을 벌이며 저항하다 터키에서 한 쿠르드족 농민에게 살해당하며 막을 내렸다.(1231)

시리아와 아나톨리아 셀주크튀르크가 지속된 십자군 원정군을 상대하고 있던 기간 몽골군이 쳐들어왔다. 호레즘 정벌 과정에서 튀르크인들의 강함을 경험한 몽골은 이란 원정에 몽골 전역에서 1/5군대를 차출히였다. 훌레구는 바그다드(1258)와 아나톨리아 반도를 정복하고 일한국을 세웠다. 일한국의 속국이 된 셀주크는 1308년 마지막 술탄이 죽은 후 일한국에서 더 이상 술탄을 지명하지 않아 막을 내렸다. 한편 이집트는 아이유브 왕조가 길러낸 튀르크계 맘루크 부대가 있었다.

구성원들은 대부분 킵차크 지역 튀르크인들로 몽골 원정군의 호레즘 원 **185**

정 후 귀로에 킵차크 지역까지 약탈할 때 포로로 잡혀 노예로 팔려나간 사람들이었다. 이집트의 살라흐는 장차 몽골의 침입에 대비하여, 이들을 사들여 맘루크 군대로 훈련시켰다. 아이유브 왕조의 살라흐가 죽자 정권을 잡은 튀르크계 맘루크 왕조(1250~1517)는 십자군의 마지막 거점인 아크레를 점령하면서(1291) 200년 전쟁을 종결시켰고, 몽골군의 이집트 침입을 저지시켰다.

십자군전쟁

십자군전쟁의 주요 지역인 시리아는 유럽과 이집트 및 팔레스타인 지방에서 동양으로 가는 길목에 위치하여 다마스쿠스(물의 신의 아내)와 엘레포 및 지중해안의 여러 도시들은 상업이 발달하였을 뿐만 아니라, 알렉산더와 이집트, 튀르크인과 몽골인 등 수 많은 정복자들이 거쳐간 곳이다.

비기독교인 사도 바울의 회심을 일으킨 다마스쿠스는 로마제국 시대 때 번창한 속주로 많은 그리스인들이 이주해 살고 있었다. 기독교가 공인된 이후 로마신전은 기독교 예배당으로 변신하였으며 비잔틴제국 전성기에 기독교가 크게 번창하였던 곳이다. 초기 기독교인들이 많이 살고 있던 시리아는 7세기 이슬람으로 대부분 개종하였지만, 현재도 약 10% 정도의 시리아 정교회 기독교인들이 남아있다. 십자군전쟁은 셀주크튀르크와 전쟁에서 밀린 비잔틴제국 황제가 서방 기독교 국가에 도움을 요청하면서 시작되었다. 1095년 11월 클레르몽 공의회에서 십자군원정이 결정되었다.(1096~1270)

약 200년간 8차에 걸친 십자군전쟁의 명분은 성지 예루살렘의 탈환과 순례자의 안전 보장이지만, 가톨릭과 정교회로 분열된(1054) 후 약화된 교황권의 강화가 목적이었다. 십자군원정에 참가한 영주, 기사, 농민들도 성지 탈환의 목적보다는 영토 확보나 이권을 기대하고 참가한 경우가 많았다. 이슬람 셀주크 왕조의 극심한 분열 시기 시작된 1차 십자군 원정은 콘스탄티노플을 출발하여, 룸셀주크의 수도 니케아를 공략하고 1098년 안티오크 점령에 이어 1099년 예루살렘까지 함락시켰다.

1차 십자군은 이슬람이 분열된 틈을 타 시리아의 지중해 연안에 에데사 백국(1098~1144), 안티오카아 공국(1098~1268), 트리폴리백국(1135~1289)이라는 3개의 소국과 예루살렘 왕 국을 건설하였다. 예루살렘을 점령한 십자군은 유대인들과 이슬람인을 학살하고 약탈하는 큰 오점을 남겼다. 십자군원정은 1차 원정(1095~1099) 이후 성공적인 원정을 이끌어 내지 못하며 장기간 원정을 반복하였는데, 이들을 막아낸 주역은 아랍인들이 아니라 튀르크족과 쿠르드족 이슬람이었다. 이슬람 반격의 시작은 50년 후 '하얀 매'로 불리는 쿠르드족 장기(재위 1127~1146)였다.

맘루크 출신 아버지로부터 태어난 장기는 셀주크 술탄으로부터 시리아와 북이라크의 권한을 인정받아 정통성을 확보한 후, 알레포를 근거지로 다마스쿠스 통치자와 대립하였다. 장기는 최초로 십자군이 세운 에네사백국을 공격하여 점령하였다.(1144) 장기의 사망(1146)후 십자군이 일시 에데사백국을 회복하였으나, 뒤를 이은 장기의 아들 누르앗딘에 의해 다시 점령딩했다.(1151) 누르앗딘의 에데사백국 탈환은 제2차 십자군(1147~1148) 출정의 빌미가 되었다.

2차 십자군 전쟁은 다마스쿠스 정복을 최종 목표로 출발하였는데, 이

187

때 알레포의 누르앗딘과 대립하고 있던 다마스쿠스 총독 우나르는 기독교 국인 예루살렘 왕국과 동맹을 맺고 있었다. 역으로 비잔틴제국은 이슬람 인 룸셀주크와 평화협정을 맺고 2차 십자군에 협조하지 않아, 신성로마제 국군 2만 명이 룸셀주크의 공격에 1만 8천명을 잃는 막대한 피해를 입은 후 프랑스의 루이 7세 십자군에 합류하였다. 이 사건으로 비잔틴제국은 적국인 이슬람과 내통한다는 반감을 받게 되었다. 프랑스의 루이 7세는 안티오키아 공국 레몽의 에데사 탈환 의견을 무시하고 예루살렘으로 곧 장 향하는 사이 누르앗딘(재위 1146~1174)은 안티오키아 공국을 공격하여 레몽의 목을 바그다드 술탄에게 보냈다.

루이 7세가 다마스쿠스를 공략하자 다마스쿠스 우나르가 이슬람권에 지원을 요청하였다. 2차 십자군 침략은 다마스쿠스와 적대관계에 있던 엘 레포의 누르앗딘과 모술의 튀르크 및 쿠르드인까지 다마스쿠스를 지원하 고 나서 이슬람을 단합시키는 결과를 가져왔다. 10만의 대병력으로 출발 했던 2차 십자군은 원정길의 기독교국가의 호응 없이 연패하였고 강력해 진 이슬람 군대를 상대할 수 없게 되자 각자 흩어져 귀국하였다.

2차 십자군을 막아낸 누르앗딘은 우나르가 사망하자 평화적으로 다마 스쿠스에 시민의 환호를 받으며 입성하였다.(1154) 누르앗딘은 이집트의 파티마 왕조가 예루살렘 왕국으로부터 공격을 받자, 시르쿠(살라딘의 삼촌) 을 보내 지원하도록 하였는데, 삼촌의 뒤를 이어 이집트 재상이 된 살라 딘(1169)은 파티마 왕조의 어린 칼리프가 병사하자 무혈로 이집트를 차지 하였다. 이집트를 차지한 살라딘은 누르앗딘의 예루살렘 공격(1171~1173) 에도 참가하지 않았고, 예루살렘을 완충지대로 두고 시리아 누르앗딘으 로 부터 독립하였다. 누르앗딘은 살라딘을 응징하기 위해 이집트로 원정을 준비 중에 열병으로 사망하였다.(1174) 살라딘은(이집트 아이유브 왕조) 누르앗딘의 미망인과 결혼하고 시리아 영토를 합병하였다.(1181) 예루살렘 왕국의 보두앵 4세(재위 1174~1185)는 주변의 이슬람과 원만한 관계를 유지하였으나 한센병으로 사망하자 새로 예루살렘 왕이 된 십자군 출신 기(Guy de Lusgnan 재위 1192~1194)가 이슬람을 공격하였다.

예루살렘 성

살라딘은 예루살렘을 탈환(1187년 9월 20일)하며 이슬람 세계의 지도자가 되었다. 살라딘은 무모하게 이슬람을 자극하여 전쟁을 일으킨 예루살렘 왕 기(Guy de Lusignan)를 하틴 전투(1187년 7월 4일)에서 생포하고 '왕은 왕을 죽이지 않는다'라는 유명한 말을 남겼다. 살라딘은 예루살렘인들의 석방금으로 이벨린의 영주 발리앙(Balian of Ibelin)의 사재(私財)와 병원기사단이 내놓은 배상금을 받는 대신, 1099년 십자군이 예루살렘 점령 시 저질렀던 끔찍한 살육과 약탈의 재발을 막아 예루살렘 성 안 사람들은 교회의 성물과 보물들까지 가지고 질서정연하게 빠져나갔다. 또한 살라딘은 기독교인들의 성지순례를 허용하고 성묘교회(예수님의 부활 성당 Church of the Holy Sepulchre)를 계속 기독교인들이 관리하는 것을 허용하였다. 영화 〈킹덤오브헤븐(Kingdom of Heaven, 2005)〉은 살라딘의 예루살렘 점령을 배경으로 제작되었으며, 종교적인 편향이 적어 큰 호응을 받

189

왔다.

3차 십자군 원정(1189~1192)은 '왕들의 십자군'이었으나 역시 살라딘에 완패했다. 예루살렘 함락 소식을 듣고 출정한 독일의 프리드리히 1세가 출전 중 소이시아에서 익사하였고, 영국의 리처드 1세는 프랑스 필립 2세가 불화로 프랑스 군대를 뒤돌리자 살라딘의 공격을 견디지 못하고 철수하였다. 예루살렘 탈환과 3차 십자군을 막아낸 살라딘은 1년 후 다마스쿠스에서 55세 나이로 병사하였는데, 영웅에게 남은 개인 재산은 장례를 치르지 못할 금액인 금화 1개, 은화 47개밖에 없었다. 4차 십자군(1202)은 3차 실패를 빌미로 출발한 '상인들의 전쟁'이었다.

이집트 맘루크 왕조(1250~1517)

몽골군 바투의 수부타이의 유럽원정(1237~1242) 때 포로가 된 킵차크 지역의 튀르크계 쿠만족들이 중동의 노예시장에 팔려 나왔다. 이집트의 아이유브 왕조의 살리흐(1201~1249, 살라딘의 손자)는 몽골의 강력함을 익히 알고 있었고 몽골군이 호레즘 왕국을 멸망시키고 이란 지역을 점령하자 이들의 침략에 대비하고 있었다. 쿠만족은 선천적인 궁술이 뛰어난 기마민족으로 몽골에 복수심을 가지고 있었는데, 살리흐가 이들을 사들여 맘루크 부대인 바흐리 친위대를 창설하고 그들과 숙식을 함께할 정도였다. 살리흐는 바흐리를 철저하게 몽골 전술로 훈련시켜 몽골 침입에 대비하였다.

그러나 먼저 온 것은 루이 9세가 이끄는 7차 십자군이었다.(1247~1254) 1249년 6월 십자군이 이집트 다미에타에 상륙하여 수도 카이로로 진격할 무렵 44세의 살리흐가 병사하자, 십자군을 막아낸 것은 22세의 바흐리 친위대장 바이바르스였다. 살리흐의 젊은 후계자는 계모와 결탁한 바흐리에게 암살되고 계모 사쟈르 알 두르가 80여 일간의 짧은 기간이지만 이슬람 역사상 처음으로 여성이 술탄의 자리에 올랐다.

계모 사쟈르 알 두르는 바흐리의 장로 아이바크와 결혼 후 술탄 자리를 자신의 6세의 친아들과 공동으로 넘겨주었다. 이때부터 10년 동안 몽골군이 침략할 때까지 이집트는 정치적 혼란기에 빠지게 되었다. 아이바크에게 밀려난 친위대장 바이바르스가 아이유브 왕조의 시리아로 망명한 사이, 이집트의 아이바크와 계모가 살해당하고 젊은 맘루크 쿠투즈가 이집트를 장악하였다. 몽골군이 쳐들어오자 이집트의 쿠투즈와 시리아로 망명했던 바이바르스가 연합하여 아인잘루트 전투에서 몽골군에게 대승을 거두었다.(1260)

몽골군을 물리친 후 바이바르스는 이집트 술탄 쿠투즈를 살해하고 이집트 술탄의 자리에 올랐다. 이집트의 맘루크 왕조 바이바르스는 몽골군에게 살해(1258)당한 바그다드 칼리프 일족을 받아들여 칼리프를 복원하여 정통성을 확보하였다. 이집트 카이로의 맘루크 왕조는 오스만제국에 의해 멸망(1517)될 때까지 270년 동안 칼리프가 있는 이슬람의 중심이 되었다.

베네치아에서 출발한 상인 십자군은 뱃삯을 지불하고 빈털터리가 되자 베네치아와 경쟁 관계인 자라(Zara)와 비잔틴제국의 콘스탄티노플을 약탈하는 촌극을 벌였다. 이에 화가 난 교황으로부터 십자군 전체가 파문당했으며 1212년에 출발한 소년십자군은 상인들에 속아 이집트 알렉산드리아에 노예로 팔려가는 황당한 일이 일어났다.

5차 십자군(1217~1221)은 교황이 적극 준비한 원정으로 이슬람들이 예루살렘의 성벽을 허물고 철수하자 이집트까지 진격하였으나 나일강이 범람하면서 대패하고 끝났다. 6차 십자군(1228~1229)은 신성로마제국 프리드리히 2세(재위 1215~1250)가 교황과 갈등을 피하기 위한 마지못한 출정

191

이었다. 프리드리히 2세는 5차 십자군에 군대 파견 약속을 지키지 않았고 적과 내통한다는 이유로 교황으로부터 파문을 당한 것을 포함, 세 번이나 교황으로부터 파문을 당하였다. 그는 '왕관을 쓴 최초의 근대인'이라고 불릴 만큼 현명한 군주였다.

이집트 아이유브 왕조의 알카밀(재위 1218~1238)와 친교를 맺고 있었으며, 예루살렘을 평화로운 성지로 만들 수 있다고 믿었다. 프리드리히 2세가 이끈 6차 십자군이 진격해 오자, 예루살렘을 지배하고 있던 알카밀(살라딘의 조카)은 시리아의 다른 형제들과 전쟁 중이었기 때문에 예루살렘의 2/3(성전산의 바위돔 제외)를 내주고 십자군과 평화협정을 맺었다.(1229) 교황과 서방 기독교인들은 완전한 성지탈환이 아니라고 프리드리히 2세를 비난하였고, 알카밀은 성지를 내주었다고 이슬람으로부터 비난을 받았다. 약 15년간의 기독교인들의 예루살렘 지배는 이때가 마지막이었다.

예루살렘은 아이유브가 고용한 옛 호레즘 군대의 공격을 받고 함락된 후, 20세기 이스라엘이 터를 잡기까지 이슬람의 지배를 받게 되었다.(1244) 예루살렘의 재함락은 7차 십자군(1248) 전쟁을 불러일으켰는데, 신앙심이 깊었던 프랑스의 루이 9세는 7차 십자군으로 출전했다가 이집트에서 포로가 되었다.(1250) 안티오키아 공국은 1260년 몽골군대가 쳐들어오자 협조하였다가, 이집트 맘루크인 바이바르스에게 함락되었다.(1268) 포로에서 석방된 후 8차 십자군원정(1270)을 출발한 루이 9세는 이집트의 후방인 튀니지에 상륙하여, 튀니지인을 기독교로 개종시켜 배후에서 이집트를 공격하려는 계획을 세웠으나 튀니지에서 병사하였다. 뒤늦게 따라온 9차 십자군(1271~1272)은 몽골 일한국의 지원을 받아 소규모 승리를 하였으나 바이바르스와 10년간 휴전을 맺고 철수하면서 십자군전쟁은 막을 내렸다.

십자군원정은 그 목적은 달성하지 못했지만, 원정 중 건설한 작은 기독교 공국들은 상당 기간 존재하면서 제노바와 베네치아 등과 지중해의 향신료 무역을 중개하면서 생존하였다.

마르코폴로는 이집트 바이바르스 생존 당시 십자군왕국인 아크레를 거쳐 일한국의 2대 군주 아바카의 보호를 받으며 원나라 쿠빌라이 황제를 찾아갔다. 십자군과 몽골군의 침략을 막아낸 이집트 맘루크 술탄 바이바르스는 마유주를 마시고 열병에 걸려 사망하여 다마스쿠스에 묻혔다.(1277) 뒤를 이은 부하 칼라운은 예루살렘이 없는 명목뿐인 예루살렘 왕국의 수도 아크레를 함락하여 십자군전쟁의 종지부를 찍었다.(1291)

200년(1095~1291)에 걸친 십자군원정은 성과 없이 끝났으며, 교황권이 실추되어 아비뇽유수(1309~1377)로 7명의 교황이 유배되고 세속권력인 왕권이 강화되는 계기가 되었다. 십자군원정 중 유럽은 이슬람 세계에 보존되어 있던 그리스·로마시대 문화들을 다시 접할 수 있게 되면서 유럽이 중세에서 탈출하는 계기가 되기도 하였다.

오스만튀르크

오스만튀르크(1299~1922)는 600년을 이어오며 이슬람제국의 최전성기와 쇠퇴기를 함께한 제국이다. 룸셀주크의 무장 출신 오스만 1세는 몽골의 침입(1243)으로 룸셀주크가 약해지자 지역 토후로 자리 잡았다. 4차 십자군(1202~1204)이 엉뚱하게 비잔틴제국을 공격하여 새 황제를 세우고 57년간(1204~1261) 점령하였는데, 단절된 비잔틴을 재건하느라 소아시아를

193

소홀한 사이 앙카라 지역에 오스만국을 세웠다.(1299) 오스만 1세가 기독교와 성전을 내세우고 비잔틴과 전쟁을 선포하자 몽골의 공격을 피해 아나톨리아 반도로 이주하였던 많은 튀르크인들과 이슬람인들이 오스만국으로 모여들었다.

오스만은 바페우스 전투(1302)에 이어 펠리카논 전투(1329)에서 비잔틴군과 싸워 아나톨리아 반도 대부분을 차지하였다. 3대 군주 무라트 1세(재위 1362~1389)는 전쟁포로나 비이슬람인, 발칸반도의 기독교 소년들을 이슬람으로 개종시켜 예니체리(Yanissary) 친위대를 만들었다.(1364) 예니체리는 알라와 황제 외에는 누구에게도 복종하지 않는 막강한 전투력으로 기병 시파이(Sipai)와 함께 오스만제국의 양대 무력 기반이 되었으나, 점차 황제를 암살할 정도로 타락하다 해체되었다.

오스만은 1차 코소보 전투에서 세르비아 병사에게 오스만 황제가 암살당하는 치열한 공방 끝에 발칸반도와 불가리아까지 정복하여, 비잔틴제국을 테시도우스 성벽으로 보호받는 콘스탄티노플만 남게 하였다.(1389) 오스만의 발칸반도 진출은 제1차 세계대전과 20세기 발칸반도가 세계의 화약고가 되는 비극의 단초가 되었다.(실크로드의 종교 참고)

오스만튀르크는 티무르 왕조의 공격을 받은 앙카라 전투(1402)에서 패하여 바예지드 1세 황제가 포로로 잡혀 옥사하며 10년의 내전을 겪기도 하였다.(1403~1413) 안정을 되찾은 오스만제국은 2차 코소보 전투에서 폴란드·헝가리 연합군을 상대로 헝가리 국왕이 전사하는 승리를 거두며 발칸반도 지배권을 확보하였다.(1448) 7대 술탄에 오른 마호메트 2세는 콘스탄티노플을 공략, 비잔틴 황제가 전사하는 승리를 거두며 천 년 제국 비잔틴을 멸망시켰다.(1453년 5월 29일) 동방에서 이슬람의 유럽 확장을 수세

소피아 대성당

기 동안 저지했던 비잔틴제국의 콘스탄티노플은 오스만의 수도 이스탄불이 되었고 소피아 성당은 4개의 첨탑이 세워져 이슬람 사원으로 개축되었다.

15세기 말 오스만제국이 육지에서 세력을 확장했다면, 서방 세계는 바다로 나가기 시작하였다. 레콘키스타 운동으로 이베리아반도를 차지하고 있던 이슬람을 몰아내며 지중해를 벗어나 새로운 항로를 찾아 나설 수 있게 된 것이다. 대항해시대가 열린 것이다.

오스만제국이 이란의 사파비 왕조를 점령하고(1514) 시리아와 팔레스타인을 정복한 후 이집트 맘루크 왕조까지 정복하자(1517), 메카의 샤프리(수호자)는 그동안 이집트 왕조가 가졌던 '두 개성지(메카와 메디나)의 수호자' 칭호를 오스만 황제에게 주었다. 오스만은 베네치아의 키프로스 섬까

195

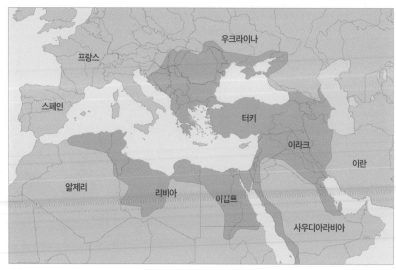

오스만 최대 영토

지 점령하여(1566) 지중해의 최강자로 군림하였으나 아랍 세계를 세금 징수 대상으로밖에 여기지 않아 중동과 아프리카의 아랍권은 발전을 이루지 못했으며, 그 사이 서유럽은 급격하게 성장하고 있었다.

오스만의 10대 황제 술레이만 1세(재위 1520~1566)는 46년간 재위하면서 13차례 대외원정을 하며 제국의 최전성기를 이끌었다. 오스만은 유럽의 중심부인 유럽의 신성로마제국 합스부르크 왕가의 수도 빈까지 공략하였으나 실패하였다.(1529)

오스만 제국의 함대는 지중해 해상권을 놓고 신성로마제국의 합스부르크 왕국, 베네치아, 스페인의 연합 함대와 그리스의 레판토에서 결전을 벌였으나 오스만군 총사령관이 전사하며 대패하였다.(1571) 이 전투에서 스페인 해군은 무적함대라는 칭호를 얻었다. 이 해전은 근대 서양 해양 세력이 동양의 대륙 세력을 앞서나가는 단면이라 할 수 있다.

유럽의 연합함대 212척에 비해 오스만 해군은 278척으로 오스만 해군이 수적으로 앞서 있었으나, 연합함대는 1,815문의 대포로 무장하여 750문의 오스만 해군보다 화력 우위에 있었다. 또한 갤리선 건조 기술도 뒤져 오스만 전함은 충돌 시 쉽게 파손되었다. 오스만제국은 해상 전력은 약화되었으나 막강한 육상 전력을 동원하여 1차 빈 침공 후 150년 만에 다시 신성로마제국 수도 빈을 2차 공략하였지만 실패하였다.(1683) 이후 오스만제국은 신성로마제국과 러시아의 남하로 인한 분쟁 속에서 점차 세력이 약화되었다. 18세기 유럽은 영국, 프랑스, 러시아가 강대국으로 부상하였다. 오스만제국은 유럽식 제도로 튤립 개혁(1718)과 부패한 예니체리 개혁(1807)을 시도하며 부흥을 노렸으나 황제가 폐위되는 등의 저항에 막혀 개혁이 무위로 돌아갔다. 20세기 오스만제국은 발칸전쟁(1912)과 제1차 세계대전에서 모두 패하고, 그리스의 침공(1921)을 받아 수도 이스탄불까지 함락당하였다.

터키 건국의 아버지 무스타파 케말(Mustafa Kemal)이 그리스군을 물리치고(1922년 8월 20일 국경일) 허수아비 36대 황제를 폐위시켰다. 1923년 수도 앙카라에서 터키공화국이 정식 선포되었으며 무스타파 케말이 초대 대통령에 올랐다.

08 몽골제국과 그 후예

몽골족

9세기 돌궐족과 위구르가 서천 후 대흥 안령 부근의 여러 실위(室韋)족 집단이 몽골 초원으로 이주하여 정착하였다. 이들 중에는 흑룡강 상류 지방에서 11세기경 이주한 몽골실위도 있었다. 몽골 초원의 중앙에는 케레이트 부족이 자리 잡았으며, 서쪽 알타이산 부근에는 나이만이, 북서 바이칼호 남쪽에는 메르키트족, 동남부는 타타르족, 동북 끝 산림지역에는 오이라트가 자리 잡았으며, 몽골족은 오이라트와 타타르 사이 북동쪽의 삼하(三河 톨라, 오논, 케룰렌 강이 발원하는 부르칸할툰(Burkhan Khaldun) 지역에 정착하였다. 이들은 이미 초원의 거대 국가로 성장한 거란과 이후 등장한 여진의 금나라로부터 공격을 받았으며 부족 간 생존을 위한 분쟁이 끊이지 않았다.

1162년 오논 강 인근 지역에서 칭기즈칸이 태어났다. 어머니 호엘륜은

칭기즈칸

메르키트족 추장 집안에 시집가던 중 아버지 에수게이에게 납치된 여자였으며, 칭기즈칸의 이름은 에수게이가 죽인 타타르족의 용감한 적장 이름을 따 테무진이라 하였다.

테무진이 어린 시절, 에수게이가 타타르족에 독살당한 후 가족은 부족민들에게 버림받고 궁핍하게 살았다. 이 시기 테무진이 이복형인 벡테르를 살해한 사건이 발생하였다. 벡테르가 배가 고파 시냥감을 훔친 것에 대한 응징이라고 알려져 있으나, 이복형제가 가업을 잇는 것을 방지하기 위한 행동이었을 것으로 추측된다. 천신만고 끝에 살아남은 테무진은 옹기라트

199

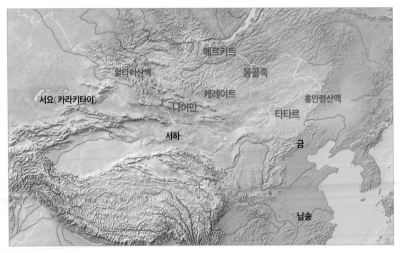

몽골의 주요 5부족

부족의 베르테와 결혼하였는데, 메르키트족에 시집가는 호엘룬을 빼앗긴 원한이 있는 메르키트족이 습격하여 아내와 가족들을 포로로 잡아갔다. 1년 후 아버지의 의형제인 케레이트 부족의 왕칸과 안다(의형제)인 자무카의 도움으로 다시 가족을 찾았으나 베르테가 돌아와 9개월 만에 출산하여 첫 아들의 친자 문제가 남게 되었다. 훗날 큰아들 조치(나그네)는 출생 문제로 후계계승을 하지 못하였고 둘째인 차가타이가 조치의 친자문제를 거론하여 적대관계가 되자, 대칸은 성격이 원만한 셋째 오고타이로 계승되었다.

1206년 케레이트족과 자무카를 무너뜨리고 전 몽골고원을 통일한 테무진은 쿠릴타이에서 칭기즈칸으로 추대되었다. 칭기즈칸은 몽골문자를 만들고 유목민의 법전(야샤)을 성문화하였다. 몽골군은 10진법을 적용 십호, 백호, 천호, 만호장으로 구성하여 95개의 천호장과 족장들의 자제로 구성한 1만 명의 친위대 케식(Kesshig)으로 막강하였다.

원정의 시작

몽골 초원을 통일한 칭기즈칸이 큰아들 조치로 하여금 삼림족(森林族)인 오이라트를 토벌하고(1207), 탕구트족의 서하를 공격하여 복속시키자 타림분지의 위구르 왕국이 자발적으로 복속하였다.(1209) 이듬해 금나라가 사절단을 보내 새로운 황제의 등극을 알리며 복종할 것을 요구하자, 칭기즈칸은 쿠릴타이를 소집하여 금나라 정벌을 단행하였다. 몽골군은 금나라 중도(북경)를 포위하고 항복을 받았는데 금나라가 개봉으로 수도를 옮겨 저항의지를 보이자 재차 침공하여 화북 일대를 유린하였다.(1211~1215)

칭기즈칸의 몽골 통일 때, 나이만족의 족장 타양칸의 아들 쿠츨루크는 서요(카라키타이)로 망명하여(1208) 사위가 되었는데, 얼마 후 쿠데타를 일으켜 서요(카라키타이)를 장악하였다.(1211) 나이만족은 네스토리우스파 기독교를 믿고 있어 서요를 장악한 후 이슬람 종교를 탄압하자, 서요인들이 몽골에 도움을 요청하였다. 칭기즈칸은 즉시 군대를 파견하여 서요의 쿠츨루크를 참수하였다.(1218) 이로써 몽골제국은 국경을 맞댄 나라들을 모두 정리하고 서역으로 가는 무역로를 장악하게 되었다. 금나라와 서하, 위구르 및 카라키타이를 복속시켜 물자가 풍부해지자 몽골제국은 넘쳐나는 물품을 서방과 교역하고자 하였다.

칭기즈칸은 서방으로 가는 길목을 장악한 호레즘 왕국에 450명의 무역 사절단을 파견하였다.(1218) 그런데 호레즘 왕국이 무역사절단을 몽골군의 염탐으로 판단하고 살해했을 뿐만 아니라 몽골이 보낸 힐책 사신까지 살해하자, 칭기즈칸은 네 아들과 9만 군대를 동원하여 호레즘을 공격

201

하였다.(1219) 본격적인 대외원정이 시작된 것이다.

2천km가 넘는 원정 거리와 사막을 건너기 쉽지 않다고 판단한 호레즘 왕은 항전을 준비하였다. 무엇보다 자신에게는 40만의 강력한 군대가 있고, 노시는 튼튼한 성벽으로 방어하고 있었기 때문이었다. 그러나 몽골 원정군은 예상보다 한 달이나 앞서 도착하였고 여러 도시가 일시에 공격을 받게 되자 힘겹게 방어하던 보람도 없이 부하라, 사마르칸트, 우르겐치, 아프가니스탄 헤라트, 바미얀 등이 차례로 함락당하고 무함비드 2세는 도망치다 카스피 해 부근에서 사망하였다. 그러나 왕자인 잘랄웃딘(재위 1220~1231)은 부왕의 사망 이후에도 몽골군에 맞서 싸웠는데, 몽골의 추격을 받는 그 와중에도 다마스쿠스의 칼리프와 룸술탄국 등과 전투를 벌였으며 아프가니스탄, 파키스탄, 인도, 이란, 카스피 해를 넘어 아제르비잔과 전투를 벌였다. 지구의 1/4의 거리를 떠돌며 몽골 추격에 저항하던 잘랄웃딘은 아나톨리아의 디야르바키르(Diyarbakır)에서 쿠르드족에게 살해당하였다. 잘랄웃딘이 추격을 피해 용감하게 인더스강에 뛰어든 모습을 본 칭기즈칸은 '아버지라면 마땅히 저런 자식을 두어야 한다'고 칭찬한 일화가 전해진다.

호레즘 원정이 어느 정도 성공을 거둔 후 칭기즈칸은 몽골로 귀환하면서, 이왕 나선 길에 전리품을 더 챙겨 가겠다는 수부타이와 제베의 킵차크 원정을 승인하였다.(1225) 수부타이 군대는 카스피 해를 지나 구르지아, 킵차크 지역, 러시아공국 등을 약탈하고 몽골로 귀환하였다. 이는 역사상 가장 장거리 기마원정으로, 훗날 유럽원정의 서곡이었다.

몽골로 귀환한 칭기즈칸은 호레즘 원정 때 군대 파견을 거절한 속국 서하의 징벌에 착수했다.(1226) 그러나 칭기즈칸은 서하원정 중 낙마한 후유

호레즘 왕국

증으로 영하회족자치구 청수현淸水縣 부근에서 사망하였다.(1227) 서하는
칭기즈칸의 유언에 따라 철저하게 파괴되었다. 칭기즈칸 사망 2년 후, 장
남 주치의 혈통문제를 거론한 둘째 차가타이로 인한 다툼으로 셋째인 오
고타이(재위 1229~1241)가 대칸을 이어받았다.

오고타이는 남송과 연합하여 금나라를 멸망시켰다.(1234) 이어 오고타
이의 3남 쿠추를 보내 남송으로 원정하였으나 쿠추가 급사하며 철수하였
는데 군사력이 약한 것으로 알려진 남송(1127~1279)은 의외로 끝까지 항
전하여 약 70년을 버텨냈다. 오고타이는 쿠릴타이를 열어 서방원정을 결
정하고 주치의 2남 바투를 총사령관으로 임명하였다.(1235) 칭기즈칸 때의
대외원정은 응징과 국경 다지기 성격이었다면, 이후 원정은 침략과 영지
획득이 목적이었다. 남송 정벌과 남해로 진출파병 중에 유럽원정과 중동
으로 진출은 몽골제국이 전 세계와 전쟁을 벌이는 대단한 원정이었다.

킵차크한국

몽골군이 서방원정을 시작할 때 러시아는 여러 공국으로 나눠진 상태였으며, 유럽은 교황과 신성로마제국의 황제 프리드리히 2세(재위 1215~1250)의 알력으로 황제가 파문을 당하고 6차 십자군원정(1228~1229) 이후 출전이 어려운 시기였다. 몽골 초원을 출발한(1236) 몽골군은 먼저 모스크바를 점령하고 남하하여 현 우크라이나의 키예프공국을 힘릭한 (1240) 후, 군대를 둘로 나눠 바투와 수부타이는 헝가리 방면으로, 카이두는 폴란드와 독일 방향으로 진격하였다.

몽골군의 습격을 받아 많은 키예프 킵차크인들이 포로가 되어 노예시장에 팔려나가게 되었는데 이들이 훗날 이집트의 맘루크(노예) 병사들로 몽골군과 맞서 싸우게 되었다. 몽골군을 피해 헝가리로 피신한 키예프의 킵차크인들을 헝가리에서는 기독교로 개종하고 몽골의 침입 시 맞서 싸운다는 조건으로 받아들였다. 바투가 이들 킵차크인을 돌려줄 것을 요구했으나 거절당하자 헝가리를 공략하였다.

몽골군은 모히 전투(Muhi, 1241년 4월 11일)에서 헝가리 중장기병을 격파한 후 헝가리국토의 80%를 초토화했으며, 이때 수도가 파괴되어 부다페스트로 이전하게 되었다. 헝가리 공격 전 배후를 정리하기 위해 폴란드 방면으로 진출한 몽골 카이두군은 레그니차 전투(Legnica 1241년 4월 9일)에서 폴란드 기사단과 독일 기사단(튜턴 기사단) 연합군의 총대장 실레지아공국 하인리히 왕을 사살하는 승리를 거둔 후 헝가리 본대에 합류하였다.

유럽의 왕들은 몽골군이 누구인지, 왜 왔는지 이유를 잘 알지 못했다. 또한 약탈하던 몽골군의 갑작스런 철수 이유도 알 수 없었다. 십자군전

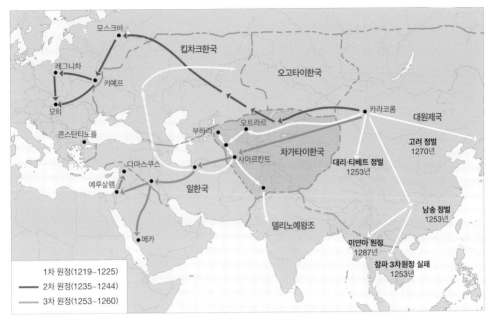

몽골군 원정로

쟁 중 빼앗긴 성물을 찾으러 왔거나 고향으로 돌아가지 못한 유대인의 후손들이 아닌지도 생각했다고 한다. 그만큼 몽골에 대한 정보가 없던 반면 몽골군은 먼저 척후를 멀리 보내 적의 동향을 살폈고 교황과 프리드리히 2세가 다투고 있다는 것과 헝가리로 지원을 오고 있는 보헤미아군 5만 병력이 있다는 것을 미리 파악하여 지원군이 합류하기 전에 공격하여 승리하였다. 원정 중인 바투의 진영에 대칸 오고타이의 사망 소식이 전해진 것은 1242년이다. 싸울 때는 같은 편이었으나 새로운 대칸의 추대는 각 부족 간의 이해가 엇갈리는 문제로 통솔력이 분열되자 몽골군은 퇴각하였다. 수부타이, 구유크, 몽케 등 원정군은 군대를 철수하여 급히 몽골로 귀환히였다. 그러나 바투(재위 1242~1256)는 아버지 주치(1자)의 출생문제로 대칸에 오를 수 없었고 차가타이(2자) 가문에서 오고타이(3자)계인 구유크를 지지하자, 몽골 본토로 돌아가지 않고 점령지 볼가 강 하류를 중심

205

으로 광대한 조치울루스(킵차크한국)를 세웠다.

바투의 병사(1256) 이후 재위에 오른 동생 베르케는 재위 기간 (1257~1266)중 이슬람으로 개종하여 몽골왕조 중 킵차크한국이 가장 먼저 이슬람화 되었다. 킵치그힌 국은 1480년까지 존속하며 러시아를 속국으로 삼았다. 12대 군주 백장칸국 톡타미쉬(재위 1377~1395)는 내분을 틈타 조공을 거부하는 모스크바 공국을 완전히 파괴하여 약 1세기 동안 지역 최강국으로 군림하였다.(1382년 8월)

러시아가 유럽과는 구별되는 문화권 형성은 몽골군에 의한 킵차크한국 지배 기간 동안 유럽과 분리된 영향이 그중 하나다. 킵차크한국은 차가타이한국을 무너뜨린 티무르 제국의 침략(1395)을 받아 대패한 후 세력이 약해지며 아미르(Emir)들에 의해 분할되었다. 모스크바공국(1283~1547)의 이반 3세는 주변의 소공국들을 병합하고 킵차크한국에서 독립하였다.(1480)

이반 3세는 비잔틴제국이 오스만튀르크에게 멸망당하자(1453) 비잔틴제국의 문물과 그리스정교회를 받아들여 모스크바공국을 로마와 비잔틴제국에 이어 제3로마로 칭하고 서구문명권에 편입하고자 하였다. 발트해 연안에 위치한 상페테스부르크(러시아의 수도 1713~1918)는 러시아의 발트해 진출과 서구 문명권에 편입하기 위한 표트르 1세 (재위 1682~1725)의 노력으로 세워졌다. 15세기 말 유럽이 대항해시대를 열어갈 때, 모스크바대공국의 이반 4세(재위 1547~1584)는 강력한 오스만제국에 막혀 지중해로 남하가 불가하고 발트해로 진출이 지연되자, 동쪽으로 우랄산맥을 넘어 몽골계 시비르칸국의 수도를 점령(1582)하며 아시아로 진출하였다.

잔존해 있던 몽골계 아스트라칸국(1556), 카잔칸국(1550), 시비르칸국(1598) 등이 각각 멸망하였으며 마지막으로 크림칸국(1783)이 모스크바공국에 의해 문을 닫으며 몽골 지배의 흔적이 지워졌다. 몽골의 멸망은 러시아가 유라시아 대륙을 차지하게 된 계기가 되었으며, 러시아가 시비르칸국을 점령하면서 우랄산맥 동쪽의 지명이 시베리아가 되었다.

쿠빌라이의 대원

몽골 본토에서는 오고타이(3남)가 사망한 5년 후에 오고타이의 장남 구유크(재위1246~1248)가 즉위했으나 2년 만에 사망하였다. 가문의 연장자가 된 바투(장남 주치의 2남)는 사이가 좋지 않은 2남 차가타이계와 구유크의 왕권 강화정책으로 신임을 잃은 3남 오고타이계 대신, 칭기즈칸의 4남 툴로이의 장남 뭉케(재위 1251~1259)를 지지하여 4대 대칸으로 추대하였다. 이후 대칸의 지위는 4남 툴로이계로 이어졌다.

뭉케는 북중국 총독 쿠빌라이를 사천 지방으로 출전시켜 8세기 이후 존재했던 운남 지방의 태국계 대리국을 복속(1253)시켰으며, 티베트로 진군하여 몽골의 종주권을 받아들이게 하였다. 이어서 쿠빌라이는 남송 정벌(1257)을, 셋째동생 홀레구에게는 이란 방면 원정을 명령하였다. 대칸 뭉케는 남송 정벌이 지연되자 직접 출선하였나가 몽골 군영에 퍼진 전염병으로 사망하고 말았다.(1259) 뭉케의 첫째 동생 쿠빌라이는 부족장 회의인 쿠릴타이를 개최하여 5대 대칸에 올랐다.(1260) 그러자 넷째인 아크리부케가 반기를 들고 별도의 쿠릴타이를 소집하고 대칸을 선언하였다. 황제의 지위를 놓고 양 진영 간의 싸움은 아그리부케가 4년 만에 투항하면서 종결되었다.(1264)

내전을 종식시킨 쿠빌라이는 영토를 다스리기 위하여 중국식 중앙집권 체계를 갖추었으며 초원과 농경지를 모두 관할할 수 있는 대도(북경)로 수도를 이전(1266)한 후 국호를 대원(大元, 1271)으로 하였다. 쿠빌라이는 정복사업을 이어가 1270년 고려를 속국으로 만들었으며, 2차에 걸친 일본 정벌을 단행하였다. 1차 원정(1274)은 대마도에 상륙하였으나 격퇴 당하였고 2차 원정(1281)은 태풍(神風, Kamikaze)로 실패하였다.

1276년 남송의 끈질긴 저항을 격파하고 남송의 수도 항주를 점령하여 처음으로 전 중국을 점령한 북방민족이 되었다. 1287년에는 미얀마를 점령하고 안남과 참파(남베트남), 크메르 제국까지 원정을 단행하였다. 쿠빌라이는 점령지인 중국이 고래로부터 농업국가라는 점에서 농업 진흥 정책으로 중앙행정기구로 대사농사(大司農司)를 설치하고 농서인 《농상집요(農桑輯要)》를 편찬하였다. 쿠빌라이의 한화정책은 몽골 유목민의 정체성을 주장하는 다른 황금씨족의 반발을 불러와 내전의 빌미가 되기도 하였다. 쿠빌라이는 역대 왕조와 달리 모든 종교에 대해 관대한 정책을 취하였는데 그중 불교를 가장 우선시 하였다. 선정원(宣政院)이라는 종교 전담 관청의 최고책임자로 티베트 고승 파스파(八思巴)라마를 두고 광대한 티베트 지역의 통치를 쉽게 할 수 있었으며, 파스파문자를 만들게 하여 원나라의 공식 문자로 채택하였다.

일한국

한편 훌레구(4남 툴루이의 3남)는 뭉케칸의 명령에 따라 몽골제국이 보유한 병력의 1/5을 차출하여 이란 원정에 나섰다.(1253년 출발) 훌레구가 부여받은 임무는 암살자단으로 맹위를 떨치던 북이란 지역의 이스마일파와 아바스 왕조의 본영인 바그다드를 점령하고 최종적으로 이집트를 접수하는 것이었다. 이란 총독 훌라구는 1256년 1월 아무다리야 강을 건너 중앙아시아로 진군하였다.

이 원정은 다소 다양하게 얽힌 양상을 보였는데, 이미 몽골군의 호레즘 왕국의 점령과 유럽 원정으로 이집트의 이슬람은 곧 몽골군이 쳐들어 올 것이란 예측이 가능한 상황이었다. 이집트 아이유브 왕조의 살리흐(1201~1249, 살라딘의 손자) 술탄은 몽골군의 침략에 대비하여 쿠만족으로 구성된 바흐리 맘루크 병사를 육성하고 하였다. 바흐리들은 노예시장에 팔려나온 킵차크 튀르크인들로 몽골군의 서방원정 때 유린당한 유민들이었다.

이집트 침공은 몽골군보다 7차 십자군이 먼저였다. 앞서 언급한 신성로마제국의 프리드리히 2세는 파문을 풀기 위해 6차 십자군원정에 올라, 이집트 알카밀과 타협 끝에 예루살렘을 무혈로 되찾았는데(1229), 몽골군에게 멸망당한 후 이집트로 망명한 호레즘 군대가 재점령하였다.(1244) 프랑스의 성왕(聖王, Saint Louis) 루이 9세는 빼앗긴 예루살렘을 되찾기 위해 7차 십자군원정(1248~1254)을 떠났다. 루이 9세는 원정 중 이집트에서 포로로 잡혀 거액의 몸값을 지불하고 풀려난 후, 이집트를 공격할 동맹을 맺기 위해 프란체스코회 수도사를 몽골의 구유크칸(3남계 3대칸)에게 사절로 보냈다.(1248)

루이 9세가 출정하여 키프로스 섬에서 주둔하고 있을 때 이란 방면에 주둔하고 있는 몽골군 총사령관 일치카타이(네스토리우스파 기독교인)가 보

낸 사신이 성지 탈환을 위해 같이 싸우자는 제안을 했기 때문이었다. 그
러나 몽골의 의중을 확인하기 위한 사신단이 몽골의 수도 카라코롬에 도
착했을 때는 구유크는 사망하였고 황제는 공석이었다.

3년 후, 킵차크한국 바투의 지원을 받은 둘루이가문(4남)의 뭉케가 황
제에 오르자(1251) 루이9세는 다시 선교사를 카라코롬에 파견하여 예
루살렘 회복을 요청하였으나 동맹의 승낙을 받지 못하였다. 일치카타이
가 정적인 3남계 구유크의 장군이었을뿐만 아니라 대몽골제국과 국격
이 맞지 않다고 판단했기 때문이었다. 이란 총독으로 임명된 홀레구의
몽골군이 아무다리야 강을 건넜을 때(1256), 이집트의 아이유부 살리흐
(1201~1249)는 이미 병사하였고, 신흥 이집트 맘루크 왕조(노예왕조)와 싸
우다 패한 루이 9세가 원정지에 머물다(1249~1254) 철수한 이후였다.

몽골군이 암살자던 이스마엘파를 소탕하는 네 3년이 소요되었고, 이슬
람의 중심지 바그다드를 점령하는(1258) 데 시간이 걸려 루이 9세와 홀레
구는 만나지 못했다. 바그다드 점령 시 홀레구는 네스토리우스파 기독교
인 아내의 요청을 받아들여 기독교인들의 재산은 약탈하지 않았다. 이후
몽골군이 지중해 연안을 따라 이집트로 진군하는 길은 기독교 소왕국들
의 협조를 받았다. 뭉케의 후궁 중에도 네스토리우스파 기독교(경교도)인
이 있었으며, 선발대사령관 키트부카 역시 경교도였다. 무슬림보다 훨씬
오래전부터 살고 있었던 네스토리우스파, 아르메니아파, 아곱파 등 지중해
연안의 토착 기독교인들에게는 몽골군은 해방군이었다.

몽골군이 바그다드를 점령하고 시리아 원정 중 본국에서 대칸 뭉케의
사망 소식이 전해진 것은 1259년 8월이었다. 홀레구는 키드부카에게 2만
의 병사를 주어 계속해서 시리아와 이집트 진격을 명령하고 자신은 급히

본진을 이끌고 회군하였다. 그러나 아제르바잔 쿠트즈에 이르렀을 때 이미 쿠빌라이가 대칸으로 추대되었다는 소식을 들은 훌레구는 본국으로 가는 것을 포기하고 점령지에서 일한국을 세웠다.(1260~1334)

키드부카는 아르메니아, 안티오키아 공국, 트리폴리백국 군대의 길 안내를 받으며 에데사, 알레포를 차례로 공략하고 시리아 다마스쿠스를 점령하였다.(1260년 3월) 이집트에서는 쿠데타로 아이유브 왕조를 무너뜨린 바흐리 친위대가 맘루크 왕조를 열고 시리아의 아이유브 군주와 대립하고 있었는데, 몽골군의 시리아 침략은 이집트 맘루크 왕조 대신 몽골군이 시리아를 멸망시켜준 셈이었다. 그런데 몽골군을 야만으로 취급하는 일부 기독교 프랑크군이 선발대장 키트부가의 조카가 이끄는 몽골 소부대를 습격하여 살해하는 일이 벌어졌다. 이에 분노한 키트부카가 응징에 나서자 위기를 느낀 기독교 소왕국 프랑크인들은 이집트에 도움을 요청하였을 뿐만 아니라, 몽골군의 길잡이 하던 때와 반대로 이집트군의 영내를 통과에 협조하였다.

프랑크 영내를 통과하여 나사렛을 지나 시리아의 다마스쿠스로 진군하던 이집트군은 나사렛 남쪽 10km에 있는 아인잘루트에서 몽골군과 마주쳤다. 이집트의 맘루크술탄 쿠트즈와 시리아로 망명했던 바흐리 친위대장 바이바르스가 이끄는 연합 맘루크 기병은 키드부카몽골군과 아인잘루트에서 일전을 벌였다.(1260년 9월 3일)

맘루크 부대는 철저히 몽골의 침입에 대비하여 준비된 군대였다. 아인잘루트 전투에서 맘루크 부대는 몽골군이 구사한 거짓 후퇴 전술인 망구다이 전술을 구사하여 몽골군을 유인하였다. 거짓 후퇴로 몽골군을 깊숙이 끌어들인 맘루크군은 대포를 발사했다. 큰 폭발음에 몽골군마들이 놀

211

란 틈을 타, 매복해있던 바이바르스 기병대가 기습하여 대승을 거두었다. 이때 맘루크군과 몽골군은 거의 같은 숫자인 각각 2만으로, 패전을 모르던 몽골군에게 완패를 안겨주었다. 키드부카는 생포되어 바이바르스 앞에 끌려왔다. "무수한 나라를 빌망시키더니 마침내 우리의 덫에 걸려 들었군." 바이바르스는 키드부카를 처형 후 다마스쿠스로 진군하였다.

패전을 거듭하던 몽골군은 유프라테스강 너머로 후퇴하였고 바이바르스는 시리아 영토를 회복하였다. 시리아를 회복한 바이바르스는 곧 쿠데타를 일으켜 이집트 군주 쿠트즈를 살해하고 새로운 맘루크 술탄에 올랐다. 바이바르스는 이집트 카이로와 다마스쿠스를 잇는 700km 거리에 단 4일 만에 정보를 전달하는 역참을 설치하여 몽골군의 역습에 대비하였다. 또한 훌레구가 살해한 바그다드의 칼리프 일족의 망명을 받아들여 카이로에서 3년 만에 칼리프를 부활시켜 정통성을 확보하였다. 이로써 1517년 오스만튀르크가 이집트 맘루크 왕조를 무너뜨릴 때까지 270년 동안 이슬람의 중심지는 이집트가 되었다.

키브가트의 패전소식을 들은 훌레구는 즉시 반격을 준비하였으나, 각 왕가에서 파견된 군대는 대칸의 사망 소식을 듣고 귀국길에 오른 상황이라 대규모 군대를 동원할 수 없었다. 시리아로 재차 침공한 몽골군은 이집트의 바이바르스와 38번의 전투를 벌였으나 끝내 시리아와 이집트로 진출하지 못하고 이란 지역에 머물렀다. 훌레구는 이란의 수니파인 아바스 칼리프를 제거한 후 소수파인 시아파의 협조를 받아 일한국을 통치해 현재 이란이 시아파가 다수파가 되었다. 또한 일한국의 수도가 이란의 서북부 아르메니아와 가까운 타브리즈(tabriz)에 위치하고 있어, 아랍어 대신 옛 호레즘 왕국의 언어인 페르시아어를 사용해 이란이 여타 아랍국과는 다르게 페르시아어를 사용하는 계기가 되었다.

일한국은 총9명의 칸이 등극하였는데 그중 7대 가잔(Ghazan 재위 1295~1304)은 일한국의 국교를 이슬람으로 정하여 피지배계층의 충성심을 끌어냈다. 형을 이은 8대 울제이투는 문화 진흥 정책을 실시, 당대 최고의 학자와 문인들을 배출하며 일한국의 최전성기를 맞이하였다. 9대 아브사이드(재위 1317~1335) 역시 일한국의 전성기를 이끌어 갔으나 부인에게 독살당하여 적통이 끊기면서 내부 분열로 일한국은 막을 내렸다.

역사에는 가정이 없으나, 만약 이집트의 맘루크 왕조가 몽골군의 북아프리카 진출을 막아내지 못했다면, 고대 로마 때부터 제국에 식량을 공급했던 풍요로운 나일강 하구의 곡창지대 및 향신료 무역의 주요항인 알렉산드리아를 비롯해 지중해 제해권을 확보하여 국제무역을 장악한 거대 제국이 탄생했을 것이다.

차가타이한국

훌레구의 일한국 건설 이후 몽골 본가인 원나라는 서방 원정은 멈추고 아직 정벌하지 못한 중국 대륙의 남쪽 대리와 티베트, 남송과 동남아 원정에 치중하였다. 칭기즈칸 각 가문의 한국은 국경이 맞대어지자 분쟁이 발생하였다. 몽골한국 중 제일 먼저 이슬람을 받아들인 킵차크한국은 이집트와 우호관계를 유지히며 훌레구 일한국의 대외확장에 맞서 국경분쟁을 이어갔고, 일한국은 동쪽의 차가타이와 이집트 맘루크 등 주변국 모두와 긴장 관계를 형성하게 되었다.

213

마르코 폴로의 아버지 니콜로 폴로는 1254년 베네치아를 출발하여 콘스탄티노플, 킵차크한국과 부하라를 거쳐 원나라의 쿠빌라이 칸을 만난 후 15년의 긴 여행 끝에 베네치아로 돌아왔는데(1269), 니콜로 폴로의 여행이 길어진 이유는 당시 일한국과 킵차크한국 전쟁으로 귀국길이 막혀 원나라 본토까지 가게 되었기 때문이었다.

마르코 폴로가 동방여행(기간 1271~1295)을 떠나 원나라를 방문했던 시기는 몽골 내전이 한창일 때였다. 쿠빌라이 대칸의 등극(1260)에 반기를 든 막내동생 아리크부케와의 내전은 중앙아시아에 본영을 둔 차가타이(칭기즈칸의 2남)가문의 지지를 받은 쿠빌라이의 승리로 마무리되었다. 그런데 이전 오고타이 대칸(2대 대칸, 칭기즈칸의 3남) 때 중앙아시아 지역에 총독을 파견하여, 오고타이계가 차가타이와 중앙아시아 지역을 공유하는 형세를 띠고 있었다. 쿠빌라이를 지지하던 차가타이의 알구(재위 1260~1266)의 사망 이후 오고타이계 후손인 카이두(재위 1269~1301)가 차가타이 후계자 바라크를 살해하고 차가타이계를 지배하였다. 카이두는 차가타이 및 쿠빌라이와 대립했던 아크리부케의 아들과 연합하여 쿠빌라이에게 반기를 들었다. 카이두의 반란(1266~1301)은 몽골 서부와 알타이 일대에서 대원본국과 수차례 전쟁을 치룬 끝에 패배로 끝나고 카이두가 사망하였다. 약 40년에 걸친 이 내전은 카이두의 아들 차파르가 쿠빌라이의 뒤를 이은 테무르(원 성종 1294~1307)에게 충성을 맹세하며 막을 내렸다. 대원본국군과 차가타이는 오고타이계 카이두 잔존세력을 소탕 후, 원나라와 함께 오고타이한국의 영토를 양분하여 중앙아시아와 발하쉬 호 및 신장위구르까지 넓은 영토를 가졌다. 서부인 중앙아시아는 정착농경민과 이슬람교가 많은 지역이었지만 동부인 이식쿨(Issyk kul)과 이리(Ili) 지역은 전통 유목생활을 하는 집단이었는데, 불교 신자였던 13대 타르마르신(재위 1326~1334)은 이슬람으로 개종하고 국교로 선포하였다.

차가타이는 종교와 생활방식 차이로 동서로 분열되어 동부 지역 유력 가문인 투글루크 티무르를 칸으로 옹립하면서 동서로 분리되었다.(1348) 서차가타이는 1370년 새롭게 흥기한 아무르티무르 왕조에 의해 멸망하였으나, 동차가타이한국(모굴리스탄, 발하쉬에서 타림분지)은 18세기 초 준가르 왕국에 멸망될 때까지 존속하였다.

팍스몽골리아

유목민들의 특징은 개방성과 유연성이다. 적은 인구로 광범위한 지역의 정치체계를 유지하기 위한 구성원이 부족한 몽골제국은, 이민족 협력자들을 적극 활용하는 개방정책을 실시하였을 뿐만 아니라 피지배민족에게 몽골의 풍습을 강요하지 않았다.

칭기즈칸이 호레즘 왕국에 사절단으로 파견한 사람들은 이슬람 상인들이었으며, 위구르인들로 하여금 무역업과 행정업무에 종사토록 하였다. 대외원정에도 이들의 현지 정보 수집 능력과 지식, 기술력 등이 결정적인 역할을 하였다. 원나라 재상 야율초재는 거란족 출신으로 금나라 관리를 지낸 인물로 30년간 4대의 대칸을 보필하였다. 이전의 로마제국이나 페르시아제국, 한과 당은 지역패권 국가였으나 세계제국은 아니었다. 몽골제국의 전 중국 통일과 동남아 및 유럽과 중동 정벌은 그간 동서양이 별개로 움직이던 과거와는 달리 하나의 세계시대를 열었다.

215

지원통행보초(至元通行寶鈔)

　2대 오고타이칸은 광범위한 제국의 통치를 위해 요나라 때 시행했던 역전제를 부활하여 10일 걸리던 행정거리가 1일로 단축되었을 뿐만 아니라 황제가 이동 중에도 정보전달이 가능한 네트워크를 갖추었다. 14세기 초 이란의 일한국에서 발간한 역사책《집사(集史)》(1311)는 몽골제국의 뿌리와 팽창사뿐만 아니라 아랍, 튀르크, 인도, 유럽과 유대인의 역사까지 기술한 세계 최초의 세계사 책이었다. 원은 중앙정부가 금, 은, 동을 보관하고 지원통행보초(至元通行寶鈔)라는 지폐를 통용시켜 장거리 국제무역이 편리하도록 하였는데, 이는 유럽보다 400년 앞선 지폐 통용이었다.

루이 9세의 십자군원정 때, 사신으로 중국에 간 루브루크는 몽케칸이 이슬람의 이맘, 불교의 승려, 무당과 네스토리우스파 사제의 축하를 받는 모습을 보았다고 기록했다. 몽골제국은 각 민족의 종교를 허용하여 피지배층과 불필요한 갈등을 줄이는 통치기술을 발휘했을 뿐만 아니라 필요에 따라 지배층의 종교인 불교를 버리고 현지인들의 종교로 개종하였다. 킵차크한국과 일한국은 일찍 이슬람으로 개종하였으며, 대원은 티베트 지배에 라마고승을 국사로 임명하여 협력을 받았다. 쿠빌라이 황제가 마르코 폴로 일행을 친견하고 교황청에서 100명의 선교사를 파견해주도록 서신을 보낸 것은, 서방의 정보를 얻기 위한 것으로 몽골제국의 개방성을 잘 알 수 있게 하는 부분이다.

1304년 모로코에서 태어난 이븐바투타는 1326년 이집트 알렉산드리아에 도착했으며 예루살렘과 메카를 순례하고, 시리아와 이란, 중앙아시아를 거쳐 인도에서 9년간의 관리생활을 한 후, 실론(스리랑카)와 수마트라, 자바를 방문한 후 복건성 천주에 상륙하였다. 이븐바투타는 대운하를 이용하여 북경에 도착하여 만리장성을 보았다. 1346년 광저우를 출발한 이븐바투타는 호르무즈 해협을 통과하여 다마스쿠스에 도착하였는데, 근동 지역에 흑사병이 만연하자 고향인 탕헤르로 돌아왔다. 12만km의 긴 여정이었다. 아프리카, 이집트 맘루크 왕조, 시리아 킵차크한국, 일한국과 중앙아시아, 동남아 국가와 중국 본토까지 다양한 여정을 무역상단과 함께하거나 사신단을 따라 이동한 그의 행보는 당시의 육상과 해상교통이 세계화되었음을 보여줬다.

몽골제국의 멸망

나라의 멸망 과정은 내우외환(內憂外患)이다. 밖에서 반란이 일어나고 내부는 권력투쟁이나 기강이 무너져 적절한 대응을 못하는 공식이 몽골 제국의 멸망에도 적용된다. 종주국인 원나라 마지막 황제인 토큰테무르 (원 혜종)가 재위에 오르기 전, 원 조정은 중원파와 유목민의 전통을 지켜 나가야 한다는 스텝파로 나뉘 대립하고 있었으며 13년간 7명의 황제가 등 극하는 극심한 혼란기였다. 토큰테무르의 아버지가 황제에 오르기 위해 대도에 오던 중 독살당하자 숙부는 토큰테무르를 의심하여 고려의 대청 도(大靑島)로 귀양 보냈다. 우여곡절 끝에 황제의 자리에 오른 토콘테무르 는 처족(妻族)의 전횡을 제압하고 기울어져 가는 원나라를 바로잡으려 했 으나 역부족이었다. 말년에는 고려 출신 기황후와 황태자 아유시리다라의 야망에 눌려 재위를 넘기라는 압박까지 받았다.

남경을 점령한 홍건적의 총대장 주원장에 의해 재위 36년에 북경(1368) 이 함락당하자, 혜종은 상도(上都 카라코룸)와 응창(應昌)으로 후퇴하다가 병사하고 말았다. 아유시리다라칸(소종)은 응창에서 혜종의 국상 중 명군 의 급습을 받고 황족과 송나라 및 원나라의 옥새를 남겨둔 채 불과 몇 십 기의 병사들과 몽골고원으로 탈출하였다.(1369) 몽골고원으로 피신한 아 유시리다라는 빌릭투칸으로 등극하여 명나라 토벌군에 항전하다 생을 마 쳤다.(1378) 이후 몽골고원으로 후퇴한 몽골인들은 중원으로 다시 진출하 지 못했지만, 여전히 유목민의 역량을 유지하며 자주 침공하여 청나라 시 기까지 초원지대를 근거지로 세력을 형성하였다.

218

노국공주와 기황후

고려시대 원나라 잡혀간 여인과 원나라에서 풀려나 돌아온 왕의 대비된 상황을 볼 수 있다. 우여곡절 끝에 재위에 오른 원 혜종(재위 1233~1370)이 역모와 연루된 황후를 폐위시킨 뒤, 제2황후가 된 여인이 고려 공녀 출신 기황후(재위 1340~1369)였다. 기황후는 홍건적의 난으로 나라가 위태로운 시기에 자신이 낳은 황태자 아유시리다라와 고려 출신 환관을 앞세워 혜종에게서 황위를 받아내고자 하던 중, 명나라를 세운 주원장의 군대에 쫓겨 몽골고원을 전전하다 사망하였다.

공민왕은 몽골에 인질로 잡혀가 10년을 보냈으며 원나라 황족인 노국공주와 결혼하였다. 노국공주는 원나라 황족임에도 불구하고 공민왕을 지지하였다. 귀국 후 왕위에 오른 공민왕은 몽골의 세력이 약해지자 반원정책을 실행하여 기황후를 배후로 전횡을 일삼던 고려의 기씨 일파를 제거하고 몽골군이 주둔한 쌍성총관부를 공격하였다.(1356) 이때 쌍성총관부 성문을 열어준 사람이 원나라에서 천호장을 지낸 이자춘(이성계의 부)이었다. 8년 후 몽골군이 고려를 책망하는 공격을 하였으나 최영과 이성계가 이끄는 고려군에게 패하였다.(1363)

꿈꾸는 티무르와 무굴제국

차가타이한국은 트렌스옥시아나의 풍요로운 경제력을 바탕으로 영농 정착화하려는 서부 차가타이와 동부의 초원 세미레치(七河)와 이리 지방의 유목민의 전동을 이어가려는 아끼르(Emir)의 대립으로 동·서로 나눠졌다.(1320년경부터) 풍요로운 서부는 자신들을 차가타이인이라 하고 약탈을 일삼는 동부인들을 도적이라고 멸시했으며, 동부는 자신들은 몽골제

219

국의 후예인 모굴이라 칭하고 서부 차가타이를 튀르크 이슬람 혼혈아라고 비난하였다.

칸의 승계문제로 혼란스런 서부 차가타이는 동부 모굴리스탄의 투글루크티무르에 의해 분열된 지 40년 만에 합병되었다.(1361) 투글루크티무르는 충성을 맹세한 아무르티무르를 케쉬(Kesh) 지방의 아미르로 임명하였다. 아무르티무르(1336~1405)는 13세기 초 몽골에서 차가타이로 분봉해온 귀족의 5대 후손이었지만 튀르크계로 황금씨족은 아니었다. 차가타이 한국의 지배층은 몽골계였으나 실질적인 군사력은 튀르크계가 강하였다.

사마르칸트의 남쪽 케쉬 근교에서 태어난 티무르는 유력 아미르(Emir)들을 끌어들여 동부 모굴리스탄군을 몰아내고 사마르칸트를 수도로 티무르 제국(1370~1506)을 세웠다.

티무르(몽골어 테무르)는 기골이 장대한 무골(武骨)로 군 통솔과 체스에

샤흐리삽스

탁월하였다고 한다. 절름발이 티무르는 어렸을 때 양을 훔치다 다쳐 절름발이가 되었다는 설과 오스만 튀르크와 전투에서 다쳤다는 설이 있다. 티무르는 칭기즈칸의 후손인 황금씨족 여인과 결혼하여 정통성을 확보하고 칭기즈칸의 영광을 꿈꾸었다. 티무르는 바그다드를 함락하여(1393) 일한국 영지를 병합하였으며, 킵차크한국을 공격하여(1395) 세력이 약화된 킵차크한국의 분열을 촉발시켰다. 이어 소아

아무르티무르 동상

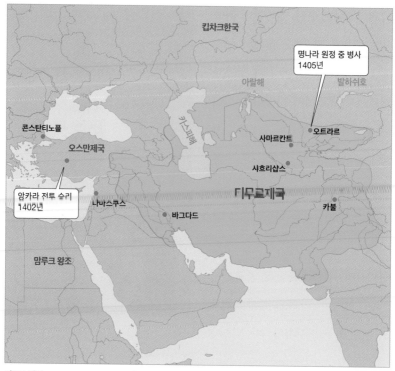

티무르 제국

시아의 오스만튀르크를 앙카라 전투(1402)에서 격파하고 오스만 황제 바예지드 1세를 포로로 잡고 몽골제국의 영광을 재현하고자 하였다.

　오스만튀르크를 공격하던 티무르는 군대를 동쪽으로 돌렸다. 바로 모국(母國)인 원나라를 멸망시킨 명나라 원정이었다. 티무르는 1404년 11월 20만의 대군을 이끌고 명나라 원정에 올랐다. 그러나 사마르칸트를 떠난 티무르는 옛 호레즘 왕국의 오트라르(otrar)에 이르렀을 때 중병을 얻어 사망하고 말았다.(1405년 2월) 티무르가 원정을 떠날 때 명나라는 최전성기를 이끈 영락제(永樂帝, 재위 1402~1424)가 정난의 변(1398~1402)을 평정하고 황제로 등극한 후였다. 영락제는 북경 일대 연왕(燕王)으로 있을 때 명나라

222

레기스탄 광장

의 최북방을 방어하며 몽골군의 침입을 막아낸 강건한 군주로, 티무르가 병사하지 않고 두 군주가 맞붙었다면 탈라스 전투 이후 동서양의 대결전 이 되었을 것이다. 티무르조는 여러 민족의 혼성으로 구성되어 있었고 정통성도 취약하였다.

강력한 군주 티무르 사망 후 곧 계승 전쟁이 벌어져 5년 만에 티무르의 4남 샤르후가 재위에 올라 40여 년간을 통치하였다. 아버지티무르가 불세출의 정복군주라면 샤르흐는 학문과 예술 등의 문화에 이해가 깊은 통치자였다.

샤르후는 주둔지를 아프가니스탄 헤라트로 옮기고 사마르칸트는 장남 울루백이 통치하도록 하였다. 티무르 제국은 샤르흐 통치 기간 동안 문화 부흥을 위해 궁정에 학자와 문인, 예술가 등을 불러 모았다. 샤르후는 제

223

타지마할

국의 이슬람 문화를 보호하여 화려한 모스크와 마드라사(이슬람 신학교)를 건설하였으며 사마르칸트를 비롯한 헤라트, 부하라에 이란 등의 정복지로부터 선진문명을 이식시켜 도시문화와 건축, 학문의 꽃을 피웠다. 티무르 왕조는 사마르칸트의 웅장한 레기스탄과 티무르의 손자 시대에 건설한 울르베크 천문대, 세밀화, 튀르크어 문학 등은 중앙아시아에 이란 등지의 선진문화를 정착시키는 역할을 하였다. 울루베크 천문대의 관측 기술은 현대에 정밀 측정한 365일 6시간 9분 9.6초와 오차가 1분도 채 되지 않는다.

인도 최대 관광지인 타지마할은 티무르 시대 건축에서 많은 영감을 받았다고 한다. 이처럼 티무르조가 이룩한 중앙앙시아의 르네상스는 낙후된 중앙아시아의 문명 발전에 큰 기여를 하는 업적을 남겼다. 실크로드사에

224

서 활약하였던 흉노와 돌궐, 위구르족, 몽골족들이 세계사에 큰 영향을 주었음을 보았다. 서천한 튀르크는 이슬람의 중앙아시아 확장에 큰 기여를 하고 십자군전쟁을 승리로 이끌었을 뿐만 아니라 맘루크튀르크는 막강한 몽골군을 물리쳤다. 튀르크인들의 결정판인 오스만터키는 천 년의 비잔틴 제국을 멸망시키고 발칸반도까지 진출하여 로마제국 영토 못지않은 대제국을 건설하고 제1차 세계대전까지 존재하였다.

몽골족은 알렉산더와 나폴레옹이 정복한 땅을 합친 것보다 더 넓은 영토를 달렸으며 동서양의 경계를 허물고 하나의 세계로 만들었다. 몽골제국을 흠모한 티무르는 제국의 영토인 이란의 선진문물을 중앙아시아에 전파하여 중앙아시아의 르네상스를 일으켰으며, 남하한 후손은 인도에 무굴제국을 건설하였다.

티무르 제국은 지배층의 분열과 아미르들의 이탈로 급격히 세력이 축소되어, 티무르의 5대손 바브르는 킵차크한국에서 남하한 우즈벡족에 쫓겨 아프가니스탄 카불로 달아났다.(1504) 바브르는 사마르칸트를 일시 탈환하는 등 회복을 노렸으나 여의치 않자 남쪽의 인도 로디 왕조를 공격하였다. 로디 왕조(1451~1526)는 아프가니스탄계 힌두교로 이전의 델리노예 왕조인 튀르크계 사이드 왕조를 물리치고 마지막 델리술탄국을 세웠다. 바부르는 델리술탄 로디 왕조를 파니파트 전투에서 격파하고 무굴왕국을 세웠다.(1526) 즉 인도 땅에 칭기즈칸이 세운 몽골제국을 재현한 것이다. 그러나 바브르의 뒤를 이은 후마윤은 힌두교인 정착민들에게 쫓겨 이란의 사피비 왕조에게 달아났다. 15년 만에 델리를 재탈환한 무굴조는 3대 악바르 시대에 이르러 전성기를 맞이하였다.(재위 1556~1605) 13세에 재위에 오른 악바르는 악바르대제라고 불리고 있다.

이슬람교인 무굴제국의 황제에 올라 50여 년간을 통치한 악바르는 종교 관용정책을 펴 힌두교인 라지푸트 출신의 공주와 결혼하였으며, 타 종교인들에게 부여했던 인두세를 폐지하였다. 또한 정착지 없이 떠돌던 시크교도에게 정착생활의 터선을 마련해주었다. 인도북부 펀자브 주는 이때 시크교도인들이 정착하여 최대의 시크교인 주가 되었다.

악바르의 뒤를 이은 4대 자항기르는 모계가 인도인으로 인도의 정착왕조로 자리 잡았다. 건축광으로 불린 5대 샤자한(재위 1627~1658)은 무굴제국을 낭대 최고의 제국 반열에 올렸다. 샤자한은 악바르대제의 통치를 계승하여 종교간 탕평책을 써 여러 종교의 부인을 맞이하였다. 그중 셋째 황후 뭄 타지마할을 끔찍이 사랑한 나머지 나온 것이 인도 최대의 관광지이자 대칭미학의 걸작인 타지마할이다. 뭄 타지마할은 17년간 결혼 생활 중 14번째 아이를 낳다가 사망하였는데, 샤자한의 사랑이 너무 지나쳐 뭄 타지마할의 거대한 무덤(타지마할)을 짓다가 재정을 탕진하여 아들에게 폐위를 당하였다.

40세에 쿠데타로 황제에 오른 아우랑제브는 역대 황제의 종교 관용정책을 못마땅하게 여겼다. 수도를 아그라에서 델리로 천도한 후 미정복지인 인도 남부까지 인도 최대의 영토로 확장하였다. 그러나 이슬람교 중심의 원리주의 통치는 무굴제국을 몰락의 길로 접어들게 하였다. 인도는 전통적으로 마하라자라는 지역 토호들이 뿌리 깊게 사회를 지배하고 있어 통일된 국가보다는 수많은 지역 소왕국들로 나뉘진 역사를 가지고 있다.

현재도 인도에는 약 500여 명의 마하라자들이 존재하고 있는데, 아우랑제브의 강권 정책은 이들 토호들의 반발로 일어난 반란으로 제국의 붕괴되기 시작하였다.(마라타 동맹) 약 30년에 걸친 마라타 동맹의 반란

(1680~1706)으로 무굴제국은 붕괴되고 아우랑제브가 병사하였다. 마라타 동맹의 반기는 힌두교인들의 반란이며 외래 종교인 이슬람 지배의 인도에서 힌두교로 인도 중심 종교가 바뀌는 계기가 되었다. 중앙의 지배력이 약해진 무굴제국 후반, 세계는 식민지 개척시대로 외세가 밀려오기 시작하였다. 인도는 영국의 동인도회사와 총독 지배의 식민지로 접어들었다.

우리가 어렸을 때 읽었던 소설 《소공녀(小公女)》는 영국의 인도 식민시대를 배경으로 한 소설이다. 권선징악의 결말로 꿋꿋하게 삶을 살아가는 어린 소녀의 동화로 알려졌지만, 실상은 주인공이 어린 시절 인도에서 생활하며 인도인을 하인으로 부리며 호사스런 생활을 하고 아버지가 다이아몬드 광산을 채굴하는 등 인도 식민지 지배의 수탈 역사와 19세기 영국에서 자행된 어린이 학대를 보여주는 소설이라 볼 수 있다.

중국의 울타리

중국의 시진핑 주석은 2019년 5월 15일 베이징에서 열린 제1회 아시아 문명대화대회(亞洲文明對話大會)에서 "중화민족은 대외침략 전통이 존재하지 않는다"고 발표를 했다. 이 대회는 캄보디아, 그리스, 싱가포르, 스리랑카, 아르메니아 대통령 등 47개국 정상과 유네스코 등 국제기구 대표단 2천여 명이 참석한 자리였다.

중국의 논리는 대부분의 대외침략 전쟁은 이민족이 지배했던 시기 일어난 일이며, 중국 변경을 위협하는 세력을 차단하기 위한 자위권 수단이었다는 논리였다. 수많은 중국의 침략을 받아온 우리나라나 이웃 국가들 입

227

장에서는 어이없는 주장이다.

티베트는 5개의 성으로 나눠지고 유목민들과 치열하게 대치했던 삭방(朔方)은 내몽골로, 동투르키스탄(타림분지)은 신강(新疆)이란 이름으로 중국 영도에 흡수되었다. 흉노, 돌궐, 티베트, 여진, 거란, 몽골족 등 이민족의 침략과 지배를 받고 많은 공물을 중국을 위협하는 세력에게 보내야 했던 역사와 함께 현재 52개의 소수민족을 포함한 중국은 동북공정이나 서북공정 또는 서남공정을 통하여 이민족까지 중국에 포함시켜 역사를 내부 문제로 정당화하려는 것이다. 또한 근대에 티베트 고원과 신장 지역 등을 통해 영국과 러시아의 침입을 경험을 한 중국은, 티베트 고원이나 신장 위구르 지역, 내몽골이 중국의 울타리라 여기고 있다. '하나의 중국' 절대 원칙은 중국 국토의 50% 가까이 차지하고 있는 소수민족 어느 한 곳이라도 불안정해지는 상황을 용납하지 않을 것이다.

나는 1990년대부터 실크로드와 티베트, 중앙아시아를 여러 차례 답사하였다. 다큐멘터리 〈차마고도〉가 방영되기 전인 2007년 여름 SUV차를

압록강 도강 훈련

간체드종

타고 메리설산을 지나 옌징(盐井)까지 답사를 하였다. 소금이 귀한 내륙 깊은 오지 협곡에 소금을 생산하는 염전이 있다니!

이곳은 중국에 대한 저항이 심했던 곳으로 티베트인들의 저항이 자주 발생하여 외국인들의 출입이 금지되곤 하는 지역이다. 당시 옌징은 험준한 지형에 길을 뚫는 공사가 한창이었는데 그 너머로는 허가가 나지 않아 외국인이 갈 수 없었다. 동행한 중국인 친구가 옌징 마을 아낙을 만나 대화를 시도했으나 중국말이 통하지 않았다. 계곡이 바로 발아래 있어 금방 내려갈 수 있을 것처럼 보였는데, 공기가 너무 맑아 가까이 보일 뿐 한참을 내려가야 했다.

거센 란창 강 황토물에서 발가벗고 물놀이를 하는 건강한 어린 사내 녀석들이 풋풋하였고 노천엔 맑은 온천수가 흘러넘치고 있었는데, 지금은 관광지로 개발되어 온천 리조트가 들어섰다. 옌징 부근에서 뜻밖에 가톨 **229**

란창 강 아이들

릭 성당을 보았다. 1846년 로마 교황 그레고리오 16세가 티베트 교구를 설립하며 윈난성과 티베트에 선교사를 파견하였는데, 워낙 오지이다 보니 문화혁명 중에도 파괴되지 않고 명맥을 유지하고 있었다.

2014년 5월, 나는 20여 명의 일행들과 난주역에서 야간열차를 타고 우루무치로 갈 예정이었다. 난주역 광장에는 평소와 달리 무장경찰들이 부산히 움직이고 광장에는 폴리스라인이 쳐있었는데, 무거운 가방을 끌고 있던 우리는 중국말 모른다는 핑계로 광장을 가로질러 역 안으로 향하였다. 무장경찰들이 고함을 치며 달려오고 소란이 났는데 나중에 우루무치역에 도착하여 그 이유를 알았다. 우리가 광장을 지나온 곳에 폭발물로 의심되는 물건이 있어 사람들을 통제하는 중이었다.

더욱 놀라운 것은 우리가 도착하기 직전 우루무치에 큰 테러가 발생하여 시내 전체가 삼엄한 경계가 펼쳐지고 있었다. 하필 테러가 난 골목에

옌징 천주당

예약한 식당이 있었는데 진입을 제지한 경찰은 빠른 시간 내에 우루무치를 벗어나란 통보를 하였다. 역사가 하루아침에 과거와 단절될 수 없음을 상기시키는 현장이었다. 티베트와 신장, 그리고 몽골의 역사가 어떻게 기록이 될지 지금으로는 알 수 없는 일이다.

제주도 원당봉 불탑사는 고려시대 불탑이 남아있는 제주도의 유일한 사찰이다. 원나라의 마지막 황후인 고려 출신 기황후가 아들을 낳기 위해 제주도에 원당사를 짓고 기도를 올리게 한 후 아들을 낳았다는 전설이 전해지고 있다. 기황후의 아들 아유시리다라는 토큰테무르(혜종)의 국상 중 명나라군의 기습을 받아 원나라 옥새(玉璽)까지 남겨두고 황급히 몽골 초원

231

만리장성

으로 달아났으나, 몽골초원에서 빌릭투칸(현명한 칸)으로 즉위하여 세력을 규합하였다. 명나라 3대 황제 영락제(재위 1402~1424)는 북방의 골칫거리인 몽골을 정벌하기 위해 다섯 차례나 대규모 원정을 단행하였다.

영락제는 북경을 연결하는 운하인 회통하를 완성한 후 수도를 남경에서 북경으로 옮겼다.(1421) 영락제는 몇 차례 몽골 초원으로 대규모 토벌 작전에도 큰 소득이 없자 50만의 군대를 이끌고 친정에 나섰다가 귀국 중 사망하였다.(1424) 명나라 6대 황제 정통제(영종)는 영락제가 허락한 몽골의

조공무역이 갈수록 규모가 커져 통제가 어렵게 되자, 규모를 대폭 줄이고 말 값을 헐값으로 낮춰버렸다. 이에 불만을 품은 몽골의 오이라트족이 산시성 대동 지역을 공격하였는데, 정통제는 환관 왕진의 건의로 50만의 대군을 이끌고 출정하였다가 몽골군의 포로가 뇌는 사태가 발생하였다.(토목보의 변[土木堡의變] 1449) 옛 한나라 때, 산서성 백등산으로 출정했다가 흉노족에게 포위당한 한고조의 평성의치(平城之恥)를 연상케 한다.(기원전 200년)

233

정통제가 포로로 잡힌 사이 북경 조정이 경태제를 새로운 황제로 옹립하자, 몽골군은 쓸모없게 된 정통제를 석방하였다. 다얀칸(재위 1463~1524)이 흩어졌던 몽골 초원을 규합하여 6명의 만호장 거느려 칭기즈칸 일족을 부활시켰다. 다얀칸의 손자 알탄칸(엄답 1507~1582)은 명나라가 신하의 예를 갖추라는 요구에 격분하여 10만의 대군을 이끌고 대동(大同) 지방으로 쳐들어와 명나라의 수도 북경까지 포위하여 공납과 통상을 약속받고 돌아갔다.(경술의 변, 1550) 몽골족의 약탈이 계속되자 명나라는 알탄칸을 순의왕에 책봉하고 화해를 하였다.(1571) 이후 명나라는 관문 수비를 굳건히 하였으며, 12대 융경제(1567~1572) 때에 이르러서는 현재의 만리장성 신축을 완성하였다.

명나라의 간섭이 없어지자 몽골 초원에서는 유목민의 고질적인 내분이 발생하였다. 이에 알탄칸은 분열된 몽골의 통합을 위해 이념의 통일을 시도하였다. 바로 몽골인들을 티베트불교로 개종시키는 것이었다. 몽골과 티베트불교와는 원나라 시절 쿠빌라이 황제가 사카파 라마승 파스파(八思巴)를 제국의 제사(帝師)로 삼았던(1260) 인연이 있었으나 대다수 몽골인들은 전통신앙인 옹곤을 섬기고 있었다. 강력한 군사력으로 여전히 티베트에 영향력을 행사하고 있던 알탄칸은 티베트의 겔룩파 소남갸초(Sonman Gyatso)를 만나 티베트불교로 개종의식을 개최하였다. 1578년 청해호 부근에서 성대하게 개최된 행사에는 10만 명의 승려와 군중이 모였다. 알탄칸은 불법(佛法)이 쇠퇴하여 사람들이 살육의 악업이 행해지고 있다고 선포한 후 티베트불교로 개종을 선언하였다.

알탄칸은 정치적인 지도자와 정신적인 두 지도자가 한 쌍의 해와 달처럼 부족민들을 이끌 것을 약속하고 소남갸초에게 달라이라마(바다와 같은

울란바토르 간덴사(甘丹寺)

지혜를 가진 라마) 칭호를 주었다. 소남갸초는 두 선대를 추존하고 자신은 3
대 달라이라마가 되었다. 티베트인들은 달라이라마를 관세음보살의 화신
으로 추앙하여 받들었다. 티베트불교로 개종하면서 몽골은 남자의 절반
가까이가 출가하면서 군사력이 약화되었다.

만주족 청나라가 들어설 무렵 몽골 고원의 유력자인 릭단칸은 홍타이
지(청태종)의 공격을 받고 서쪽으로 패주하였다.(1632) 몽골을 쫓아낸 뒤 홍
타이지는 친명(親明)인 조선에 사신을 보내 중국의 정통성이 자신들에게
있음을 알렸다.(1636) 홍타이지는 릭단칸을 공격하여 역대 원나라의 옥새
를 차지하였음을 알리고 쿠빌라이 시대에 제작한 금불상을 모실 사원을
수리하는 데 안료가 필요하니 보내라고 통보하였다. 그 몇 달 후 삼전도의
굴욕을 안긴 병자호란이 발생하였다.(1636년 12월 28일)

조선을 공략하여 후방 다지기를 끝낸 만주족은 산해관을 돌파하고 북

포탈라궁

경을 점령하였다. (1644) 명·청 교체 시기 몽골은 막북(외몽골), 막남(내몽골), 막서(서몽골)로 나눠져 있었는데, 동몽골은 청에 복속되었으나 서몽골의 오이라트족은 부족연합체로 독립을 유지하고 있었다. 서몽골 유력가문 준가르부의 갈단(재위 1676~1697)은 티베트 5대 달라이라마의 제자였으며 몽골의 통일을 시도하다 강희제(3대 황제)에게 패하여 좌절되었다. 건륭제(6대, 재위 1735~1796) 때 서몽골의 준가르부가 동몽골을 공격하였다.

몽골고원의 부족은 준가르부의 공격을 피해 청나라에 집단으로 보호를 요청하였다. 준가르부를 공격할 명분이 생긴 건륭제는 준가르부의 본거지인 천산북방의 이리(Ili) 지방을 원정하였다. 2차에 걸친 원정 끝에 청군은 이리 지방을 초토화하여 몽골인들의 저항은 사실상 막을 내렸다.(1757) 건륭제는 자신을 십전노인(十全老人, 열 번 출정 열 번 이김)이라 칭하고 그중 준가르부 원정을 가장 자랑스럽게 생각하였다. 몽골은 1911년 신해혁명으

로 청나라가 망한 후 독립된 국가를 세우려 하였으나, 분단의 비극을 안고 외몽골만으로 나라를 세울 수밖에 없었다.(1921)

중원의 명나라가 쇠퇴하고 청나라가 세력을 확장할 무렵, 몽골 유목 집단 세력이 무력으로 티베트 고원을 장악하고 있었는데 서몽골의 호쇼트 부족의 지원을 받은 5대 달라이라마가 티베트불교의 지도자로 등장하였다. 겔룩파의 5대 달라이라마(1617~1682)는 최초의 달라이라마 칭호를 받은 3대 달라이라마에 이어 달라이라마의 권위를 티베트 고원 전역에 확고히 하였으며 7세기 송첸캄포 시대(재위 604~649)에 건축한 라싸의 포탈라궁을 재건축하여 달라이라마의 위엄을 높였다. 5대 달라이라마의 제자 중에는 앞서 설명한 서몽골의 준가르 부족의 귀족인 갈단이 승려 수업을 받고 있었는데, 아버지가 죽자 이복형제가 갈단의 친형을 죽이고 준가르 부족의 정권을 잡았다는 소식이 전해졌다. 달라이라마는 환속을 허락하

237

고 기도해줄 것을 약속하였다.

환속한 갈단은 고향으로 돌아가 이복형제를 제거하고 준가르 부족의 수령이 되었다. 달라이라마는 갈단에게 보슉투칸(하늘의 축복을 받은 군주)라는 칭호를 내려주었다.(1676) 갈단의 준가르부는 서몽골을 통일한(1677년경) 후 전 몽골을 통일하기 위해 동몽골로 쳐들어왔다.(1688) 갈단의 공격을 받은 동몽골은 청나라 강희제에게 도움을 요청하였다.

막강한 몽골제국의 재현을 막기 위해 청나라 강희제는 아무르강 영유권으로 분쟁 중이던 러시아와 서둘러 니그친스키조약을 맺고 혹시 모를 갈단과 러시아 연합을 차단하였다.(1689) 갈단은 2만의 군사를 이끌고 홍안령을 따라 청나라를 공격하여 강희제의 외삼촌을 전사케 하는 대승리를 거두고 몽골 초원으로 돌아갔다.(1690) 반격에 나선 강희제는 서양기술로 만든 대포와 소총으로 무장한 군대를 수차례 몽골고원으로 진격시켰으며 직접 세 번이나 친정을 단행하여 갈단을 토벌하였다.(1696~1697) 갈단은 긴 원정으로 자리를 비운 사이 준가르가 조카에게 넘어가 갈 곳이 없자, 알타이 산으로 피신하였다가 부하들이 지켜보는 가운데 음독자살하였다.(1697)

한편 갈단을 응원했던 티베트 5대 달라이라마는 68세 나이로 이미 사망하였는데(1682) 몽골 호쇼트 부족의 내정간섭이 심해질 것을 우려한 상게가초라는 젊은 섭정에 의해, 15년 동안이나 은폐되었다. 호쇼트의 지나친 간섭을 피하기 위한 대안이 5대 달라이라마의 제자인 준가르부의 갈단이었으나, 갈단이 청나라에 패하자 달라이라마의 사망을 공식 발표하였다. 그사이 젊은 섭정인 상게가초는 달라이라마의 환생자인 6대 달라이라마 창양가초(1683~1706)를 찾아 교육시키고 있었다. 몽골의 호쇼트부는 달라이라마와 준가르부가 손을 잡는 것을 막기 위해 6대 달라이라마 창양가초를 인정하지 않고 새로운 달라이라마를 세우려는 음모를 꾸몄다. 명분은 창양가초의 기행이었다. 창양가초는 역대 달라이라마와 다르게 불법에는 관심이 없고 시와 풍류 친구들과 어울리기를 좋아하였으며, 밤에 월담을 하여 술과 여색을 즐기곤 하였다. 호쇼트군이 포탈라궁에서 창양가초를 납치하자 티베트인들은 호쇼트 호송대를 습격하여 창양가초를 구해내 사원으로 피신시켜 지켰다. 창양가초는 호쇼트군이 자신을 보호하려 사원을 둘러싼 티베트인이 희생될 것을 염려하여 스스로 나가 포로가 되었다. 창양가초는 호쇼트에 의해 북으로 압송 도중 청해호 부근에서 사망하였는데, 압송되어 가며 사랑한 여인에게 보낸 시 한 편이 전해지고 있다.

내게 그대의 날개를 빌려주오
흰 두루미여~
나는 리탕(理塘)에서 더 가지는 못하리
거기에서 다시 돌아오리라…

청양가초가 보낸 시처럼 얼마 후 리탕(理塘)에서 6대의 환생으로 보이는 아기가 태어났다. 티베트인들은 7대 달라이라마를 보호하기 위해 청나라에 도움을 요청하였다. 청나라는 군대를 파견하여 어린 7대 달라이라마를 서녕 부근의 쿰붐대사원(塔爾寺)에 데려와 보호하였다.

서몽골의 준가르부는 라싸에 주둔 중인 호쇼트 몽골군을 공격하여 부족장을 살해하고 승리를 거두었다. 티베트인들은 준가르부를 환영하며 환

타얼사

생한 7대 달라이라마를 라싸로 모셔올 것이라고 기대하였다. 준가르부는 쿰붐사원으로 7대 달라이라마를 찾기 위해 출병하였으나 청군에게 패하여 무위로 돌아갔으며, 티베트인들을 약탈하다가 저항에 막혀 퇴각하게 되었다. 청군은 7대 달라이라마를 호위하고 라싸에 입성하여 티베트인들의 대대적인 환영을 받았다. 이 사건으로 티베트 고원이 청나라의 지배 아래 있게 되었는데, 청군은 티베트 내분과 1792년 네팔의 티베트 침공 때 군대를 파견하여 영향력을 행사하였다. 이때의 청군 개입이 현재 티베트가 중국의 영토에 포함되는 결정적인 명분이 되었다.

티베트는 소수의 청나라 무관이 주재하고 있었을 뿐 독립적인 나라를 유지하였으며, 1912년 중국―티베트 평화협정을 체결하고 달라이라마 13세는 라싸에서 티베트가 완전한 독립국임을 선포하였다.(1913) 1948년 티베트 무역대표는 티베트 정부가 발행한 여권을 가지고 영국, 프랑스, 미

240

국 등을 방문하였다. 중국의 티베트 점령은 1949년 침공이 시작되었는데, 1950년 우리나라의 6.25전쟁으로 세계의 여론이 한반도에 집중한 틈을 타 티베트 침공을 본격적으로 단행하였다. 티베트 군대는 중공군에게 힘없이 무너졌지만 차마고도를 오가던 강인한 마방 출신 캄파게릴라들의 저항은 끈질기게 이어졌다. 미국 CIA와 달라이라마 14세의 친형은 이들 게릴라 중 5명을 선발해 제주도에서 훈련시킬 계획을 세웠다. 그러나 당시 한국전쟁 전황이 급박하자 이들은 사이판의 군사캠프에서 훈련을 받고 다시 동티베트에 낙하하였다.

미국 CIA의 지원을 받은 캄파게릴라들은 험준한 지형을 이용하여 저항하였다. 달라이라마 14세는 인도로 망명할 때 중공군의 추격으로 거의 생포될 위기를 마방대장의 길 안내로 히말라야를 넘어 인도에 도착할 수 있었다.(1959) 다람살라의 망명정부는 미국 CIA의 20만 달러를 리탕의 마방 출신 겔상노브르가 달라이라마에게 무사히 전달하여 세울 수 있었다. 달라이라마 망명 후 약 4천 명의 무장 캄파게릴라들이 국경을 넘어 인도로 들어왔다. 인도 정부는 이들 무장세력들이 부담스러웠는데 동·서 파키스탄 독립전쟁이 일어나자 이들을 동파키스탄에 보내 방글라데시의 독립을 지원하게 하였다. 캄파게릴라들은 CIA의 지원 속에 1970년대까지 저항운동을 이어갔으나 1973년 닉슨대통령이 중국과 수교하면서 지원이 끊겼다.

수천 명의 캄파게릴라들은 인도와 네팔 내 자치 왕국인 무스탕 왕국으로 숨어들어 저항운동을 이어 나갔다. 안나푸르나 산의 서쪽 끝 계곡에 위치한 무스탕 왕국은 인도에서 티베트로 넘어가는 주요 길목으로 오래 전부터 내륙의 소금 무역상과 대상, 수도승이 인도와 중국을 오가는 길로 이용하였다. 티베트가 중국의 침략을 받자 무스탕 왕국은 네팔에 보호를

241

티베트 서적

요청하며 공식적으로 네팔 영토에 속하게 되었다. 중국의 압력을 받은 네팔 정부는 무스탕 지역에 거점을 둔 캄파게릴라의 투항을 압박하여 약 3천 명이 무기와 탄약을 반납하고 네팔 정부에 투항하며 막을 내렸다.(1974년 7월 21일)

티베트의 망명정부를 이끌고 있는 달라이라마는 국제사회에 티베트 독립을 호소하고 비폭력노선을 견지하여 노벨평화상을 수상하였다.(1989) 이미 고령인 달라이라마 14세 이후 티베트의 역사가 어떻게 이어질지 알 수 없지만 중국이 티베트의 독립을 용인할 가능성은 없다고 봐야 할 것

샤허 가는 길

이다. 한나라 때 삭방군(朔方郡)이 위치했던 영하회족자치구(寧夏回族自治區)와 감숙성과 청해성을 따라가다 보면 곳곳에서 이슬람사원을 볼 수 있다. 회족은 중국 내 소수민족 중 두 번째로 많은 인구를 차지하고 있는데, 현재 약 980만 명에 이른다. 회족의 기원에 대해서는 명확하지 않으나 설화에는 당 태종이 꿈에 서방에서 예언자가 나타난 것을 알고 사신과 함께 중국인 3천 명을 보내고 3천 명의 이슬람인들을 초청하여 중국 여인과 결혼시켜 살게 하였다는 설화가 전하고 있다.

안사의 난 때 파견된 아바스조의 이슬람 군대 일부가 귀로가 막혀 중국에 정착하게 되면서 남은 이슬람과 해상무역이 활발했던 시기 중국 남부에 정착한 아랍과 페르시아인의 후손들이 회족의 시초라고 보고 있다. 원나라 때 정벌지에서 징발된 많은 장인과, 학자 등 이슬람인들이 내지에 정착하면서 그 수가 증가하였다. 명나라 때 대항해 원정을 떠난 환관 정화(鄭和) 역시 그의 아버지가 메카를 순례한 회족이었다. 회족은 수세기 동안 중국에 정착하면서 외형적으로는 한족과 거의 구분이 안 되는 경우가

243

많다. 회족은 청나라 말 아편전쟁과 이어 일어난 태평천국운동(1850)으로 중앙의 통제력이 약화되자 자흐리교단(이슬람 신교) 마명심의 후손들을 중심으로 독립 봉기를 일으켰으나, 태평청국운동을 진압한 좌종당이 토벌대장으로 부임히면서 10여 년 만에 수많은 사상자를 내고 실패로 막을 내렸다. 감숙 일대의 회족 봉기민 중 일부는 청군에 쫓겨 신강 지역으로 이동하였는데 야쿱백 정권의 협조를 받지 못하자 천산고원을 넘어 카자흐스탄과 키르기즈로 이주하였다.

회족과 함께 이슬람 종교를 가진 동투르키스탄(타림분지) 위구르족은 이리 지방의 몽골 준가르 부족의 지배 아래 있었다. 동투르키스탄의 유력 호족은 카슈가르의 호자 가문이었는데 이들은 백산당과 흑산당파로 분열되어 있었다. 백산당의 아팍호자는 흑산당에게 밀려 티베트로 망명하여 구원군을 요청히였다. 이슬람인 아팍호자가 불교도인 티베트에 구원군을 요청한 것이다.

달라이라마는 아팍호자에게 편지를 써줘 갈단을 찾아가도록 하였다. 갈단은 앞서 설명한 서몽골 준가르부의 수장으로 한때 달라이라마 5세의 제자로 있었다. 1680년경 아팍호자의 지원 요청을 받은 갈단은 천산산맥을 남하하여 동투르키스탄을 정복하였다. 이로부터 약 70년 동안 동투르키스탄은 준가르부가 청군에 멸망할 때까지 서몽골이 지배하였다.(1680년대~1755년경) 서몽골 멸망 후 독립을 원했던 위구르인들과 청나라의 충돌은 불가피해졌다. 이때 위구르인들을 이끌고 청나라에 반기를 든 인물이 아팍호자의 증손자였다. 그러나 호자 가문은 양분되어 있어 힘을 합치지 못했고, 카슈가르와 야르칸드(莎車)를 중심으로 저항하다가 인도로 탈출을 시도할 수밖에 없었다. 1759년 파미르를 넘어 인도로 가던 약 4천 명

244

의 위구르인들은 아프가니스탄 바닥산에서 포로로 잡히고 무리를 이끌던 호자 가문의 형제는 참수당했다.

건륭제(청 6대 황제, 재위 1735~1796)는 정복한 동투르키스탄을 새로운 강역이란 뜻으로 신강(新疆)이라고 명하였다. 살아남은 호자 가문의 어린아이는 우즈베키스탄 페르가나 지역의 코칸드(Kokand)칸국으로 망명하였다. 1826년 호자 가문의 자항기르는 코칸드칸국 내 자신을 따르는 무리를 이끌고 카슈가르로 넘어와 독립운동을 펼쳤으나 중국 본토의 증원군이 도착하자 파미르로 도망치다 생포되어 북경으로 압송되어 처형당하였다. 위구르인들이 반청운동을 이어가고 있을 때 코칸드칸국의 유력자인 야쿱백이 호자 가문의 잔존일족을 앞세우고 카슈가르로 들어왔다.

야쿱백 정권(1862~1877)은 이슬람의 수호자임을 자처하고 위구르인들을 지배하였으며, 장차 청나라와 무력 충돌을 대비하여 소총과 화포 등을 구비하는 한편 러시아와 오스만제국과도 외교관계를 수립하였다. 영국은 청나라를 견제하기 위해 인도를 통해 신식무기를 제공했을 뿐만 아니라 영사관까지 설치하였다. 야쿱백 정권은 청 조정이 인정하거나 러시아에 할양하여 그 지불금으로 해군력을 증강하자는 의견까지 나올 정도로 강력한 무력을 갖추게 되었다. 야쿱백 정권은 약 14년 정도 유지되었는데 양무운동의 선구인 좌종당(左宗棠)이 태평천국운동과 회족의 반란을 진압하고 12만 대군이 공격해오자, 수세에 몰리기 시작하였다.

청나라와 무력 충돌보다는 협상을 통해 정권을 유지하고자 한 야쿱백은 청군의 공격에 발포하지 말라는 명령을 내렸다. 그러나 좌종당은 협상에 관심이 없었다. 공격해오는 청나라 군대와 발포 금지 명령 사이에서 우왕좌왕 하던 야쿱백 군대는 허무하게 무너지고 야쿱백마저 급사하며 신강

245

향비

은 청나라의 지배 아래 놓였다.

국공내전 중인 1944년 이리 지방과 신강 지역의 소수민족들은 독립을 선언하고, 동투르키스탄 공화국을 수립하였으나 임시정부는 독립이 현실적으로 불가능함을 깨닫고 중공과 합병을 선언하였다.(1949) 현재도 신강 지역의 반중운동은 외신을 타고 전해지고 있는데, 카슈가르의 유명 관광지로 아팍호자의 성묘, 일명 향비묘가 있다. 청나라에 저항했다는 향비(香妃)에 대한 이야기로, 1759년 북경에 도착한 향비는 청나라 건륭제와 끝까지 잠자리를 하지 않고 절개를 지키다 죽임을 당했다고 하며, 향비의 시신은 카슈가르로 운구되어 묻혔다는 전설이다. 실존 인물은 건륭제의 후궁 중 용비(容妃)로 보이며, 용비는 건륭제의 총애를 받다가 55세로 사망하였고, 그의 일족인 호자 가문은 북경에 와 관직을 하사받았다. 향비에 대한 전설이 실제와 다르게 각색되어 전해지는 이유는 위구르인들의 염원의 표현이라고 할 수 있겠다.

실크로드로 가는 길

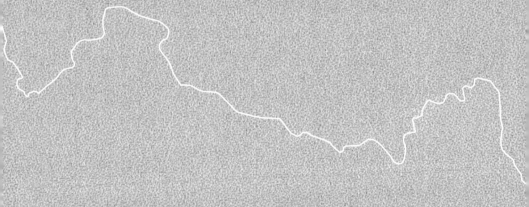

0 1 사막에 부는 바람

실크로드의 약탈자들

실크로드 탐험은 19세기 정치적인 목적이 주를 이루었다. 당시의 티베트 고원과 중앙아시아, 타림분지는 제3의 극지로 공백 상태로 남아 있었다. 인도의 영국 총독은 러시아가 남하할 경우 어떤 루트로 올 것인가 정보가 필요하였다. 여행자로 신분을 위장한 인도 측량사들이 티베트 고원과 중앙아시아로 들어갔으며, 영국과 러시아는 내륙 깊숙한 카슈가르에 영사관을 두고 이들 스파이들을 돕고 있었다. 또한 19세기 말 사막에서 브라흐마문자, 카로티슈문자 등 고문서가 발견되었다는 소식이 전해지자 서구 열강의 여러 탐험가들이 타림분지로 몰려들었다.

탐험가 중에는 과거의 교역로 역사를 찾아 나선 러시아의 프르제발스키(1839~1888)와 실크로드란 용어를 처음 사용한 독일의 리히트호펜(1833~1905)이 있었다. 그의 제자인 코즈로프와 스벤헤딘(1865~1952) 사이

사막 모래바람

에 30년간 벌인 '방황하는 호수' 논쟁은 유명하다. 스벤헤딘은 1934년 직접 보트를 타고 타림강 지류 쿰다리아(Kumdarya) 강을 따라 롭노드(Lop—nor) 호수에 도착하여, 34년 전 사막을 건너와 발견했던 옛 누란 왕국 부근에 새로운 강줄기와 호수가 생긴 것을 확인한 것이다. 롭노드 호수는 모래 지형의 변화에 따라 1,500~1,600년을 주기로 남북으로 움직이는 일명 방황하는 호수이며, 4세기경 갑자기 사라진 누란 왕국은 이 물줄기의 변화에 따라 이주하였다는 가설을 입증하였다.

1900년, 둔황석굴에서 많은 양의 고문서가 발견되었다. 숙주 순방영의 병졸 출신 왕원록은 도사(道士)수계를 받고 1897년 둔황석굴에 흘러들어 삼천궁을 짓고 정착하였는데, 쇠락한 둔황석굴을 지키고 있던 왕원록은 장경동의 발견이 얼마나 중요한지 잘 알지 못했지만 어렴풋하게 문서의 가

249

날개 달린 천사 (영국국립도서관)

붓다의 일대기(인도 델리국립박물관)

실크로드로 가는 길

치가 있다는 것을 알고 있었다. 왕원록이 관청에 문서 발견 사실을 신고 했으나 여력이 없던 청 말의 중앙정부는 잘 보관하라는 명령만 내리고 방 치하였다. 둔황석굴에서 고문서가 발견되었다는 소문은 암암리에 알려지 기 시작하며 열강의 탐험대가 몰려왔다. 그들 중에는 실크로드의 3대 도 독이라 불리는 스타인, 펠리오, 오타니 탐험대가 있었다. 영국의 스타인 (1862~1943)은 헝가리 출신으로 세 차례 타림분지를 탐험하며 실크로드 유물들을 실어 날랐다. 스타인은 1차 탐험(1900~1901)에서 니야 유적지에 서 카로슈티 고문서를 발견하는 등 라왁과 단단윌릭 등 호탄 주변의 옛 사 원터에서 많은 회화, 조각, 고문서 발굴 성과를 거두고 돌아갔다.

2차 탐험(1906~1908) 중 미란 유적지를 발굴하였다. 스타인이 발굴한 미 란 유적지의 날개 달린 천사상과 붓다의 일대기를 그린 승려 벽화는 서양 인의 모습을 한 로마식 화풍이 뚜렷하였다.

날란다(Nalanda) 대학

인도 비하르 주에 있는 최초의 불교대학으로 5~12세기까지 800년간 존재하였 으며, 전성기 때는 각국에서 모인 1만여 명의 승려가 공부한 최대의 불교대학 이다. 인도를 순례한 현장 스님도 이곳에서 수학하였다.

나는 날란다 대학을 몇 차례 답사하던 중 관심을 끄는 조각상을 발견하였다. 승원터 기단 부분에 있는 날개 달린 천사상이다. 승원터는 3번의 증축 과정이 있 었으며, 맨 아래 기단부에 작은 크기로 조각되어 있다.

날란다 대학

날개 달린 천사상 조각

승원터 기단

스타인은 미란 유적지를 발굴 중 다량의 고문서가 발견되었다는 정보를 듣고 제일 먼저 둔황으로 달려갔다. 스타인은 욕심 많고 순진한 왕도사가 현장 스님을 존경한다는 것을 알고, 자신이 불경을 구하러 동방에 온 현장 스님의 화신인 것처럼 환심을 산 다음, 헐값에 둔황 문서 스물네 상자와 그림 다섯 상자, 2차로 230여 개의 서류 묶음과 3천여 권의 경전을 사들여 영국으로 보냈다.

스타인이 다시 둔황석굴에 도착하자(3차 탐험 1913~1916) 왕도사는 그가 일전에 준 돈으로 석굴들을 보수했다는 내역서까지 보여주며 자랑스러워했다. 그때는 스타인의 뒤를 이은 풀 펠리오가 귀중한 둔황 문서들을 골라 반출한 것이 알려져, 중국 중앙정부에서 나머지 문서들을 북경으로 옮겨간 이후였다. 왕도사는 북경으로 문서를 옮겨가기 전 몰래 빼돌려 놓은 600여 권의 둔황 문서를 스타인에게 추가로 팔아넘겼다.

1908년 스타인이 다녀간 다음 프랑스인 풀 펠리오가 둔황에 도착하였다. 그는 프랑스 프랑스극동학원 교수로 임명될 만큼 동양학에 조예가 깊었으며 중국어에 능통하였다. 펠리오는 둔황 막고굴에 도착했을 때 왕도사가 자리를 비우고 외지로 출타 중이자, 그사이 석굴에 대한 규모와 회화 등에 대한 자료를 체계적으로 수집하고 측량하여 기록을 남겼다. 현재도 둔황석굴에는 펠리오가 남긴 번호(1C~171C)가 남아 있다.

왕원록의 허락을 받은 펠리오는 대담하게 장경동 안에 들어가 문서들을 전부 검토하고 가치를 분류하였다. 펠리오는 어떤 대가를 치르든 가져가야 할 문서 6천여 권을 선별하여 프랑스로 보냈다. 동양학과 중국어에 능통한 펠리오는 스타인이 훔쳐간 양보다 수량은 적었으나 훨씬 가치 있는 문서들만 골라갔다. 세계에서 가장 오래된 목판본《금강경》을 비롯, 산

253

둔황17굴. 둔황 문서를 분류하고 있는 풀 펠리오.

스크리스트어, 호탄어, 티베트어, 위구르어, 소고드어 및 중국어 등으로 쓰인 마니교, 불교, 조로아스터교, 유대교, 네스토리우스파 기독교, 히브리어로 쓰인 시편 구절을 비롯 다양한 문서들을 골라갔다. 그중에는 우리에게 잘 알려진 혜초 스님의《왕오천축국전(往五天竺國傳)》문서도 포함되었다.

오타니 탐험대는 일본 교토의 서본원사(西本願寺)가 파견한 단체로 1902~1914년까지 3차에 걸쳐 실크로드를 답사하였다. 런던에 유학 중이

둔황17굴. 16굴의 부속굴인 장경동 전경.

둔황16굴. 장경동 밖으로 반출된 문
서. 뒤편 보살소조상이 4구 보이나
현재는(오른쪽 아래 사진) 2구만 있
어 반출된 것으로 보인다.

01 사막에 부는 바람

던 서본원사의 22대 문주(門主) 오타니는 스벤헤딘과 스타인의 탐험이 성과를 올리자 직접 불교의 전래 과정을 답사하기 위해 중앙아시아 탐험을 시작하였다. 일설에는 탐험대 소지품 중 해군 교본이 발견돼 일본 정부의 정보 수집원 역할을 한 것은 아닌지 의심받기도 하였다. 1910년, 런던을 출발하여 투루판과 누란을 답사하던 3차 탐험대가 1911년 일어난 신해혁명으로 소식이 끊기자, 수소문 하고자 추가로 한 사람을 더 파견하였다.

7들은 둔황에서 만나, 둔황석굴에 남아 있던 유물들을 수집하여 한 사람을 먼저 일본에 보내고, 한 사람은 2년간 타림분지 여러 시역 답사를 마친 후 145마리의 낙타에 수집품을 싣고 일본으로 돌아갔다.(1914)

그러나 무리한 탐험으로 서본원사의 재정이 바닥나 오타니가 법주(法主)에서 물러나고 유물들은 여러 곳으로 흩어지게 되었다. 다수의 석굴벽화는 다시 중국 여순박물관으로 돌아왔고, 동경국립박물관, 교토 류코쿠대학에 분산되었다. 우리나라 국립중앙박물관 아시아관에도 상당량의 오타니 컬렉션이 전시되어 있다.

고베의 오타니 별장과 실크로드 수집품을 통째로 사들인 일본 동양척식회사의 구하라(九原)는 한반도의 금광채굴권을 얻기 위해 동향인 조선총독 데라우치에게 유물들을 선물하였다.(1916) 이들 유물들은 경복궁 수정전에 전시되었는데 일제가 패망한 후 미처 옮기지 못하고 한국에 남게 되었다. 유물들은 6.25전쟁 때 부산으로 옮겨졌다가 1974년 현 민속박물관으로 돌아왔으며, 1986년부터 국립중앙박물관(구 중앙청사 건물)에서 전시되었다. 구 중앙청에 있던 실크로드 유물들은 현 국립중앙박물관이 개관되면서 3층 중앙아시아관에 전시되고 있다.

뒤늦게 둔황에 도착한(1914) 러시아의 울덴부르그는 둔황을 실측하고

수집품을 싣고 귀로에 오른 오타니 탐험대. 낙타 145마리가 동원되었다. (1914년 3월)

자료를 정리하던 중 제1차 세계대전이 벌어지자 그간 수집한 경전과 문서들을 가지고 서둘러 러시아로 돌아갔다. 그가 어떻게 장경동의 문서를 손에 넣게 되었는지는 밝혀지지 않았으며, 대표적인 약탈물인 투르판 베제크릭 석굴 제15호 굴의 서원도는 현재 에르미타주 박물관에 전시되어 있다.

미국의 랭던 워너(Langdon Warner, 1881~1955)는 일본에 유학하여 불교미술을 전공했다. 그가 도착했을 때(1924)는 둔황 문서가 이미 다 흩어져 가져갈 문서가 없었다. 그래서 왕도사에게 약간의 돈을 주고 제328굴 성당시대 색채소조보살상과 둔황 벽화(335, 321, 329, 323, 320굴) 26점을 뜯어갔다.

독일은 4차에 걸쳐 탐험대를 보냈다.(1902~1914) 르콕은 10년간 신장 전역을 샅샅이 누비며 수백 상자의 벽화를 약탈해갔다. 무기상이었던 그는 가치가 있을 만한 벽화를 뜯어가기 위해 유적 파괴도 서슴지 않고 약탈했

미국인 랭던 워너와 328굴 조소보살상

는데, 베를린으로 실려간 실크로드 벽화의 상당수는 제2차 세계대전 연합군의 폭격에 소실되는 비운을 맞이하였다. 영국의 홉커스는 저서에서 이들 실크로드 탐험대를 '실크로드의 악마들'로 규정하였다.

실크로드 판타지

일본인들의 대륙에 대한 본능일까? 이노우에 야스시(井上靖)의 소설《누란》(1957)과《둔황》(1959)은 큰 호응을 얻으며 일본인들의 실크로드에 대한 환상을 자극했다. 이노우에 야스시는 1907년 일본 홋카이도 출생으로 고등학교 시절부터 서역 여행기를 탐독하며 먼 서역에 매료되었다. 그는 규슈제국대학 법학부에 입학허었으나 중퇴 후 다시 교토대학 철학과를 다니며 시를 쓰기 시작하였다. 졸업 후 마이니치 신문사에 입사한 후 30세 때인 1937년 일본군에 징집되어 포병으로 중국 북부에 1년간 복무하고 신문사로 복귀하였다. 1951년 신문사를 퇴사하고 본격적으로 글을 쓰기 시작하여 《둔황》, 《홍수》, 《누란》, 《이역사람》, 《칭기즈칸》 같은 여러 편의 서역을 무대로 한 작품을 발표하였다.

나 역시 십여 년 전, 1959년에 출판된 《둔황》의 일어판 책과 1986년 첫 번역 출판된 이노우에 야스시의 소설들을 헌책방에서 찾아내 기뻐했던 기억이 새롭다.

실크로드를 가본 적이 없던 이노우에 야스시는 소설을 발표한 20년 후, 70세에 이르러 그간 '죽의 장막'으로 갈 수 없었던 중국 땅에 들어가 꿈에 그리던 서역을 여행할 수 있었다. 1978년 중국이 개방되자 일본의 NHK 실크로드 다큐멘터리 제작에 참여하였다. 실크로드 다큐멘터리 방영은 일본에서 큰 호응을 받았다. 때마침 한국도 컬러TV 방송(1981년)을 송출하면서 외국 문물에 대한 다큐멘터리 작품들이 방영되기 시작하였다. 1984년 한국에서 방영된 NHK의 〈실크로드〉 30부작과 〈대황하(大黃河)〉 같은 수작들은 대륙과 역사에 대한 일반인들의 많은 관심을 불러와 관련 서적의 출판이 활발하였으며, 한때 흙피리 연주자 소지로(Sojiro) 음악이 유행하기도 하였다.

소설 둔황

1026년 송나라 인종 때 서하의 이원호가 둔황을 공격하던 시기를 배경으로, 둔황 17굴의 문서들이 보존되게 된 과정을 픽션으로 쓴 소설이다. 주인공 조행덕은 전국에서 33,800명이 응시한 과기에서 우수한 선저으로 통과 최종 선발 과정만 남겨놓은 상태였다. 한낮, 햇빛이 따듯한 넓은 시험장에 대기하다 깜박 잠이든 사이 시험은 끝나버렸고, 허망하게 과거시험을 망친 조행덕이 자포자기한 심정으로 시장을 배회하다가 기이한 광경을 목격하면서 이야기가 시작된다. 까무잡잡한 피부에 타력 있는 젊은 여자가 씩씩거리며 좌판에 나체로 누워 있고 남자는 사람 고기 잘라 판다고 목소리를 높이고 있었다. 조행덕이 여자를 전부 사겠다고 하자, 여자가 벌떡 일어나 자기는 잘려서 팔리겠다고 소리를 질렀고 남자도 잘라서만 팔겠다고 우겼다. 기이한 두 사람을 다독여 가진 돈을 전부 주고 여자를 구해 준 다음 돌아서려는데, 여인이 알 수 없는 글자가 써진 천 조각을 줘 받아들게 되었다.

과거를 망친 조행덕이 홀린 듯 그 천 조각의 글씨를 해독하고자 서하로 가는 도중, 한족 출신 주왕례가 이끄는 서하 군대에 잡히게 되었다. 조행덕은 엉겁결에 주왕례군에 편입되어 전투에 참가하였는데, 점령한 성안 봉화대에 숨어 있는 아리따운 위구르 공주를 발견하여 보호하게 되었다. 남몰래 여자를 숨겨두고 밥을 날라다 주며 서로 사랑하는 사이가 되었는데, 조행덕에게 서하의 수도 홍경으로 가라는 명령이 내려졌다. 조행덕은 상관인 주왕례에게 여인을 부탁하고 홍경으로 갔다.

위구르 공주는 조행덕에게 귀한 옥 목걸이 하나를 정표로 목에 걸어 주었다. 홍경에 도착한 조행덕은 평소 궁금했던 서하 글자를 해석하고 한문서책과 불교경전을 서하문자로 번역하며 두고 온 위구르 공주에 대한 생각을 잊고 지냈다. 어느 날 문득 여인을 떠올린 조행덕이 다시 군막에 돌아왔으나 상관인 주왕례는 부탁했던 여인이 이미 죽었다고 말하였다. 상관 주왕례에게도 조행덕이 가진 목걸이와 똑같은 옥 목걸이 하나가 있었다.

조행덕은 주왕례 역시 그 위구르 공주를 사랑하게 되었지만 서하국의 왕자 이원호에게 들켜 공주를 빼앗기고 말았다는 사실을 알게 되었다. 얼마 후 둔황을 공격하고자 서하의 대군이 집결하기 시작하였고 말을 탄 이원호의 행렬이 시내로 들어왔다. 이원호 행렬을 지켜보던 조행덕은 뒤따르던 위구르 공주와 순간 눈이 마주쳤다. 출정 사열 중 조행덕과 주왕례는 멀리 성벽 위에서 한 여인이 몸을 날려 투신하는 장면을 보게 되었고, 사람들은 이원호의 여인이 투신하였다고 수군거렸다. 주왕례는 분을 참지 못해 이원호를 죽이겠다고 복수를 다짐했지만 조행덕은 모든 게 덧없음을 깨닫고 둔황에 들어가 불교에 심취하여 불경을 공부하였다.

우려했던 서하군이 둔황을 공격할 것이라는 소문에 돌자 둔황 사람들은 모두 공황상태에 빠져 우왕좌왕 하였다. 그 와중에 호탄국의 옥을 거래했던 월지국의 후손 울지광은, 둔황태수를 비롯한 진귀한 보물을 가진 사람들에게 자신에게 맡기면 보물들을 잘 숨겨주겠다며 사람들을 현혹하였다. 조행덕의 옥 목걸이를 본 울지광은 한 쌍으로 된 진귀한 옥 목걸이라며, 자신에게 맡겨 주면 안전하게 보관해주겠다고 졸랐다. 어수선한 시내를 배회하던 조행덕은 모두가 피난을 떠난 사찰에서 불경을 소중히 챙기는 한 젊은 스님을 보고 함께 밤새 불경을 꾸렸다. 다음 날 조행덕은 울지광에게 목걸이뿐만 아니라 보물도 함께 맡기겠노라고 낙타 준비를 부탁했다. 울지광은 불경을 싼 보자기들을 보물로 여기고 사막 어딘가에 숨기고는, 위치를 아는 낙타 몰이꾼을 모두 살해하였다. 그러나 조행덕의 목에는 아직 그 진귀한 옥 목걸이가 걸려있었다.

목걸이를 본 울지광이 빼앗기 위해 몸싸움을 하는 사이 수만의 서하 군대가 둔황으로 쳐들어왔다. 서하의 군마는 둘의 싸움을 무시하며 짓밟고 둔황으로 쳐들어갔다.

군마가 짓밟고 지나가 큰 부상을 입은 조행덕은 역시 몸을 크게 다친 울지광이 미친 듯이 사막 속 모래에서 옥 목걸이를 찾고 있는 모습을 멍하니 바라보았다.

몇 년의 시간이 흘러 평화가 찾아오자 둔황은 다시 활기를 찾았으며, 그간 폐쇄되었던 둔황석굴을 찾아오는 신도들이 늘어나고 석굴 보수도 시작되었다. 어느 캄캄한 밤, 울지광으로 보이는 사내가 몰래 어떤 석굴을 개방하려다 그만 내리치는 번개에 맞아 사망하였다는 소문이 돌았다. 시간이 흐른 후 상단을 이끌던 대상인이 둔황석굴 보수에 큰 시주를 하고 떠났다.

석굴을 보수하는 작업이 시작되자 사주에서 온 한 젊은 스님이 나타나 자신이 이 굴을 보수하겠다며 16굴에 머물렀다.

우리나리에도 수백 종의 관련 책이 출판되었다. 간다라미술을 쓴 이주형 교수와 신문연재 등 다양한 책을 출판한 김호동 교수, 몇 차례 강연을 듣게 된 인연을 가진 전 국립중앙박물관 아시아부장 민병훈 등 전문가분들이 출판한 서적들은 일반 대중이 쉽게 실크로드를 이해할 수 있도록 많은 도움을 주었다. 그중 실크로드의 동단(東端)이 한반도 경주임을 주장한 진 단국대학교 사학과 정수일(鄭守一) 교수의 이력은 특이하다. 2013년 경상북도의 지원을 받아 출판한 《실크로드 사전》은 15년간 정리한 1,092쪽에 달하는 방대한 양으로, 상당 부분을 저자가 감옥에 있을 때 집필하였다.

1934년 연변에서 태어난 정수일은 중국 국비 장학생으로 카이로대학 인문학부에 유학하고 모로코 주재 중국대사관 2등 서기관으로 근무했으며, 1963년 민족차별에 반발하며 북한으로 귀화하여 평양외국어대학 동방학부 교수를 지냈다. 1974년부터 약 5년간 대남간첩교육을 받고 1979년 레바논으로 출국한 뒤 튀니지, 말레이시아, 호주, 인도네시아를 전전하다 1984년 필리핀에서 '무하마드 깐수'로 신분 세탁하고 대한민국에 들어왔다. 1996년 단국대학교 초빙교수로 재직 중 간첩 활동으로 체포되어 검찰에서 사형이 구형되었는데, 심문 중 그의 학문 업적을 인정한 검사가 집

262

에 있는 원고를 가져다주며 집필을 계속 할 수 있도록 편의를 제공했다고 한다. 2000년 특사로 풀려나 대한민국으로 귀화한 정수일은 국적을 4번이나 변경한 극적인 인생을 살며, 실크로드와 이슬람에 관한 학자로 대한민국의 문명 교류학 발전에 많은 기여를 하였다.

02 실크로드의 두 도시, 둔황과 투르판

둔황

　실크로드의 대표적인 두 도시는 여느 오아시스 소왕국처럼 반복적으로 강력한 외세의 영향을 받았다. 북방 초원 알타이 산맥과 가까운 투르판은 지리적 영향으로 여러 민족과 종교가 혼재되어 공존하다 위구르인들에 의해 이슬람교 문화권이 되었다. 반면 내지에 가까운 둔황은 이곳에 정착한 한족과 내지의 중원과 교류하면서 불교 문화권으로 남게 되었다. 황하와 합류하는 위수(渭水)를 넘어 천수(天水)를 지나면 감숙성의 성도 난주(蘭州)에 이른다. 이곳 난주의 황하를 건너면 하서(河西) 지방이다. 여기서부터 기련(祁連)산맥 기슭을 따라 실크로드의 길목인 하서주랑(河西走廊)의 도시 무위(武威, 양주[涼州]), 장액(張掖, 감주[甘州]), 주천(酒泉, 숙주[肅州]), 안서(安西, 과주[瓜州])를 지나 둔황(敦煌, 사주[沙州])에 이른다.

　하서주랑(河西走廊)은 하서 지역인 난주에서 가욕관(嘉峪關)에 이르는

양관고성 기련산맥

좁고 긴 약 800km의 통로로, 남쪽의 강족(羌族)과 북쪽 흉노(匈奴)의 연결을 차단하고 서역으로 가는 길을 확보하기 위해 매우 중요한 길목이다. 장안에서 둔황까지는 1,800km로 두 달이 걸리는 거리다. 둔황 부근에서 기련산맥의 끝자락과 곤륜산맥이 이어져 있는 것을 볼 수 있다. 해발 1,317m의 둔황 양관고성(陽關故城) 망루에 올라서 멀리 남쪽으로 시선을 두면 이글거리는 사막 너머 설산이 보이는데, 해발 5,569m의 기련산맥의 끝자락이다.

서역에서 온다면 파미르를 넘거나 우회한 대상들은 남쪽의 곤륜산맥 기슭을 따라 서역 남로 또는 천산산맥 기슭을 따라 오는 서역 북로를 따라 점점이 있는 오아시스를 건너올 것이다. 소륵국(疏勒國, 카슈가르)에서 출발하여 거대한 타클라마칸 사막을 지나 둔황까지 약 1,800km이다. 이 역시 두 달이 걸리는 거리다. 서역 남로를 따라온 사람들은 사차(莎車, 야르칸드)—호탄(和田, 우전)—차말(且末)을 경유하고, 천선 남로로 온 사람들은 구자국(龜玆國, 쿠차)—언기국(焉耆國)—차사국(車師國, 투르판)—이주(伊州, 하미)를 지나 누란(樓蘭)에서 험한 백룡퇴(白龍堆)를 건넜을 것이다.

누란(선선[鄯善])왕국은 서역 남북로가 합류하는 위치에 있다. 사막을 건

옥문관과 둔황 위치도

너온 대상들은 긴 여정의 도착을 알리는 첫 관문인 옥문관이나 양관을 통과하게 된다. 북쪽의 옥문관과 남쪽의 양관은 직선으로 약 50km, 이곳에서 둔황까지는 각각 70km, 60km 거리의 삼각형을 이루고 있다. 두 관문을 통과하여 동쪽으로 2일은 더 가야 둔황에 다다를 수 있었다. 《한서》서역전에는 "서역의 동쪽은 옥문, 양관을 경계로 한다"라는 기록이 있다. 그 너머가 서역인 것이다.

당나라의 시인 왕유(701?~761)가 멀리 서역으로 출발하는 친구와 석별의 아쉬움을 담아 지은 위성곡(渭城曲), 〈송원이사안서(送元二使安西)〉는 다시 볼 수 없을지도 모를 친구에 대한 애틋함을 잘 표현하고 있다.

위성의 아침 비 흙먼지를 적시고
객사의 버들잎 더욱 푸르다

그대 한 잔 더 들게나

서쪽 양관을 나서면 술 권할 친구도 없으니

渭城朝雨浥輕塵

客舍靑靑柳色新

勸君更盡一杯酒

西出陽關無故人

옥문관은 서역으로 갈 때 안전을 확보하고 흉노을 차단하기 위해 둔황 서북쪽에 위치한 전략적 요충지였다. 기원전 103년 이광리의 첫 대완정벌에 실패한 후 "옥문관을 넘는 자는 사형에 처한다"고 무제가 화를 냈다는 기록을 보면 옥문관은 군사 주둔지 역할이 큰 것을 알 수 있다.(기원전 108년경) 양관은 서역과 교통이 활발해짐에 따라 조금 늦게 개설한 것으로 보이며 남쪽의 양관은 다소 군사적 위협이 덜해 무역로의 기능이 더 많았다. 한사군이 설치된 비슷한 시기, 한 무제(재위 기원전 141~기원전 87)는 대략 기원전 115~기원전 67년경 흉노와 치열한 전쟁 끝에 서역으로 가는 하서주랑(河西走廊)을 확보하고, 무위군(武威郡), 장액군(張掖郡), 주천군(酒泉郡), 둔황군(敦煌郡)을 설치하였다.(하서4군)

전한시대 둔황은 약 1만 1,200호, 약 3만 8,400여 명, 6개의 현이 속해 있으며 태수를 비롯 태수를 보좌하고 군사업무를 담당하는 도위가 있었다. 원주민들은 기원전 고래로부터 살고 있던 아리안계 월지족을 비롯한 강과 흉노 등이었으며, 한나라 진출 후 대규모 대완 원정과 이주를 통해 정착한 한족과 원주민이 함께 거주하는 변경도시가 되었다.

전한시대 서역 경영은, 흉노 일축왕의 투항(선제 때 기원전 60)으로 쿠차까

267

지 진출하여 오루성(烏壘城)에 서역도호를 두고 약 60여 년에 동안 둔황을 비롯한 서역 36국이 한나라의 지배 아래에 놓였다. 전한이 멸망한 후 왕망(王莽, 기원전 45~기원후 23)의 신(新, 기원후 8~23)나라와 후한 전기에는 중국 내부의 문제로 서역 경영을 방기한 상태였다가, 후한 명제(유양 28~75)가 나이 30세(기원후 57) 황제에 오르면서 다시 서역으로 진출하게 되었다. 흉노가 남북으로 분열된 내분을 틈타 명제는 북흉노 정벌 출정(기원후 73)을 하였다. 총대장 두고 장군을 따라나선 후한의 명장 반초는 장사 36명 반을 대동하고 서역 여러 소왕국을 한나라에 복속시키는 대단한 정치 능력을 보였다. 몸이 노쇠해지자 귀국한 반초는 20일 후에 죽었다.(71세, 102년경)

반초가 귀국한 후, 도호부는 폐지되었으며 둔황을 비롯한 서역은 다시 한나라의 지배를 벗어났다. 이후 반초의 아들 반용이 다시 서역 장사로 파견(123~127)되어 재정비하려 했으나 4년 만에 서역에서 철수하였다. 후한의 뒤를 이어 중원의 세력을 잡은 위나라는 양주(무위)자사 관할 아래 옛 하서4군에 태수를 파견하고 고창 지방(투르판)에 무기교위를 보내 서역을 경영하였는데, 파견된 관리의 역량에 따라 부침하였다.

기록에 따르면 둔황태수(227~232) 창자는 20년간이나 중앙에서 관리가 파견되지 않은 상황에서도 호족들이 과점한 토지를 양민에게 분배하는 등 태수의 직분을 다하였으며, 무역을 원하는 서역 상인들을 맞아 화물을 안전하게 봉하고 관리에게 호송시켜 수도로 보냈다고 한다. 5호16국 시기 전란을 피해 2만 여 호의 주민이 내지에서 둔황으로 들어왔다. 이 시기 서역과의 교류가 빈번해지면서 둔황은 불교가 성행하였으며 천축국을 오가는 승려들이 늘어났다. 둔황보살로 불리는 축법호(쯔法護, 231~308)는 경전

268

둔황 백마탑

을 구하기 위해 스승인 축고좌(竺高座)와 함께 천축국을 순례하고 돌아와 149부의 경전을 번역하였는데, 이는 구마라집 이전의 경전 중 가장 방대한 양이었다.

383년 전진의 장군 여광이 쿠차 정복 후 구마라집(343~413)을 압송하면서 둔황을 경유하였다. 둔황에는 구마라집이 불경을 가져올 때 사역하다 죽은 백마를 기리는 백마탑과 백마사가 있다.

서량(西涼, 400~421)의 이고(李暠)는 전한 무제 때 비장군(飛將軍) 이광의 16대손으로, 대대로 하서 지방에 살고 있던 명문 집안 출신이었는데, 옛 둔전병의 후손들과 한족의 지지를 받아 둔황태수로 추대되었다. 이고는 법현 일행이 둔황에서 안거를 마치고 천축국으로 출발할 때 경비를 지원하였다.(400)

둔황 막고굴

둔황 막고굴의 개착년대는 대략 366년으로, 698년 제14굴에 중수 중 새워진 대주이군중수막고굴불감비(大周李君重修莫高窟佛龕碑)의 발굴로 비교적 상세히 알려져 있다. 진(秦) 건원 2년(366) 사문 낙준(樂遵)이 이 산을 찾았다가 홀연히 금빛이 빛나는 곳을 보고 천불이 아닐까 직감하고 그곳에 감실을 조영했다. 이어 법량선사(法良禪師)가 동방에서 이곳을 찾아 난준의 굴 옆에 석굴을 조영하였나 땐아 동양영이리는 지가 있었다. 후에 주(州)의 서민들도 협력하여 석굴을 조영했다.

약간 연대 차이는 있으나 처음 석굴을 조성한 것은 대략 366년 난준과 법량선사에 의해 시작되었고 6세기 중엽 과주자사로 부임한 북위의 원태영이라는 인물의 후원과 둔황 주민들이 석굴조영에 참여했음을 알 수 있다. 개착년대는 구마라집이 여광에게 쿠차에서 압송되었을 때보다 약 20년 전이고, 법현의 천축행 중 머물렀던 때보다 약 36년 전이다.

서량을 무너뜨린 저거씨의 북량이 둔황을 비롯한 하서 일대 전역을 지배하니 서역 36국이 모두 조공을 바쳤다.(421) 저거씨는 불교를 신봉하여 수도 양주(무위) 남쪽 100여 리 산록에 많은 석굴을 개착하고 불상을 안치하여 그 수가 280개나 되었다. 북량을 정복한 선비족 북위는 북량의 승려 담요를 평성(平城, 산서성[大同])으로 보내어 460년경부터 운강석굴 조성에 착수하였다.(439)

북위가 수도를 평성에서 남쪽 낙양으로 옮긴 후 용문석굴을 조성하였다.(494) 막고굴이 중국 3대 석굴의 시초이자 모태가 되는 셈이다. 북위 정권은 불교를 후원했을 뿐만 아니라 서역과의 교역에도 활발하였다. 북위

막고굴

는 445년경 장군 만도귀를 서역에 파견하여 파미르 너머 페르가나, 사마르칸트, 부하라는 등에서 교역상이 올 정도로 서역 경영에 적극적이었다. 《낙양가람기》에는 북위 선무제(500~515)가 서역 100국의 승려 3천 명을 위한 사찰을 지었다고 기록되어 있다.

막고굴 중수비에 기록된 동양왕 원태영은 낙양에서 좌천되어 과주자사로 있었는데, 528년 북위가 동서로 분열되는 과정에서 고향의 원씨 일족이 많이 희생되었다는 소식을 듣고, 일족의 극락왕생 기원을 담아 막고굴의 중수를 하지 않았을까 추측된다. 574년 북주의 폐불령(승려 4만을 환속시키고 불교와 도교를 금지한 사건)으로 둔황에도 파급이 있었는 듯하다. 사주성의 대승사(大乘寺)가 옛터와 탑기만 남았다는 기록이 있다. 581년 북주를 무너뜨리고 중국을 통일한 수 문제는 불교를 다시 활발하게 부흥시

271

428굴

컸다. 수대의 조성굴은 제 302, 305굴을 비롯하여 110여 개이다. 중원이 안정되어 역으로 중원불교가 둔황으로 유입되면서, 막고굴의 도상은 불전도와 본생도가 감소하고 수하설법도(樹下說法圖)가 주를 이루고 천불과 비천상 및 공양자상이 묘사되었다.

　수 양제는 선선, 차말 등 서역남도를 장악하고 있던 토혼욕을 티베트 고원으로 몰아내고 미란과 체르첸(且末)에 직할령을 두었다.(609) 양제의 서역 경영은 매우 적극적이었다. 친히 하서 지방을 순행하자 서역도기 배구는 고창과 이오왕들을 설득하여 서역 28국을 입조케 하였다. 그러나 수나라는 38년간으로 수명이 짧았다. 이후 당은 양주(涼州), 감주(甘州), 숙주(肅州), 과주(瓜州), 사주(沙州)에 5주를 설치하고 옥문관 밖 이오 국경에 이르기까지 다섯 개의 봉수대를 설치하였다.(619년경) 627년 정관 원년 현장이 양주에 도착하였다. 아직 당나라가 건국 초기로 안정이 되지 않은 상태라 국경을 넘는 것을 봉쇄하고 있던 시기였다.

양주도독 이대량은 즉시 장안으로 뒤돌아가라고 명령하였으나, 하서 지방 불교를 관장하는 혜위법사(惠威法師)는 현장의 구법의지에 탄복하여 두 명의 제자를 동행하여 몰래 과주로 보냈다. 과주자사의 환대와 관리 이창의 도움으로 간신히 둔황에 도착하여 천축국으로 갈 수 있었다. 국력을 정비한 당은 후군집(候君集)을 보내 당의 서역 진출을 방해하던 고창국의 국문태를 정벌한(639) 후 서쪽으로 진출하여 쿠차에 안서도호부 두고 쿠차, 우전, 소륵, 언기에 안서4진을 설치하였다. 이처럼 당의 서역 경영이 안정되자 둔황군은 옥관(玉關), 막고(莫古)를 포함한 13향으로 확대되었고 막고굴을 비롯 둔황 내 17대사(大寺)에는 많은 승려들이 수행하였다.

두로군의 설치

중앙에서 멀리 떨어진 군사 지역을 안정시키기 위해서는 책임지고 지역을 방어할 주둔군이 필요하였다. 당은 안서절도사(쿠차)를 비롯 북정절도사, 하서절도사, 농우절도사, 삭방절도사, 검남절도사(강족 경계) 등 당시 10개의 절도사 중 6개를 서역을 방어를 위해 설치하였으며, 하서, 농우, 삭방 절도사를 촘촘하게 배치하여 하서주랑 지역을 중심으로 돌궐족과 강족의 연계를 차단하고 빈번한 지역 토호들의 반발을 막기 위해 주둔시켰다. 둔황군을 관장하는 하서절도사는 양주에 도호부를 두고 관병 7만 3천 명과 군마 1만 8천 필 규모로 있었다. 그중 사주성 둔황에 설치한 군영이 두로군이다.(705) 관병 4,500명과 말 400여 필로 당시 둔황의 인구가

273

4,270호 1만 6천여 명임을 감안하면 상당한 규모임을 알 수 있다.

두로란 선비족어의 음역으로 귀의(歸義)라는 뜻이다. 위(魏)나라 때 선비족 일파인 모용장이 두씨 성을 하사받은 것으로 보아 두로군의 주축은 선비족일 것으로 보인다. 훗날 둔황에 주둔한 귀의군의 전신격이라 할 수 있다. 작은 오아시스에 대규모 군대가 주둔하기 위해서는 막대한 경비 충당을 위해 무거운 세금 부담과 중앙에서 지원이 필요하였다. 가난한 농민들이 봄에 파종할 씨앗을 대부받으면 수확기에 5할의 고리를 붙여 반환하였다고 한다. 펠리오의 문서에 의하면 주둔 병사들에게는 여름과 겨울 상의 각각 6개씩, 하의는 각각 3개 2개씩 지급 받았고 두건과 신발 양말은 각 7개, 속옷은 3개를 지급 받았다고 기록되어 있다.

둔황의 중원불교

중국화된 불교는 둔황 벽화에 변화를 주었다. 645년 현장 스님이 서역에서 귀국하면서 중원불교는 전성기를 맞이하게 되었다. 국가의 후원을 받은 사경 사업이 활발해져 각지로 불경을 보급했으며 황실의 적극적 지원으로 멀리 둔황을 비롯한 멀리 쿠차에도 관사(官寺)인 중국 사찰이 건립되었다. 측천무후(624~705)는 여러 주에 대운사(大雲寺)를 건립하고 《대운경(大雲經)》 등의 예언서를 편찬하였는데, 둔황과 안서에도 대운사를 건립하였다.

막고굴 96굴의 웅장한 미륵불상은 측천무후를 모델로 한 조각상으로, 불교신앙을 이용하여 정권찬탈의 정당성을 주장하기 위한 대표적인 사

276

오대산도가 그려진 61굴 전경

레다. 중종과 현종도 여러 주에 용흥사(龍興寺)와 개원사(開原寺)를 건설하여 불교를 후원하였다.

　막고굴의 조성은 시대에 따라 형태가 변하였는데, 서역의 색채가 강했던 북위에서 수대는 중심주형 석굴이 많았고 당대에 이르러는 정방형과 벽에 감실을 파는 형태가 주를 이뤘다. 초기는 벽화는 본생담이나 부처님의 생애에 대한 벽화가 많았고, 수대는 수하설법도(樹下說法圖)가 많았다. 당대 조영굴에는 정토변상도(淨土變相圖)가 많이 그려졌으며 입구 쪽에는 문수보살과 유마거사가 문답을 하는 유마경변상도(維摩經變相圖)가 그려져 있다.

　6~8세기에 중국에서 발전한 정토신앙이 둔황에 유입되고 황제의 통치권을 강화하는 대형석굴들이 조형되면서 초기 서역풍의 석굴은 더 이상

277

조성되지 않았으며 당대 이후의 석굴은 완전히 중국 불교화된 석굴만 조성되었다. 당대에는 막고굴 486개 석굴 중 247개가 조성되었을 정도로 개착이 활발하였고 대표적인 큰 굴인 북대불전(96굴, 695년 측천무후)과 남대불(130굴, 713~741)을 비롯한 대형석굴인 열반굴(148굴) 등이 모두 당대에 조성되었다.

토번의 점령

당나라는 동쪽의 고구려와 북서쪽의 돌궐족 그리고 서남쪽의 토번국이 있어, 3면이 강적들로 둘러싸인 형국이었다. 고구려를 공략하고 돌궐 또한 서쪽으로 몰아내는 데 어느 정도 성과를 거둘 무렵 티베트 고원을 통일한 송첸캄포(松贊干布, 581~649)의 등장은 당나라의 큰 위협이었다. 재상 대론(大論)이 이끄는 티베트군은 670년, 687년 2차에 걸쳐 안서4진을 공략하여 점령하기도 하였으며, 727년 공격 때는 과주성이 함락되고 하서절도사 가족을 사로잡기도 하였다. 측천무후(624~705)와 현종(재위 712~756) 치세였으나 토번의 진출을 효과적으로 저지하지 못하는 상황이었다. 안사의 난(755~763)으로 다급해진 당이 하서와 농우 지방의 군대마저 반란 진압에 동원된 틈을 타 티베트군은 농우 지방을 공략하고 일시 장안까지 점령하였다(763).

토번의 공격에 저항하는 각 지역 주둔군의 저항도 끈질겼다. 764년 양주가 티베트에게 점령되며 감주, 숙주, 과주가 차례로 공략 당한 후 둔황(사주)이 함락되기까지 17년이 걸렸다. 티베트 군에 맞서 11년 동안이나

278

항전하다 함락된(781) 둔황(사주성)에 관한 기록을 보면, 사주자사 주정이 성을 지키며 위구르에게 구원병을 요청했으나 해가 바뀌어도 구원병은 오지 않았다. 절망한 주정이 성을 불태우고 도망치려 하자 부하들이 반대하였는데, 이에 병마사 염조가 자사 주정을 사살하고 사주 방어 지휘를 하였다. 8년 동안 티베트를 방어하던 염조가 "비단 1필과 보리 1말을 교환한다"는 방을 내걸자 보리를 가져오는 자가 많은 것을 보고 아직 식량이 있다고 판단하여 사수 의지를 가졌으나 2년 후 식량이 바닥나자 성문을 열어 항복하였다. 염조는 독살되었고, 한인들은 호복을 입고 토번의 신하가 되었는데 매년 조상의 제사를 지낼 때 중국 옷을 꺼내 입고 통곡하며 제사를 지낸 후 다시 넣어 두었다고 한다. 둔황의 토번의 지배는 장의조(張議潮)가 독립할 때까지 70년간 지속되었다.

토번 지배기 둔황불교는 9세기를 전후해서 전기는 티베트 불교 영향이 적어 중국불교가 번성하던 시기(781~800)와 라싸의 종론에 얽힌 교학 논쟁 이후 후기(800~849)로 나눠진다. 중국 본토에서 티베트로 온 마하연의 선불교를 따르는 승려들이 늘어나자 위기의식을 느낀 인도 불교파는 이를 금지해 줄 것을 왕에게 청하여 중국불교(돈문파[頓門派])를 금지시켰다. 점문파(漸門派)인 인도불교가 승리하여 후기에는 둔황에 티베트 불교가 성행하게 되었다. 토번의 둔황 지배 시기는 일면 행운이기도 하였다. 845년 중국 본토에는 무종의 '회창법란'으로 4만여 개의 사원이 파괴되고 26만 명의 승려가 환속당하는 심각한 타격을 입었는데 토번의 지배로 둔황의 불교는 그 화를 피할 수 있었다.

장의조의 사주귀의군

토번왕 란다르마가 암살되자 티베트의 분열이 시작되었다.(846) 둔황은 티베트 지배 아래 위구르와의 전쟁에 필요한 물품을 제공하는 전초기지를 담당했던 탓에 징발에 대한 반발심이 많았다. 티베트의 혼란을 틈타 둔황의 한족 토호인 장의조(張議潮)는 재빨리 세력을 모아 토번군을 몰아내고 사주와 과주를 점령하였다.(848)

《왕오천축국전》이 발견된 제17굴에 홍변 스님 조상이 있다. 한시라도 빨리 둔황 수복 사실을 당조에 보고하고 싶었던 장의조는 홍변 스님에게 부탁하여 사절을 선발하였다. 홍변 스님은 그의 제자 여럿을 준비시켜 아직은 토번군이 점령하고 있는 하서주랑과 티베트 지역을 피해 10대(隊)의 사절을 당조로 보냈다. 그중 오진(悟眞)이 살아서 당조에 입조하였다. 3년 만에 몽골 접경 지역인 포두(包頭) 쪽으로 멀리 우회한 사절이 도착하여 조정에 보고되었다.(851) 장의조는 당 현종 때 안서도호를 지낸 장효숭의 후손으로 장씨는 대대로 사주자사를 지냈다. 둔황 탈환 후 하서 지방을 회복하기까지는 대략 18년이 걸렸다.

숙주, 감주를 거쳐 양주를 공략한 때는 863년 3월경으로 7천 명의 번한(蕃漢) 군대를 동원하여 마침내 866년 하서 전역을 회복하였다. 당조로부터 귀의군 절도사를 하사받은 장의조는 조카 회삼에게 전권을 이양하고 당조에 입조하였으며(867) 수도 장안에 5년을 머물다 병사하였다. 막고굴 제156굴 남벽과 서벽남측 하단에는 장의조 출행도가 그려져 있다.

장의조 시대의 석굴은 대체로 규모가 크고 불대가 벽과 떨어져 있어 주위를 돌며 예배를 할 수 있도록 배치되어 있다. 장의조의 뒤를 이은 장회

삼이 당 조정으로부터 절도사 지위 인정이 20년간 미뤄져 위구르 침입과 내분으로 무너져갔다. 당 왕조가 쇠퇴기에 이르자 장의조의 손자 장승봉이 둔황을 중심으로 금산국(金山國)이란 소왕국을 세웠는데(905), 곧 감주 지역에 정착해있던 위구르 회흘의 공격을 받아 토번에 원군을 요청했으나 지원군은 오지 않자, 전쟁에 지친 사주 백성들이 감주의 천가한을 찾아가 항복하며 금산국은 10년간의 짧은 기간 존재하다 멸망하게 되었다.

장씨 이후 둔황 지역은 조의금이 실권을 장악하고, 당 멸망(907) 후 5대 10국 시기(907~960) 감주회흘과 함께 후당에 입조 귀의군 절도사에 임명되었다.(924) 조의금 시대 둔황 귀의군은 위구르계가 감주 지방을 차지하고, 양주 지역은 토번의 토호가 지배하고 있어 사주와 과주, 둔황 일대로 축소되었다. 어느 정도 경계가 정해져 안정을 찾자 조의금의 귀의군은 실크로드 중계무역을 활발하게 이어가고 혼인정책을 통해 감주와 우전 등과 동맹을 맺는 등 서하(西夏)에 의해 점령될 때까지 100여 년간 이어져 갔다.

장씨와 조씨의 약 200년간의 귀의군 동안 둔황 17대사(大寺)에는 1천여 명의 승려가 거주하였다. 이들을 관장하는 도통승은 절도사 다음으로 높은 지위를 가졌다고 한다. 인구 1만 5천~2만 명에 불과한 둔황에서 큰 규모의 승가집단을 유지하기 위해 농업과 목축, 종자와 식량, 비단무역, 대부업 등 상당한 규모의 자체 경제활동을 하였다. 또한 둔황에는 직업에 따라 20~25가구로 구상된 사(社)라고 하는 조합이 구성되었는데, 각 사찰에는 이러한 조합이 10~15개 정도가 속해 있어 법회 날에는 조합원 전원이 참석하는 등 후원을 받았다.

서하의 침공

당 멸망 후 5대10국 시대 약 50년의 혼란을 통일한 송(宋, 960~1279) 나라는 군사력이 약하여 신흥세력으로부터 군사 입박을 받았다. 동북쪽의 만주 지역 거란족이 세운 요나라와 서쪽은 영주(寧州) 지역에서 급격하게 세력을 확장한 탕구트족이 대하(大夏, 1038~1227)를 건설하고 송나라를 압박하였다. 서하는 지금의 영화회족자치구 은천시(銀川市)에 수도를 정하였는데 송나라는 서하(西夏)라고 하였다. 서하는 양주의 토번과 달리 자국을 통과하는 대상들을 약탈하지 않고 보호하였는데 중원으로 가는 대상들은 안전한 서하 지역을 통과하여 내륙으로 왕래하였다. 특히 북방 거란족의 요나라로 가는 대상들은 서하를 통과하는 길이 가장 빠르고 안전한 길이었으며, 둔황이 서하의 영토로 편입된 이후에도 송나라와 요나라에 둔황사절단이 수차례 들어와 조공하고 무역을 하였다는 기록이 있다. 서하의 이원호가 둔황을 점령하였다.(1036)

둔황 막고굴 17굴의 봉인 시기를 서하 시대로 보는 이유는, 둔황 문서 중에 서하 이후 년대가 발견되지 않았기 때문이다. 서하왕국은 불교를 국교로 하여 서하 시대 둔황 막고굴의 보수와 개착이 이루어졌다. 이원호의 아버지 이덕명은 어머니가 돌아가시자 오대산의 절 열 곳에 시주하여 제사를 지냈으며, 송나라에 말 70필을 보내 대장경을 요청했다.(1030) 이원호 역시 송나라에 말 50필을 보내 불경을 교환해왔다. 이원호의 부인 몰장씨(沒蔣氏)는 출가한 적 있을 만큼 신실한 불교도였던 관계로 이후 서하 왕들도 계속해서 송과 요나라에서 불교를 들여왔으며 티베트에도 승려를 초청하였다. 서하 시기 둔황 부근 유림굴(楡林窟)이 중점적으로 개착되어 유림굴에는 티베트 밀교 내용을 담은 석굴이 많다.

서하(西夏) 이후의 둔황

서하 이후 둔황은 원나라의 영토에 속해 있었으나 예전 같은 무역의 중계지로 역할로 중요한 위치가 아니었다. 이미 해상로를 통한 대규모 무역이 가능한 시대였을 뿐만 아니라 통일된 영토를 따라 초원로의 이용에 제약이 사라져 어려운 사막길을 이용할 이유가 사라졌기 때문이다.

사막의 실크로드가 개척된 이유가 서역으로 가는 북방 초원로가 항시 사나운 북방 유목민들이 지배하고 있어 안전한 여행이 보장되지 않았던 이유를 상기해보면 실크로드의 쇠락을 이해할 수 있다. 원나라 때 대도(大都)를 향하던 중 이곳을 방문한(1274) 마르코 폴로일행은 둔황을 상업이 아닌 농업을 주로하고 있는 오아시스로 기록하고 있다. 또한 대부분은 불

가욕관

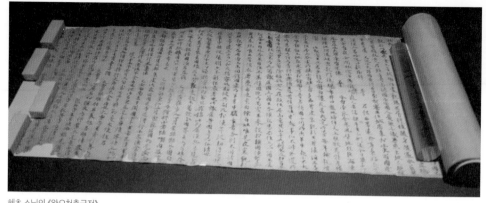

혜초 스님의 《왕오천축국전》
국립중앙박물관 <실크로드와 둔황> 전시 중 촬영, 2010년 12월

교를 신봉하지만 서역에서 온 튀르크계 네스토리우스파 기독교인들과 이슬람인들이 있다고 서술하였다. 명(明, 1368~1644) 나라 때는 둔황에 사주위를 두었으나 실제는 지역 호족에게 임명장을 줘 관리하였고 가욕관까지만 직접 관할하였다. 그나마 1524년 가욕관을 폐쇄하고 서역을 완전히 방기하였다.

여러 왕조에 걸쳐 중원에 복속되어 있었던 둔황은 명나라의 철수 이후 투르판의 위구르 지배 아래에서 200년을 보내게 되었다. 1715년 청나라 강희제 때 가욕관 밖으로 출정하여 하서 지역을 회복하였고 1723년 사주소(沙州所)를 두어 청의 영토로 예속시켰다. 둔황 막고굴은 원대에 9개의 막고굴이 조성되었고 청나라 때 몇 개 굴을 보수한 것 외에 둔황문서가 발견되기 전까지 방치되었다. 20세기 초 실크로드 탐험이 활발해지면서 둔황에도 열강들의 탐험대가 빈번해지면서, 장경동으로 잘 알려진 둔황 막고굴 제17굴이 세상에 들어났다. 세계 4대 기행문 중 하나인 《왕오천축국전》은 그중 가장 오래된 기행문이다. 해로를 통해 인도에 도착하여 육로로 귀환한 기록으로 8세기 초 중국과 인도의 교역로를 아는 데 귀중한 자

료이다. 2010년 국립중앙박물관은 실크로드와 둔황 특별전에서 프랑스국
립도서관에 보관 중인 《왕오천축국전》을 세계 최초로 일반인에게 공개하
였다.

달 밝은 밤에 고향 길을 바라보니

뜬 구름은 너울너울 고향으로 돌아가네

나는 편지를 봉하여 구름 편에 보내려 하나

바람은 빨라 내 말을 들으려고 돌아보지도 않네

내 나라는 하늘 끝 북쪽에 있고

다른 나라는 땅 끝 서쪽에 있네

해가 뜨거운 남쪽에는 기러기가 없으니

누가 내 고향 계림(鷄林)으로 나를 위하여 소식을 전할까

—《왕오천축국전》중에서

발굴 당시에는 저자인 혜초 스님이 어느 나라 스님인지 알지 못했으나,
일본인 학자가 시의 내용 중 계림(鷄林)이 신라를 지칭하는 것을 알아내
혜초 스님이 한국인임이 밝혀졌다.

투르판

실크로드 천산남·북로가 이곳에서 갈라진다. 소설《서유기》중 손오공
이 철선공주로부터 파초선을 빌려와 불을 끄려고 했던 산이 투르판(吐魯 **285**

베제클릭 석굴

番)에 있는 화염산이다. 투르판 분지는 대략 동서 120km, 남북 60km 면적의 분지며 세계에서 두 번째로 고도가 낮은 지형으로 가장 낮은 곳은 -154m에 이른다. 투르판 분지 약 40km 북쪽으로 해발 4천m에 이르는 천산산맥 줄기가 지나가고 있어, 한여름에도 멀리 흰 눈이 쌓여 있는 것을 볼 수 있다. 이곳은 카레즈 농법으로 유명한데, 북쪽 설산의 눈들이 녹아 생성된 물을 지하통로를 만들어 농지까지 끌어들여 연간 강우량이 50mm도 안 되는 이곳에 풍부한 농업용수를 제공하고 있다.

투르판 분지에는 차사(車師)전국, 산북(山北) 등 8개국이 있었다. 북방 초원과 가까운 투르판 분지는 중원 세력과 북방 유목민의 세력 다툼의 최전선으로 끊임없는 전쟁터가 되는 운명을 가지고 있었다. 5호16국 시대 교하성은 전량의 수도였으며, 460년경 한족인 고창국이 세워졌다. 당 태종 때 서주(西州)가 설치되어 복속되었다가 8세기 중엽 티베트의 지배기를 거

286

쳐 9세기 위구르 왕국의 멸망(840) 후 이주해온 천산 위구르인들의 터전이
되었다.

차사국

전한시대 이곳은 차사전국(車師前國)으로 원주민인 차사족이 살았으며
전한 소제 때(기원전 87~기원전 74) 흉노가 이곳에 둔전을 두어 4천 명을 주
둔시키고 있었다. 무제 때 위청과 곽거병의 활약으로 한나라에게 넘어 왔
으나 한나라가 약화된 틈을 타 흉노가 재진출한 것이다. 한 무제는 오손
으로 강도왕 유건의 딸 세균에 이어 초왕 유무의 손녀 해우를 화번공주로
시집보내며 가깝게 지냈는데, 흉노가 차사국과 결탁하여 오손을 압박하자
해우가 조정에 원조를 청했다.

선제가 20만의 대군을 보내 차사국으로 밀려오자(기원전 72) 흉노는 이
소식을 듣고 퇴각하였다. 홀로 남은 차사국의 군대는 겨우 2천도 안 되는
규모였다. 20만 대군을 겨우 2천도 안 되는 군사로 어찌 막아낼 수 있겠
는가?

교하성

《한서》에는 차서전국의 수도는 교하성(交河城)으로 호수는 700, 인구 6천여 명,
병사는 1,865명이라고 기록되어 있다. 교하성은 두 강 사이에 약 20m 절벽으로

287

이루어진 고구마 모양의 자연 성벽으로 둘러싸여 있다. 가옥은 평지에서 땅으로 구멍을 파 내려가는 구조로 되어 있으며 동서쪽은 민가와 수공업 지역 북쪽은 불교 사원 구조로 되어 있다. 북쪽 구역에는 10m의 대불탑과 2m가량의 소불탑 등 100여 개의 불탑과 사원터가 남아 있다. 차사전국(車師前國)의 수도였던 교하성은 450년경 고창군에 점령당하였다.

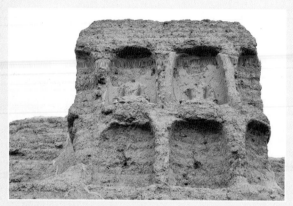

대불사터

교하성 유적

차사국은 즉시 성문을 열어 한나라에 항복하였다. 그런데 한나라 군대가 철수하자 도망쳤던 흉노가 돌아와 한나라에 투항한 것을 질책하였다. 흉노가 태자 군숙을 인질로 내놓으라고 윽박하자 군숙은 외조부가 있는 언기국(焉耆國)으로 망명하였으며, 태자 대신 오귀(烏貴)가 왕위에 오르니 이번에는 흉노의 여인을 오귀에게 시집을 보내 내정에 간섭하였다. 흉노 왕비의 뜻대로 차사전국왕이, 한이 오손에 보낸 사절을 억류시키자 한나라가 재차 서방 원정을 단행하여 교하성으로 쳐들어왔다.

차사왕은 흉노에게 원정을 요청하였으나 흉노가 출병하지 않았다. 차사왕은 투항을 하고 싶어도 이미 한의 신뢰를 잃어 어찌할 수 없는 처지가 되자, 이웃의 아무 잘못이 없는 작은 흉노의 속국 소포류(小浦類)를 공격하여, 그 왕을 죽여 한나라에 그 수급을 바쳤다. 한나라에 투항하기 위한 선물이 필요했던 것이다. 한나라가 철수하자 이번에도 흉노가 돌아와 한나라에 항복한 것에 대해 화를 냈다. 차사전국왕은 목숨을 부지하기 위해 오손으로 달아났는데, 오손왕은 차사왕의 딱한 처지를 불쌍하게 여겨 왕과 일족을 보호하여 한나라로 보내주었다. 흉노의 재침을 방어하기 위해 서역에 파견되었던 정길(鄭吉)은 언기국(현 언기회족자치구) 서쪽의 거리국(渠犁國, 현 내몽골자치구 쿠러얼시 부근)에 군사를 주둔시켜 차사국을 보호하였다.(기원전 61~기원전 58) 정길이 흉노를 막기 위해 둔전병의 증원을 조정에 요청하였으나, 조정은 길이 멀고 방어가 힘들며 경비가 많이 드는 것을 이유로 더 이상 증원하지 않자, 차사국의 6천여 주민을 거리로 이수시켰다.(차사후국[車師後國]) 그러나 흉노 또한 이 시기 5선우의 병립으로 내분이 끊이지 않았으며, 서역을 담당하던 일축왕(日逐王)이 선우 경쟁에서 밀려나 한나라에 투항(기원전 60)하며 세력이 약화되자, 한나라는 다시 서역에 힘을 기울여 서역도호를 전진시켜 쿠차의 오루성(烏累城)에 두고 정길로 하여금 서역을 관할토록 하였다. 투르판 분지는 원주민인 차사족과 한나라 둔전병 병사들, 흉노의 잔존 세력들이 공존하는 시기가 되었다. 전한 말기에서 후한 반초의 서역 진출 때까지 삼절삼통(三絶三通) 했을 정도로 서역 경영을 두고 흉노와 치열한 다툼을 벌였다.

고창국

고창성(高昌城)은 차사 전국시대에 작은 성채가 있어 고창벽 또는 고창루라 하였고 교하성 외곽의 경비 초소 같은 역할을 하였다. 교하성과의 거리는 약 60km, 2행정 거리 화염산 아래 위치한 높고 평탄한 지역(지세고창[地勢高敞])이다. 반초(32~102)가 서역 경영이 한창인 후한 화제(91) 때 고창성에 무기교위(戊己校尉)를 설치, 500명의 군사를 주둔시켜 흉노의 준동을 방어케 하였다.

5세기《위서》고창전에는 "고창은 둔황을 떠나 13일 여행길이다. 나라에는 8개의 성이 있으며 모두 화인(華人)이 있으며… 북쪽은 철륵이 경계다"라고 기록되어 있다. 한나라 말과 위진시대를 거치면서 고창 지역에는 둔전병들의 후손과 전란을 피해 내륙에서 이주해온 한인들이 많이 정착해 있었다. 5호16국 시기 투르판 지역은 지방 정권의 영향 아래 있던 중, 한족인 장준(張駿)이 하서 지방에 전량(前涼, 301~367)을 세우고 투르판 지역에는 고창군(高昌郡)을 창설하였다.(329)

북위에게 멸망한 흉노계 북량의 잔당들이 고창군에 들어와 일시 점령하였으나.(442) 10여 년 후 몽골고원에서 흥기한 유연(柔然)에게 쫓겨났다. 유연은 옛 동호의 후예로 선비족이 남하하여 공백이 생긴 몽골 지역에서 세력을 키웠다. 유연은 한족인 함백주를 고창왕으로 내세워 상거래 이익과 필요 물자를 분배받는 방법을 취하였다. 한족왕국인 고창국(高昌國)이 만들어진 것이다.(460) 그러나 고창국의 한인 왕들은 그 신분이 매우 불안정하였다. 유연을 몰아낸 고차족이 함백주를 살해하고 또 다른 한족인 장맹맹이라는 둔황 출신 한족을 내세웠지만 주민들에 의해 또 살해당하였다. 새롭게 고창국왕이 된 마유(馬儒)는 이민족에게 시달리는 사막을 벗어나 중원 땅으로 돌아가고 싶어 했다. 북위 효문제는 마유의 청을 받아들여 1천 기의 군사를 보내 귀국을 호위하게 하였으나, 이미 고창 땅에서 한나라 둔전 이후 수대에 걸쳐 정착해 있던 한인들은 낯선 내지로 돌아가는 것을 반대하여 마유를 살해하고(497년경) 장사(長史) 국가(麴嘉)를 왕으로 세웠다.(502) 이후 국씨 고창국은 7대 국문태로 이어져 갔으며 당나라에 의해 멸망될 때까지 국씨 고창국(502~640)으로 140여 년을 지속하였다.

국가는 왕이 된 후 유연과 고차 등 북방민족에게 복종하면서 북위에게는 조카 국효량을 볼모로 보내(516) 등거리 외교로 고창국의 안전을 도모하였다. 고차가 지배하던 시기 교하성에 살고 있던 주민들을 언기로 이주시켰는데, 고차가 에프탈의 공격으로 후퇴하자 자칫 살해될 수도 있는 위험한 언기왕을 아무도 하지 않으려 했다. 언기인들은 고창국에서 이주한 주민이 많다는 이유를 들어 고창국의 국가에게 언기왕을 겸임해줄 것을 요청하였다. 국가는 차남을 언기에 보내 언기왕으로 세우니 고창국은 투르판 분지외 천산남로의 길목까지 영토를 확장하는 계기가 되었다. 고창

291

국은 원주민과 이주해 정착한 한족, 북방의 여러 이민족들 그리고 실크로드를 따라 무역에 종사하는 소그드인까지 다양한 민족으로 구성되어 있었으며, 서역으로 가는 통로에 위치하고 있어 여러 문물이 활발하게 교류하고 있었다. 종교로는 불교뿐만 아니라, 조로아스터교, 마니교, 네스토리우스파 기독교까지 고창 국내에 공존하였다.

국가가 왕이 된 이후 6대 국백아(麴伯雅)가 왕위에 오를 무렵 남북조시대가 막을 내리고, 수(581)나라가 화북을 통일하였다. 국백아의 조모는 돌궐가한의 딸로, 북방 초원 돌궐의 관리가 고창국에 상주하며 상납금의 징수를 담당하고 하였다. 고창은 흉노, 유연, 고차에 이어 돌궐의 지배 아래 있게 된 것이다. 609년경 국백아는 한인정권인 수나라에 입조하였다. 이를 허락한 돌궐은 수나라와 교역으로 더 많은 상납금을 챙길 수 있기

때문이었다. 국백아가 수나라에 입조하였을 때 수 양제는 고구려 원정 준
비 중이었다.

국백아는 고구려 원정에 종군하였으며, 옛 북주 황실의 우문씨를 황녀
로 맞이한 후 수에 입조한 지 3년 만에 수나라의 관직을 제수받고 귀국하
였다.(612) 국백아와 국문태 부자는 수의 낙양에 입조하는 동안 화려한 비
단과 거리의 즐비한 상점들을 보고 수나라의 강성함을 직접 눈으로 보고
귀국하였다. 수가 망한(618) 이듬해 새롭게 왕위에 오른 국문태가 당 고조
에게 사신을 보냈으며, 당 태종 이세민이 즉위했을 때(626) 검은 여우가죽
옷을 헌상하였다. 그러나 국문태는 서돌궐 통엽가한의 누이동생을 아들의
처로 맞이하고, 자신의 누이를 통엽가한의 장남에게 시집보내는 친 돌궐
성향이 강하였다.

293

현장법사

당 태종이 즉위 후 얼마 지나지 않아 27세의 젊은 승려가 고창국으로 들어왔다.(629) 바로 현장(玄奘, 602~664) 스님이었다.《구당서》에 의하면, 당시 고창국은 약 22개 성과 8천 호에 인구는 약 3만 8천 명, 말 4천3백 필과 수천 명의 승려와 많은 사찰이 있었다고 기록되어 있다. 현장법사는 당나라가 건국된 직후로 봉쇄령이 내려진 상황에서 과주(瓜州)를 출발하여 물도 없이 7일 동안 늙고 말라빠진 말에 의지해 간신히 이오(伊吾, 하미)에 도착하였다. 이오에는 마침 고창국 사절단이 와 있었다. 사절단의 보고를 받은 고창왕이 수십 명의 사자와 말들을 보내 현장 스님을 모셔오도록 하였다.

현장 스님은 천산북로를 통해 서역으로 가려던 계획을 변경하여 고창국을 경유하여 천산남로로 길을 잡았다. 현장 스님을 맞이한 국문태는 "나는 선왕을 수행하여 수에 입조하여 동서 2경(낙양, 장안)과 하북에서 산서까지 돌며 많은 고승들을 만나 봤지만 스님처럼 수승한 분을 뵙지 못했습니다"라고 말하고 고창국에 머물 것을 청하였다. 그러나 현장은 한시라도 빨리 인도로 가서 불경을 구하여 돌아오는 것이 목적이었다. 국문태는 현장 스님을 고창국에 머물게 하기 위해, 고집을 부리면 장안으로 되돌려 보내겠다고 협박했으나 현장 스님이 4일 동안 단식을 하며 의지를 꺾지 않자, 한 달 동안 체류기간을 연장하고 법문을 해줄 것과 귀국할 때 3년 동안 고창국에 머물며 법문을 해줄 것을 요청하였다. 현장 스님은 머무는 동안《인왕반야경(仁王般若經)》을 강의했는데 법상에 오를 때 국문태가 몸을 굽혀 등을 밟고 오르게 했다고 전한다.

고창 대불사 강경당터

고창 대불사터

　현장 스님이 떠날 때 고창왕은 여정에 필요한 많은 물품과 사자를 딸려 보냈다. 장인(丈人)인 서돌궐왕 통엽가한이 있는 곳까지 호송할 사자와 가는 도중 경유할 24국 왕에게 선물할 물품과 소개장을 준비해 주었다. 필요 물품으로 황금 100냥, 은전 3만 냥, 명주500필, 법복 30벌, 장갑과 두건, 신발, 양말 등 왕복 20년의 경비에 해당하는 물목을 말 30필과 인부 25명을 딸려 보냈다.

고창국의 흥망

현장 스님이 고창국을 떠난 2년 후 국문태가 당 왕조에 입조하였다.(630) 수나라 때 선왕을 따라 장안에 온 국문태는 두 번째 내지 방문 길이었다. 이 시기는 돌궐이 수나라에 의해 동서로 분열된 후 동돌궐이 당나라에 복속하던 때였다. 당 왕조는 고창왕이 직접 입조한다는 전갈을 받고 영접사를 보내 융숭하게 대접하려 했으나, 관리 위징이 건의하여 영접사를 뒤돌아오게 하였다. 국문태를 융숭하게 영접하는 것이 선례가 되어 서역의 왕들이 입조할 때마다 숙식과 교통비, 값진 선물을 준비하는 데 너무 많은 경비가 소요되는 것을 우려한 판단이었다. 이 때문에 18년 전 수나라 때, 아버지 국백아가 북주의 황녀 우문씨를 부인으로 맞이하고 화려한 장안을 경험했던 국문태는 전과 다른 소박해진 장안을 보고 당나라가 약하다고 오판을 한 것이 훗날 큰 화가 되는 계기가 되었다.

국문태는 당에 신종하는 것처럼 보였으나, 실제는 당과의 교역의 이득과 원만한 관계가 그 목적이었으며 고창국은 서돌궐과 깊은 관계를 맺고 실크로드 중계무역의 큰 이득을 취하고 있었다. 이오(하미)는 고창 동쪽 약 350km에 있는 소국으로 서돌궐에 신종하고 있었는데, 국문태가 당에 입조 3개월 전, 먼저 당에 입조하여 친당으로 돌아서 이오성주로 제수받

296

았고 당은 이주(利州)를 두어 군대를 주둔시켰다. 서역에서 천산남로를 따라 언기국까지 다다르면, 언기—고창국—이오—막하연적(幕賀延蹟)이라는 죽음의 사막을 지나 둔황으로 들어가는 방법과, 언기에서 타림강(塔里木河)을 따라 선선(鄯善, 옛 누란)으로 도착하여 백룡퇴(白龍堆)라는 칼날같이 날카로운 지형을 통과하여 둔황으로 들어가는 구도(舊道)가 있었다.

구도는 4세기 누란국의 멸망으로 이용하지 않는 루트였으나, 언기(오이국[烏夷國])가 국문태의 귀국 1년 후 당에 입조하여 이 길을 복원을 요청하였다.(632) 구도가 복원될 경우 상인들이 고창국을 경유하지 않고 내지로 들어갈 수 있기 때문에 고창으로서는 사활이 걸린 문제가 된 것이다. 고창은 먼저 친당으로 돌아선 언기를 돌궐과 연합하여 공격하였다. 언기는 고창국에 그리 호의적이지 않아 현장 스님이 언기에 도착했을 때 말들의 교체도 허락하지 않고 냉대하자 하루 만에 언기를 떠났던 곳이었다. 그런 언기가 구도(舊道)의 복원을 시도하자 고창국은 언기를 공격하여 약탈

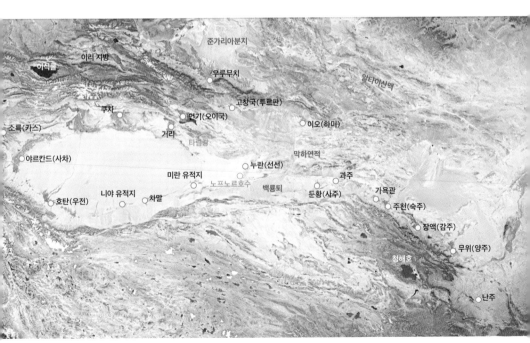

고창국 지도

하였다. 또한 돌궐이 납치해간 한인들 중 상당수가 아직 귀국을 못하고 남아 있었는데 고창국은 이들을 억류하고 당에 돌려보내지 않으려 했다. 당이 고창국에 힐난의 사신을 보내자 고창왕은 "쥐가 남은 것을 구멍 속에서 먹고 있는 것까지 대국이 일일이 간섭할 것은 못되지 않는가?"라는 답신을 보내고 조공을 끊어버렸다.

당은 고창이 서돌궐과는 반당연맹을 굳건히 하자 더 이상 묵과할 수가 없었다. 당은 고창국에 국서를 보내 입조하여 사죄할 것을 권고하였으나 국문태가 질병을 핑계로 오지 않자 후군집(候君集)을 대총관(大總管)으로 임명하여 원정군을 파견하였다. 7천 리 길을 많은 군대가 오기 힘들 것이라고 믿었던 국문태는 대군이 몰려오자 근심이 깊어 그만 병사하고 말았다.(639) 새로 왕이 된 국지성은 군문에 항복하라는 후군집의 서신에 응하지 않고, 사돈인 서돌궐에게 원군을 요청하였다. 그러나 서돌궐은 신흥강자인 당나라에 정면 대결하여 화를 입고 싶지 않았다. 더군다나 서돌궐

베제클릭 15굴 (국립중앙박물관)

실크로드로 가는 길

서원도(에르미타주 박물관)

가한의 장남에게 시집간 국문태의 누이 또한 이미 세상을 떠난 후였다. 교하성에서 200km까지 출병하여 눈치를 보던 돌궐은 당나라가 진격하자 600km 밖으로 달아나버렸다.

　북방 유목민들의 이런 행태는 이미 한나라 차사국 때부터 여러 차례 겪었던 배신이었다. 고창국을 점령한 당 태종은 고창국을 서주(西州)로 명명하고 교하성에 안서도호부(安西都護府)를 설치하여 당의 직할로 두었다.(640) 포로로 잡은 고창왕은 금성군공(金城君公)에 봉하였다. 고창 점령은 당의 위세가 널리 서역 오아시스국들에게 알려져 타림분지의 강자가 누구인지 인식케 하는 계기가 되었다. 고창 점령 후 화려한 것을 좋아 하

299

는 당 태종은 궁중 예악을 9부악에서 고창 음악이 더해져 10부악으로 만들었다. 이전 서역에서 들어온 포도주는 그 값이 비싸 3공들도 맛보기 힘들 정도였는데 고창 점령 후 8종의 마유포도를 들여와 장안의 궁전 안에 심어 포도주를 제조하였다.

당이 고창을 원정할 때, 언기와 동돌궐의 계필하력(契苾何力)이 당 군에 배속되어 싸웠으며, 언기는 공을 인정받아 고창에 빼앗겼던 몇 개의 성을 돌려받았다. 동돌궐 계필하력은 당의 고구려 원정(645) 때 전군총관으로 출전하였는데, 창에 찔려 부상을 입자 당 태종이 친히 약을 발라 주었다고 하며, 훗날 요동도행군대총관이 되어 이세적과 함께 고구려 평양성 함락에 공을 세운 인물이다.(668년 9월 21일) 그러나 당이 고창에 안서도호부 설치하여 직할령 통치에 불만을 가진 언기는 당에 조공을 끊어버리고 친 서돌궐로 돌아서버렸다.

안서도호부는 병력을 동원하여 언기를 공격하였는데 언기는 돌궐에 신속해 있던 구자(쿠차)와 동맹을 맺어 대항하였다. 이때 원정의 총사령관인 동돌궐 아사나사이가 구자(쿠차)까지 서진하여, 18년간 교하성에 있던 안서도호부를 약 550km의 구자로 옮겼다.(658) 당나라는 안서도호부를 전진기지로 안록산의 난 (755~763) 전까지 서역 경영의 전성기를 맞이하였다. 안사의 난 이후 안서도호부는 예전 같은 큰 힘을 발휘하지 못한 상태로 30여년을 유지하다가 소멸되었고(787), 당이 허약한 틈을 타 남쪽의 토번의 무장 세력이 내려와 타림분지와 하서 지방을 점령하고 장안까지 약탈하였다.(763년 10월) 한편 안사의 난 때 당 왕조를 도우며 강성했던 위구르족은 내분으로 키르키즈족에게 쫓겨 타림분지와 투르판에 들어와 정착하였다.(840년대)

이들이 현재 신강위구르자치주 주민을 형성하고 있다. 이들은 현재 이슬람교를 믿고 있지만, 이슬람으로 개종은 12세기 이후의 일이며 이 당시 위구르족의 신앙은 불교와 마니교가 많았다. 또한 베제클릭 석굴 중 위구르 시대 개착한 불교석굴과 위구르 지배 220여 년 전 국씨왕조가 세운 응운대영사(鷹運大寧寺)를 비롯 50여 사찰이 있었다.

12세기 들어서는 만주 지방에서 망한 요나라 세력이 투르판분지에 들어와 터를 잡았는데 거란왕실은 불교의 열렬한 신자였으나 주민의 신앙은 인정하였다. 13세기 칭기즈칸의 몽골 세력이 타림분지에 몰려왔을 때 위구르인들은 몽골에 협조하면서 큰 전락을 겪지 않고 삶의 터전을 이어 갈 수 있었다. 이후 이곳 투르판분지 역시 한적한 위구르인들의 터전으로 부침을 이어져 오다 19세기 말~20세기 초 열강들의 탐험시대를 맞이하였다. 투르판에는 베제클릭 석굴, 토육 석굴, 아기스 석굴 등 여러 석굴이 있는데 열강의 탐험대에 의한 피해가 특히 심한 곳이다.

0 3 문명의 교차로 우즈베키스탄

대한항공이 운영 중인 중앙아시아 항공물류 허브 나보이 공항과 옛 대우그룹이 중앙아시아에 진출하여 자동자 공장을 건설한 곳이 우즈베키스탄이다. 중앙아시아의 중심지인 우즈베키스탄은 동양과 서양을 잇는 교통 요지로, 대한민국 국립중앙박물관 개관 100주년 해인 2009년 〈동서 문명의 십자로—우즈베키스탄의 고대 문화〉 전을 연 인류 문명 교류에 중요한 교차로에 있다. 우즈베키스탄은 그 지리적 위치로 약 130여 민족이 들어왔다. 스키타이계 사카족과 소그드인들이 살고 있던 이곳에 기원전 329년경, 아케메네스 페르시아의 속국 사마르칸트 알렉산더의 침공을 받았다. 알렉산더 원정 이후 우즈베키스탄 중남부와 아프가니스탄 지역에 그리스인들이 정착하였다. 기원전 167년경 둔황 서쪽에 있던 월지족이 들어와 터전을 잡았다.

302

얼마 후 중국 한나라에 밀려난 흉노족은 이곳을 지나 서쪽으로 사라졌다. 트렌스옥시아나 지역을 차지한 월지족은 쿠샨 왕조(기원후 30년경)를 열고 불교를 장려하여 중앙아시아에서 불교가 크게 융성하였는데, 5세기경 나타난 이란계 백훈족 에프탈에 의해 파괴되었다. 6~7세기 페르시아에서 탄압을 받던 네스토리우스파 기독교인과 이슬람에 쫓겨난 페르시아인들도 대거 이동해왔다. 7세기 돌궐이 들어와 무력으로 지배하였으며, 8세기에는 이슬람과 티베트 고원의 유목민, 당나라 병사들이 번갈아 드나들었다. 원주민이었던 소그드인들은 수세기 동안 주인 자리를 내주는 대신 그들의 보호를 받으며 실크로드를 오가며 실속을 챙겼으며, 외지에서 들어온 여러 종교와 문화를 중국에 전파하였다.

9세기 떠돌이 생활을 하던 튀르크인들이 우즈베키스탄과 키르키스탄 땅에 카라한 왕조(840~1241)를 세웠는데, 이들이 이슬람으로 개종하면서 우즈베키스탄을 비롯 중앙아시아가 이슬람화되었다. 이슬람 왕조의 중앙아시아 총독과 튀르크인은 우즈베키스탄과 중앙아시아에 독립왕조를 세우고 사라지기를 반복하였는데, 튀르크인들은 중앙아시아를 가로질러 중동과 아나톨리아 반도까지 진출하여 셀주크 왕국을 세웠다.

이란계 호레즘 왕국이 우즈베키스탄을 지배하고 있을 때 몽골군의 공격을 받아(1219) 타슈켄트, 사마르칸트, 부하라 등 대부분 도시가 큰 피해를 입었는데 또다시 몽골은 유럽 원정과 중동 원정을 한다며 잡다한 민족 구성으로 된 군대가 휩쓸고 갔다.(1235~1260년경) 몽골제국이 차가타이한 국을 세우고 지배하고 있을 때 케쉬(현 사흐리샵스)에 있던 튀르크계 무장 티무르가 발흥하여 티무르 제국(1370~1506)을 건설하고 사마르칸트를 중심으로 중앙아시아를 지배하였다.

현 우즈베키스탄 인구의 80%를 차지하고 있는 우즈벡족은 킵차크한국 우즈벡칸(재위 1313~1341)의 후손들로 카자흐스탄 초원의 타지크족과 몽골인 혼혈인 이들은 킵차크한국이 내분으로 약해지자 주치의 후손임을 주장하는 샤이반계 아블하이바르칸(재위1428~1468)이 남하여 시르다리아강 상류에 우즈벡울루스를 세우고 티무르 및 시르다리아강 북방의 모굴칸국과 대립하였다. 하이바르칸의 손자 샤이바니칸(재위 1451~1510)은 사마르칸트를 비롯 발흐와 헤라트까지 영토를 확장하여 우즈벡족의 서투르키스탄의 정착을 확고히 하였다. 이때 하이바르칸과 함께 남하하지 않고 샤이반계를 주장하며 분리되어 나온 사람들을 카자흐라고 하였다. 우즈베키스탄은 이슬람문화가 강한 티무르 왕조와 우즈벡족 영향으로 중앙아시아 주요 이슬람 신학교들이 몰려있으나 구 러시아와 소련의 지배를 받아 원리주의 색채는 덜한 편이다.

2019년 법보신문 김현태 기자와 동행 취재 중 우즈베키스탄 학술원 예술학 연구소장인 피다에프(S. Pidaev)를 만날 수 있었다. 피다에프는 우즈베키스탄 국립역사박물관장, 사마르칸트 고고학연구소장을 지냈으며 2009년 국립박물관의 우즈베키스탄 문물 전시를 주관한 고고학자다.

2014년 아프가니스탄 국경에 인접한 테르미즈 답사길에 올랐을 때 정보를 거의 얻지 못했는데, 기내잡지 특별코너 실린 피다에프 박사의 〈우즈베키스탄 남부의 불교역사〉 글이 있어 많은 도움이 되었다. 인터뷰에 응한 피다에프 박사는 "실크로드 중심지 우즈베키스탄은 동서양의 문화가 만나 융합했던 곳이며, 인도의 불교 역시 이곳을 통해 중국과 한반도에 전해졌다. 아쇼카 대왕 때 전해진 불교는 조로아스터교, 이슬람, 헬레니즘 등 다양한 문화와 공존했고 쿠산 왕조 때 국교가 되면서 크게 융성했다. 철

304

피다에프 박사와 필자

학적으로 완성된 불교는 이곳에서 다른 문화들과 만나 보살사상과 불상 등으로 발전하는 등 동아시아 불교의 정체성이 형성된 대승불교 성지"라고 강조했다.

테르미즈

테르미즈(Termiz)는 박트리아의 중심부로 우즈베키스탄 남부 옥서스강변 수르한다리야(Surxondaryo) 지역에 위치한 2,500년의 역사를 가진 도시다. 남부의 힌두쿠시산맥이 가로막아 강우량이 미미한 사막 지역이나 옥서스강(아무다리야 강) 혜택으로 농업이 발달한 풍요로운 고장이다. 구소련이 아프가니스탄 침공 때 이곳을 통해 들어간 것에서 볼 수 있듯, 테르미즈는 중앙아시아에서 아프가니스탄, 인도로 가는 길목에 위치하였다. 강 건너편 아프가니스탄과는 철조망 하나로 분리될 정도로 근접해 있어

305

주르말라 대탑

감시초소가 곳곳에 설치되어 있으며 외국인은 테르메즈에 도착신고를 해
야 한다.

기원전 329년경 알렉산더가 페르시아 다리우스 황제를 암살한 박트리
아 태수 베소스를 쫓아 소그드를 공격할 때, 이곳에 군대를 주둔시키면서
그리스—박트리아인 도시가 되었다. 알렉산더는 테르미즈 서쪽 약 30km
거리의 슈랍(Shurab)에 도강하여 요새를 건설하고 군대를 주둔시켰다. 요
새 터인 캄피르테파(Kampir—tepa)는 아이하눔(Ai—Khanoum)처럼 강변을
방어막 삼아 성을 쌓았으며 알렉산더가 원정 중 건설한 72개의 알렉산드
리아 중 하나로 추정된다. 이곳 유적지는 선사시대부터 기원전 4세기~기
원후 2세기까지 그리스식 성터, 주거 지역, 항구 등 알렉산더 시대부터 쿠
샨 왕조까지 많은 유적이 발굴되었다. 성 내부에서 민가들과 조로아스터
사원터 등과 당시 사용했던 토기 파편들이 무수히 널려있다.

306

캄피르테파 성터

《대당서역기》에 테르미즈는 달
밀국(呾蜜國)이라 기록되어 있으며
카니슈카 대왕 때 중앙아시아에서
불교가 번성한 도시 중 한 곳으로
주변에 30여 개의 불교사원이 존
재하였다. 630년 철문(鐵門, 우즈베
키스탄 쇼랍[Shorab] 부근)을 지나 테

토기

르메즈에 도착한 현장 스님이, 1천여 명의 승려가 있다고 기록한 것으로
보아 당시까지 불교가 명맥을 유지하고 있었다. 파야즈테파(Fayaz—tepa)는
우즈베키스탄 국보 1호로 지정된 비나야삼존불이 발굴된 사원터다.

　1960년대 후반 양치기가 우연히 여인 석상을 발견하면서 발굴 작업이
시작되었다. 사원터는 흙벽돌과 석회석 기둥으로 건축되었으며 기도실과

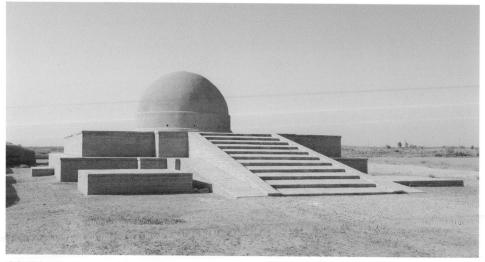

파야즈테파 전경

비나야삼존불

숙소, 식당, 중앙 예경탑 등이 배치되어 있다. 벽면은 조각과 벽화 등으로 장식되어 있으며 여기에서 발견된 비나야삼존불은 약 85cm 높이, 기원 1~2세기경 석회암으로 제작된 초기불상이다. 전체 형태는 인도 차이티야 양식으로 양 기둥은 그리스의 코린트식 장식으로 조각된 예술성이 뛰어난 작품이다.

카라테파(Kara–tepa)는 파요즈테파의 동남쪽 약 1km 옥서스강변에 위치하고 있다. 강 건너 아프가니스탄과 가까워 특별허가를 받아야 갈 수 있어 파야즈테파에서 빤히 보이는데 이전 3번의 답사 때는 방문할 수 없었다. 이번 방문에는 현지 안내원이 자기가 같이 가면 가능하다고 안내를 했다. 혹시나 감시초소에서 경고 사격이라도 날아들까 싶어 불안했지만 현지인은 본인이 경비대 출신으로 초소에서도 알아본다고 걱정 없단다. 대신 웃돈(?)을 챙겨달란 거래도 잊지 않았다.

카라테파는 파요즈테파와는 달리 좀 큰 언덕 3개로 되어 있으며 여러 개의 동굴 수행터가 있다.(테파는 '언덕'이란 뜻이다.) 수세기 동안 건축이 이루어진 것으로 보이며 대략 25~30개의 동굴과 지상 건축물이 언덕에 군집해 있는 구조다. 발굴 후 유적 보호를 위해 되메운 자리들이 보이며 2천여 년 전 토기 파편들과 함께 보이는 녹슨 소총 탄두, 폭발물 잔해들은 불과 10~20년 전 현대사의 잔존인 듯하다.

1~2세기 건축되기 시작하여 2~3세기 전성기를 이루었으며, 4~5세기경에는 사산조와 에프탈의 침략으로, 동굴 승방이 묘지로 사용되는 등 많이 퇴색되었으나 6세기까지 지상 건물은 불교 집회가 열리면서 명맥을 유

카라테파 전경

카라테파에서 본 아프가니스탄

지하였다. 카라테파는 불교뿐만 아니라 배화교와 8~11세기에는 이슬람 수피즘들이 수행처로 사용되기도 하였다. 대형 스투파 하단부에 24개의 주전자가 가지런히 놓여져 있을 정도로 규모가 큰 경우도 있으며 사원터에는 대형 소조 불상과 공양자 상, 코끼리, 사자와 같은 벽화가 그려져 있고 수행감실에는 수행자들의 이름이 새겨진 명문이 출토되기도 하였다.

테르메즈 외곽의 들판에 솟아있는 주르말라 대탑은 현재 높이 약 13m 정도가 남아 있으나 쿠샨 왕조 건축 당시는 8층 건물 높이 약 26m의 거대한 탑이었다. 전형적인 쿠샨 왕조의 방형기단 위에 세워진 주르말라 대탑은 당시 도시 어느 곳에서 든 보이는 건축물이었다. 주변을 흐르는 작은 농수로를 따라 수백 년은 됨직한 뽕나무들이 줄지어 서 있어 이곳에서 양잠과 비단 직조가 이루어졌음을 알 수 있다.

달베르진테파(Dalverzin—tepa)는 테르미즈에서 타지키스탄 수도 두샨베로 가는 길 중간 약 100km 거리에 있다. 그리스—박트리아(Greco—Bactrian)시대인 기원전 3~2세기 축조된 성곽도시로 쿠샨시대 크게 확장되었다. 도시 구조는 상류층 거주 지역과 일반인 구역, 가마터와 토착여신과 조로아스터교 신전, 불교 사원터 등으로 되어 있다. 불교 사원터는 두 곳이 발굴되었다. 1사원지는 성곽 밖에 위치하며 1960년 후반 발굴 과정에서 36kg에 달하는 황금유물 115점과 '쿠샨 왕자상'으로 알려진 고깔 모양의 두건을 쓴 소조 두상 등 여러 소조상이 발견되었다.

소조상 중에는 그리스의 여신의 곱슬머리와 귀걸이 장식은 틀로 찍어내 붙인 것으로 복도 등에 대량으로 제작된 소조상을 열 지어 세웠을 것으

쿠샨 왕자상

로 보인다. 2사원지 도심지 안에 있으며 1983~1993년까지 발굴 중 크고 작은 여러 불상들이 발굴되었는데 특히 3호실에서 여러 대형소조상이 출토되었다. '달베르진 보살'로 알려진 소조상은 상반신만 남아 있지만 화려한 장식과 기품있는 자세로 당당한 형태를 취하고 있다. 같이 발굴된 여러 보살상들 또한 화려한 문양의 목걸이와 허리띠를 두른 건장한 모습이 특징이다. 이러한 양식은 간다라 양식과도 다르며 동시대에 인도 등 다른 지

화려한 장식을 한 보살상

그리스풍 석회석 조각상

역에서 제작되지 않은 기마민족의
특성을 지닌 소조상 형태다. 박트
리아 지방에서 나타난 화려한 장
식의 불보살상들은 동아시아에 전
파되어 중국, 한국의 불상 양식에
많은 영향을 미쳤다.

가토 규조 박사

이곳에서 발굴된 달베르진 보살
과 여러 유물들은 타슈켄트 예술연구소 내 연구 중이며 방문 허가를 받
아야 관람할 수 있다. 테르메즈 박물관은 수르한다리야 지방에서 발굴된
2만 7천여 유물들을 소장하고 있다. 대표적인 발굴품인 비나야삼존불, 쿠
샨 왕자상과 달베르진 보살상은 수도인 타슈켄트 국립역사박물관과 예술
연구소에 소장되어 있지만 각종 불상과, 토기, 동전 등 알렉산더 시대부터
쿠샨시대뿐만 아니라 선사시대에서 티무르 제국까지 고고학적 가치가 높
은 유물들이 전시되어 있다.

테르메즈 지역 발굴에는 일본에서 많은 지원을 했다. 2011년부터 테르
메즈 카라테파 발굴 작업에 대한민국도 참가하였는데 최근 경비가 삭감되
어 지원이 중단된 것으로 알려져 안타깝다. 2층 전시실에는 테르미즈 지
역 발굴에 큰 업적을 남긴 가토 규조(加藤九祚) 박사의 사진과 자료가 전시
되어 있었다. 가토 규조는 제2차 세계대전 참전 중 소련군에 포로로 잡혀
끔찍한 환경 속에 살아남아 5년 만에 일본으로 돌아왔다. 대형 출판사에
취직한 그는 포로생활 중 익힌 러시아로 유라시아 역사를 독학하여 52세
늦은 나이에 조치대 교수가 되었다. 본격적인 중앙아시아 발굴 조사는 67
세 되는 1989년도에 시작하여 카라테파, 달베르진 테파 등 장기간 우즈베

313

키스탄 유적지 조사를 하였다.

가토 규조는 92세인 2014년 한국을 방문하였다. 경북대 강연에서 그는 자신이 1922년생 경북 칠곡에서 태어난 '이구조'이며 열 살 때 일본에 건너간 한국인이라고 밝혔다. "72년 만에 고향에 돌아왔습니다." 조치대에 재학 중 일본군에 징집되었으며, 포로에서 석방된 후 한국에 돌아가려 했지만 러시아어를 했기 때문에 좌익으로 몰려 잡혀갈 것이란 말을 듣고 일본에 정착하게 되었다. 한국을 떠나며 다시 고향에 오겠다는 말을 했으나 2016년 카라테파 발굴 조사 도중 급성폐렴에 걸려 94세에 사망하였다.

부하라

인도의 '비하르 주'가 불교사원이 많아 붙여진 주(州) 이름인 것처럼 부하라는 산스크리스트어로 불교사원을 뜻하는 '뷔하라'에서 유래되었다.

아르크 성

부하라(Bukhra, 안국安國)는 소그드인들의 소무9성(昭武九姓) 중 하나로 많은 승려들이 중국에 불교를 전파했던 도시였으나 지금은 그 흔적을 찾아보기 어렵다. 1993년 유네스코 세계문화유산에 등록되어 도시 전체가 유적이자 박물관이다. 지하 20m부터 유적들이 시대 순으로 쌓여 있는데 현재 보이는 대부분의 유적은 지층에 묻혀있던 유적들을 파헤쳐 낸 것들이다. 부하라는 이란 호라산(Khorasan)에서 중앙아시아로 들어가는 초입에 위치하여 실크로드 대상들이 페르시아나 카스피 해로 가기 위해 타슈켄트—사마르칸트를 거쳐 이곳 부하라를 경유하였다. 부하라 역시 페르시아의 지배와 알렉산더군의 점령, 쿠샨 왕조의 지배와 이슬람의 진출, 호레즘 왕국을 정벌한 칭기즈칸 군에 의한 파괴 및 티무르 제국 영토의 역사를 갖고 있다.

16세기경부터는 여러 왕조가 교체되는 지역 왕국으로 존속하였는데 1848년 자료에 의하면 38개의 대상 숙소와 6개의 교역장, 45개의 시장, 16개의 공동목욕탕, 200개가 넘는 모스크와 100여 개의 마드라사가 있었을 정도로, 러시아에 편입(1868)되기 전까지 중요한 교역도시로 역할을 하고 있었다.

페르시아와 가까웠던 부하라는 조로아스터교를 비롯한 네스토리우스파 기독교, 마니교 등이 이곳을 거쳐 중앙아시아로 들어갔으며 불교의 서단(西端)으로 번창하였다. 674년, 비교적 이른 시기 동진한 이슬람 군에 의해 점령당했으며 9세기 말 아바스 왕조의 뒤를 이은 사만 왕조가 이곳 부하라에 수도를 정하면서 중세시대 최고의 이슬람 학자와 의학, 수학자들을 배출한 학문과 신학의 산실이 되었다. 이곳 이슬람 의사는 알코올을 최초로 소독제로 사용하였으며 이슬람 의학의 임상 결과는 라틴어로 번역되

315

라비하우즈 전경

카라반 사라이

어 유럽 현대의학에 큰 공헌을 하였다. 현재도 중앙아시아의 이슬람 교육의 중심으로, 167개의 마드라사에는 2만여 명의 학생들이 이슬람 성직자 교육을 받고 있다.

부하라의 중심부 라비하우즈 (Iyabi Hauz)는 작은 호수와 500년의 수령을 자랑하는 뽕나무가 있는 카페 거리로 부하라 관광의 시작점이라 할 수 있다. 연못을 뜻하는 라비하우즈는 옛 대상들이 쉬었다가는 장소로 부하라에는 이런 하우즈들이 100여 곳이 있었다고 한다. 라비하우즈 부근에는 대상들이 묵어가는 '카라반 사라이'로 이용되었던 주택들과 물품을 사고 팔던 굼바스(Gumbaz) 건물이 있다.

316　　17세기 부하라 통치자는 이곳에 호수를 만들고 위해 유대인에게 땅을

나지르 지반 베기 마드라사

사들였는데 부근에 카라반 사라이로 사용되었던 유대인 마을과 유대인 교회가 있다. 부하라 유대인들은 옛 바빌론유수 때 귀국하지 않은 페르시 아계 유대인 후손들이 16~18세기 때 대거 부하라로 이주하면서 형성되 었다. 구소련시대 대부분의 유대인이 이스라엘과 미국으로 이민을 떠나 지 금은 소수만 남아있다. 라비하우스 부근에 있는 나디르 디반베기 마드라 사는 현재 기념품 상점으로 이용되고 있으며 밤에는 전통춤 공연이 열리 고 있어 관광객들이 자주 찾고 있다.

특이한 점은 17세기 지어진 이슬람 신학교의 정문의 문양이 사람의 얼 굴 형상을 한 태양과 조로아스터교 신화 속의 새 '후모'가 그려져 있다는 것이다. 우상 형상을 엄격히 금하고 있는 이슬람의 신학교 건물에 조로아 스터를 상징하는 태양과 동물 문양은 파격적이라 할 수 있다. 문에는 '사

317

마고키 사원

람들은 두루 친분을 나누어야 한다'라는 문구가 있어 당시 부하라인들이
개방적인 세계관을 가지고 있음을 알 수 있다.

　라비하우즈에서 약 100m 거리에 있는 마고키앗타리모스크(Magoki—
Attori Mosque)는 부하라에서 가장 오래된 모스크다. 오랫동안 땅속에 묻혀
있다가 1936년 발굴되었으며 현재는 카페트 박물관으로 사용되고 있다.
마고키는 '굴안'이라는 뜻이며 앗타리는 '약을 판매하는'이라는 뜻으로
예전에는 약국으로 사용되었다. 이 모스크는 부하라의 역사를 말해준다.
원래는 조로아스터교 사원이었는데 불교가 전래된 후 불교사원으로 사용
되다 이슬람사원으로 변하였다. 건축물의 증축한 하단부 조로아스터교의
벽돌 층이 있고 그 위 불교 문양과 이슬람 경구가 있어, 한 장소가 조로아
스터교, 불교, 이슬람교로 시대에 따라 변하는 과정을 담고 있다.

　라비하우즈에서 약 500m 거리 한적한 마을에 있는 초르미나르(chor
minor)는 19세기 초 터키의 상인에 의해 건축된 작은 규모로, 역사가 오래

초르미나르

되지 않지만 기독교와 조로아스터교, 불교, 이슬람교의 화합의 의미하는 4
개의 탑은 공존과 평화의 염원을 담고 있다.

　부하라에서 가장 성스러운 장소인 차슈마 아윱(Chasma Ayub)은 구약성
경에 '욥의 샘물'로 알려져 있다. 차슈마는 타직어로 샘을 뜻하며 구약성
서 욥기 1장 1절에 "우스 땅에 욥이란 사람이 있었는데…"로 시작된다. 주
민들이 식수난을 겪자 욥이 지팡이로 내리쳐 샘물을 솟게 했다는 전설이
내려온다. 욥은 주로 요르단 지방에서 활동한 예언자로 우스 땅이 우즈베
키스탄을 지칭하는지 의문이 들지만, 샘물이 솟는 곳에 욥의 전설이 있다
는 것은 오래전부터 차슈마아윱을 신성시하였다는 것을 알 수 있다. 같
은 구역에 있는 이스마엘 샤마니 영묘(Ismoil Somoniy maqbarasi)는 한 면이
9m 정도의 작은 규모의 사만 왕조의 무덤으로, 943년 완성된 부하라에
서 가장 오래된 건축물이다. 땅속에 묻혀있어 칭기즈칸 군대의 호레즘 정
벌 때 파괴를 면하였다. 1925년 소련의 고고학자들에 의해 발굴되었는데,

319

차슈마아욥

샤마니 영묘

4개의 창문으로 들어오는 빛에 따라 실내가 갈색이나 황금색으로 변하는 독특한 설계를 가졌으며 직사각형과 둥근 천장 문양은 조로아스터교 등 여러 문화의 영향을 받아 단순한 듯 작지만 예술성이 뛰어나다.

부하라의 규모가 큰 대표적인 유적지는 칼란미나레트(Kalan minaret) 사원군이다. 칼란미나레트는 중앙아시아에서 가장 규모가 크며 47m 높이의 웅장한 건물로 멀리서 부하라에 도착하던 대상들의 등대 역할을 하였다. 칼란 왕조에 의해 1127년 건축되었으며 칭기즈칸이 이 탑을 올려다 보다 투구가 땅에 떨어져 허리를

라바티말릭 카라반사라이

굽혀 주웠다고 전하며, 칭기즈칸은 "이 탑은 내 머리를 숙이게 한 비범한 탑이니 파괴하지 마라"고 물러섰다고 한다. 대지진에도 살아남은 거대한 탑이지만 19세기 공개처형 장소로 사용된 아픈 역사도 가지고 있다.

칼란미나레트 양옆의 거대한 문과 푸른 돔이 인상적인 마드라사와 모스크는 15세기 티무르 시대와 16세기 칼란 왕조 시대에 건축되었으며 그 규모가 사마르칸트의 비비하눔 모스크에 필적할 정도로 웅장하다. 7세기 이전부터 전통적으로 부하라를 방어했던 아르크성은 높이 20m 한 변이 약 200m의 견고한 성체이다. 이슬람 군대와 칭기즈칸, 우즈벡족의 침략을 받아 파괴와 복구가 반복되었으며 현재의 모습은 18세기 복구한 모습이다. 1920년 부하라 칸국의 마지막 망기트 왕조가 소련의 붉은 군대에 쫓겨날 때까지 이성을 지키고 있었다.

부하라에서 제라브산 강(Zeravshan river)을 따라 사마르칸트로 가는 도중 나보이 공항 부근에 옛 실크로드 대상들을 위한 카라반사라이가 있다. 11세기 건축된 라바티말릭(Rabati Malik Caravanserai)은 사마르칸트의 통치자의 명령으로 건설되었는데, 발굴 터에는 건물구조와 사용되었던 많은 토기 파편 등 유물이 남아 있다. 당시 대상들의 무역은 국가의 재정에 아주 중요한 부분을 차지했기 때문에 통치자들은 적극적으로 이들의 교역상의 편의와 안전을 제공하며 무역을 장려하였다.

샤흐리샵스, 사마르칸트

샤흐리샵스(Shakhrissabz)는 풍운아 아무르티무르(1336~1405)의 고향이다. 사마르칸트에서 산을 넘어 남쪽으로 약 80km 거리 분지에 위치해 있으며, '녹색도시'라는 이름답게 겨울이면 눈이 내리는 산으로 둘러싸인 넓은 초원지대로 유목민들의 거주에 적합한 환경이다. '누가 내 힘을 의심하면 내가 지은 이 궁전을 보여줘라.' 샤흐리샵스에는 흰색궁전 악사라이 궁전(Aksaray palace)이 웅장하게 자리 잡고 있다.

티무르의 호기가 느껴지는 이 궁전은 1380년부터 1405년까지 건설되었는데 정문 높이가 약 50m에 달한다. 차가타이한국 말기 혼란 중에 힘을 키운 티무르는 칭기즈칸 가문의 여자와 혼인으로 정통성을 확보하고 사마르칸트에 티무르 제국을 세웠다. 영토 확장에 나선 티무르는 호레즘 왕국과 바그다드를 점령하고 킵차크한국을 공격하여 모스크바 부근까지 진격하였다.(1380~1395) 다시 남쪽 정벌에 출전하여 인도 델리를 점령하고 (1397) 서진하여 오스만튀르크 제국 황제 바예지드를 앙카라에서 포로로

악사라이 궁전 성문

잡았다.(1402) 칭기즈칸의 영광을 꿈꾸던 티무르는 이번엔 동쪽으로 방향을 잡았다. 종횡무진 30년간 정복전쟁을 벌인 티무르는 자신의 모국인 몽골제국을 무너뜨린 명나라를 정벌하기 위해 출정하였으나, 도중 카자흐스탄 시르다리아 강변 오트라르(Otrar)에서 70세의 나이로 사망하였다.(1405)

티무르는 잔인한 정복전쟁으로 악명 높았지만 그가 이룬 업적은 중앙아시아를 하나의 통합된 정치체제를 만들었으며, 낙후된 중앙아시아의 문명을 한 차원 끌어 올려놓았다. 티무르 제국은 페르시아 문명을 적극 수용하여 이슬람 학문과 건축, 천문학 등을 중앙아시아에 이식시켜 문화 발전에 큰 업적을 남겼다. 또한 몽골제국의 와해로 단절된 대상로를 정비하여 교역이 원할토록 하였다. 제국의 수도였던 사마르칸트는 우즈베키스탄 사람들의 자부심이며, '푸른 도시'라는 이름처럼 시내 중심부에는 레기스탄 광장을 비롯한 여러 마드라사의 푸른 돔이 아름다운 도시다.

대표적인 유적지 비비하눔 모스크(Bibi khanym Mosque)는 이슬람 세계에서 가장 웅장하고 화려한 모스크를 만들기 위한 티무르의 야심작이었다. 모스크는 티무르가 1398년 델리 원정에서 노획한 재물을 쏟아 부어 만들었으나 곧 방치되고 말았다. 전설에 의하면 비비하눔은 중국계로 티무르가 가장 이뻐했던 애첩이었는데 모스크를 건설하던 페르시아 청년이 비비하눔의 미모에 반해버렸다. 청년의 끈질긴 구애로 둘은 운명의 키스를 하게 되었고, 원정에서 돌아온 티무르가 이를 알게 되었다. 티무르는 애첩 비비하눔을 높은 미나레트에서 떨어뜨려 죽이고 모든 여성은 남성들을 유혹하지 못하도록 모두 얼굴을 천으로 가리도록 명령하였다. 그 이후 이곳 모스크에서 예배를 보던 신도들이 건물에서 떨어진 벽돌에 맞아 숨지는 일이 자주 일어나자 사람들은 비비하눔의 원한 때문이라고 발길을 끊었다고 한다. 성급한 건축 과정에서 내구성에 많은 문제가 발생 된 것으로 보이며 모스크는 마구간이나 시장터로 이용되다가 구소련 시절에 복원이 시작되었다. 티무르 제국의 업적 중 하나가 학문의 발전이었다.

티무르의 손자 울르그벡은 40년간 통치동안 사마르칸트의 황금기를 이끌었으며 천문학자이자 시인이며 역사와 신학에도 조예가 깊었다. 울르베크천문대는 높이가 40m에 이르는 거대한 관측시설이었다.

아프라시압과 멀지 않은 언덕에서 천체관측용 거대한 규모의 육분의가 발굴되었는데 당시의 관측 기록으로 1년은 365일 6시간 10분 8초로 오늘날 정밀 측정한 오차와는 1분도 되지 않았다. 아프라시압 언덕은 기원전 6세기부터 1220년 몽골의 침입으로 폐허가 될 때까지 사마르칸트의 중심지였다. 칭기즈칸 군대의 호레즘 공격 때 아프라시압 언덕은 튼튼한 성곽으로 잘 방어되고 있었다. 그러나 외부에서 공급되는 관개시설이 파괴되

울르그벡

아프라시압 벽화

복원도

어 성문을 열 수밖에 없었다. 칭기즈칸 군은 성내 모든 시설을 파괴하여
도시를 황폐화시킨 후 주민을 노예로 만들었다. 150년 후 사마르칸트에
수도를 정한 아무르티무르가 언덕 남쪽에 터를 잡고 건설하자 '칭기즈칸

은 파괴하고 티무르는 건설하였다'라는 말이 전해지게 되었다. 630년경 이곳을 방문한 현장 스님도 이 언덕의 궁전을 방문했을 것이다.

서돌궐의 영역이었던 사마르칸트는 당시 두 개의 불교사원이 남아 있었지만 오랫동안 비어 있었다. 현장의 두 제자가 사원에 예배드리러 갔다가 횃불을 든 조로아스터교인들에게 쫓겨나고 말았다. 이 보고를 들은 왕이 그들의 손목을 자르라고 명령했으나 현장 스님이 중재에 나서 태형과 추방하는 것으로 감형되었다고 한다. 1958년 한 목동이 우연히 옛 동전과 유물을 발견하였다. 발굴 결과 11개 층이 넘는 문화층이 발견되면서 사마르칸트의 과거 영광이 실체를 드러냈다. 아프라시압 박물관(Afrasiyab Museum)에는 초기 알렉산더의 동방원정 유물부터 조로아스터교 재단, 아나히타 테라코타 및 네스토리우스파 영향을 받은 소그드 유골함 등 다양한 시대의 유물이 전시되어 있다. 우리와 관련된 것은 아프라시압 궁전 벽화다. 1965년 도로공사 중 발견한 벽화는 약 11m제곱미터 크기 사면에 그려진 7세기 중반 바흐르만 궁중 행사다. 바흐르만은 650~655년 사이 왕으로 당나라 강거(康居) 도독으로 책봉되었다.

흰 코끼리를 타고 시집오는 장면과 뱃놀이 하는 중국 여인들이 양 측면에 그려져 있고, 정면인 서쪽 벽화는 중앙의 바흐르만 왕과 좌측의 돌궐족 신하들 우측에는 서역과 고창국(高昌國) 등에서 온 12명의 사신단 알현 장면이 그려져 있다. 사마르칸트와 거리에 따라 위치한 사신단의 맨 뒤 2명은 깃털 장식 모자와 환두대도(環頭大刀)를 허리에 차고 있다. 바로 고구려 사신단으로 알려진 인물이다. 깃털 장식 조우관(鳥羽冠)은 고구려식 복장으로 당시는 고구려가 건재한 시기였다.

당나라와 국경을 맞대고 있는 국가들은 항시 당의 침략 위험에 시달려

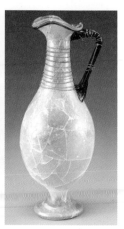

8~9세기 시리아 또는 이집트 유리 그릇   사마르칸트 박물관 지하 수장고 유리 그릇   황남 대총 유리병 국보 193호

야 했다. 7세기 초 고구려는 수당의 공격에 대항하기 위해 동병상련의 돌궐과 꾸준히 교섭하면서 친교를 유지하였다. 7세기 초 고구려는 돌궐의 계민가한에게 서신을 보내 수나라의 침공에 공동대항책을 강구하였는데, 당의 침공에 대비하여 서천한 돌궐을 찾아 중앙아시아까지 간 것으로 보인다. 2016년 답사에서 보다 선명한 아프라시압 벽화 복원 모사도를 볼 수 있었다.

우리나라 동북아역사재단에서 2013~2015년 아프라시압 박물관과 함께 벽화의 복원과 3D 영상 제작을 하여 그 결과물을 내놓아, 현재 아프라시압 박물관 관람하는 여러 나라 사람에게 벽화 소개 영상으로 사용되고 있다. 2019년 답사 때 사마르칸트 박물관 수장고로 안내를 받았다. 유리는 기원전 600년경 이스라엘 예루살렘 지역에서 대롱불기 기법으로 만들기 시작하면서 전 세계로 퍼져 나갔다.

고대 그리스의 포도주 항아리인 '오이노코에' 모양에서 유래된 봉수형 유리병은 4~5세기 사산조 페르시아나 로마, 터키 등 지중해 연안의 로마

328

제국 영토까지 확산되어 '로만글라스'라
고 불렸다. 아프라시압에서 발굴된 로만
글라스는 우리나라 경주 일대에서 발굴
된 로만글라스와 매우 흡사하여 실크로
드의 요충지인 이곳을 경유하여 신라에
도착했을 가능성이 크다. 이처럼 중앙
아시아와 한반도의 교류가 활발했을 가
능성을 보여주는 유리와 함께 경주국립
박물관에는 '황금보검'이 전시되어 있다.
황남대총 옆을 지나는 계림로 14호 고
분에서 발굴된 황금보검(보물 635호)은
도로공사 중 발견된 수십 기의 무덤 발
굴 과정에서 출토되었다.(1973) 왕의 무
덤이 아니며 더구나 지금까지 보지 못
한 특이한 장식 칼이었다. 이 보검에 대
한 정보가 전무했던 관계로 40년이 지
난 2010년이 되어 정식 보고서가 작성
되었다. 지금까지 전 세계에서 완전한 형
태의 보검이 발견되지 않았고, 이와 같
은 양식의 검을 찬 인물도가 둔황 벽화
와 일부에 그려져 있을 뿐이었다.

보검을 장식한 붉은 석류석(가네트)은
동유럽에서 나는 보석류이며, 보검의 소

황금보검(경주국립박물관)

용돌이 모양의 장식은 고대 트라키야(현 불가리아 지역)인의 문양과 흡사하고 칼의 몸통은 로마시대 월계수 잎 문양으로 장식되어 있다. 근래 들어 카자흐스탄 보로보예 마을 근처에서 예전에 발견된 황금 검의 단편과 흡사한 점이 증명되며 게림로 14호 고분 황금보검이 먼 중앙아시아에서 들어온 것임이 밝혀졌다.

황금보검의 경우 특별한 신분을 나타내는 상징적인 물건이었다. 계림로 14호 황금보검은 5세기경 신라에 머물렀던 사신의 소유였으로 짐으고 띠이며, 당시 중앙아시아와 한반도의 활발했던 교류를 나타내는 유물이라 할 수 있다. 사마르칸트는 종이 제조로 유명한 고장으로, 종이 제조는 고선지 장군의 탈라스 원정(751) 때 포로가 된 중국 제지 기술자들에 의해 시작되었다. 중국의 제지술은 이슬람 세계를 거쳐 15세기에는 전 유럽 전파되었다. 현재도 사마르칸트 외곽에는 재래식 제지 공장이 남아 있으며 '사마르칸트지'로 관광객들에게 비싼 가격에 팔리고 있다.

타슈켄트

우즈베키스탄의 수도 타슈켄트(Tashkent)는 '돌의 도시'라는 뜻으로 중국 문헌에는 석국(石國)으로 기록되어 있다. 이곳 역시 소그드인의 도시로 알타이 산맥에서 생산되는 원석을 가공하여 금은세공업이 발달하였다. 동서양이 최초로 벌인 탈라스 전투의 패배로, 중국은 파미르 이서의 지배권을 완전히 상실하였으며 타슈켄트를 비롯한 중앙아시아가 이슬람의 영역으로 포함되는 계기가 되었다.

우스만본 코란

　타슈켄트는 지리적으로는 북방 초원지대에서 중앙아시아 오아시스 초원지대로 들어가는 입구에 위치하였으며 중앙아시아의 곡창지대인 페르가나 분지와 가깝다. 페르가나 분지는 옛 한혈마의 고향 대완국과 18세기 코칸트칸국의 땅이다. 타슈켄트는 카라한 왕조가 개종(960)하면서 이슬람이 뿌리내리기 시작하였다. 우즈베키스탄은 현재 중앙아시아 5개국 CSI 중 유일하게 국기에 이슬람의 상징인 초승달 모양이 그려져 있을 정도로 이슬람문화가 강하며 그 중심에 타슈켄트가 있다.

　바락칸마드라사(Barakkhona Mederdsah)는 구소련 시절 중앙아시아의 이슬람 본청이었으며 현재도 우즈베키스탄 이슬람 협회가 있는 신학교다. 이곳에 보관되어 있는 코란은 이슬람 경전 중 최고(最古)로 꼽히는 '우스만본(Uthman Qur'an)'이다. 교조 무함마드가 하늘의 계시를 받은 내용을 모아 그의 사후 제1대 칼리프인 아브바르크가 사슴 가죽에 첫 코란을 완성했다.

　3대 칼리프 우스만(재위 644~656)은 이를 4부를 복사하여 카이로, 이스

331

달베르진 보살상

탄불, 메디나와 이라크 바스라로 보냈다. 그중 이라크 바스라에 있던 우
스만 코란을 아무르 티무르가 전리품으로 사마르칸트로 가져와 비비하눔
묘지(Bibi—Khanym Mausoleum)에 보관하였는데, 1869년 러시아 총독이 상
트페테르부르크 에르미타주 박물관으로 옮겨갔다. 러시아 혁명 후 레닌은
이 고사본을 무슬림들에게 돌려주기로 약속하고 1923년에 우즈베키스탄
에 반환하여 1989년부터 현재 위치에 보관되고 있다.

1876년 개관한 국립역사박물관은 선사시대부터 우즈베키스탄의 역사를 전시하고 있는데 중요 유물은 주로 실크로드와 관련된 그리스—박트리아 시대 동전과 쿠샨 왕조시대 불상 등 동서 문화 교류 유물들이다. 우즈베키스탄 국보 1호인 비나야삼존불을 비롯한 헬레니즘유적, 티무르 시대 등 다양한 진품들이 전시되어 있다.

국립예술연구소에는 2009년 우리나라에 전시된 우즈베키스탄 문물전의 주요 전시 유물인 쿠샨 왕자상과 달베르진 보살 소조상 등 달베르진테파 발굴품들을 연구하고 있으며, 방문은 사전 허가를 받아야 가능하다. 우즈베키스탄은 티무르의 고향으로, 정복 군주에 그치지 않고 개방성과 포용성으로 중앙아시아의 문화를 한 차원 끌어올린 티무르 제국에 대한 자부심이 크다.

전설에 다음과 같은 이야기가 전해진다.

'어느 날 하늘의 신이 각지의 부족들을 불러 땅을 분배하였는데, 우즈베키스탄 부족은 늦게 도착하여 땅을 분배받지 못했다. 이를 딱하게 여긴 신이 말하기를 내가 정원으로 사용하려고 남겨둔 텃밭이 있는데 그 땅을 너희에게 주겠다.'

이렇게 얻은 신의 정원이 우즈베키스탄이라고 한다. 우즈베키스탄은 파미르에서 발원한 제라브산 강과 아랄 해로 흐르는 아무다리야 강(옥서스강)의 혜택과 일조량이 풍부한 땅이며 동서양과 남북 대륙을 잇는 지리적 위치는 기원전부터 수많은 민족의 이동과 교역, 다양한 종교의 전래와 구법승들이 오갔던 인류 문명의 교차로였다.

실크로드의 종교

0 1 발칸반도와 시리아

발칸반도

1990년대 외신으로 많이 접했던 '세계의 화약고 발칸반도'의 비극은 동·서로마 제국시대로 그 근원이 올라간다. 기원후 285년, 발칸반도 출신 디오클레티아누스(Diocletianus)황제는 49년간 26명의 황제가 난립하는 혼란을 종식시켰다. 그 후 거대한 로마를 혼자서 통치하는 것이 불가능하다고 판단하고 발칸반도를 기준으로 로마를 양분하고자 하였다. 이후 테오도시우스 황제(재위 379~395)가 두 아들에게 보스니아를 기준으로 로마를 나눠 주면서 로마가 동서로 완전히 분리되었다.

기독교 또한 로마교황청과 동로마 교회로 분열이 지속되다가 마침내 완전히 분리되고 말았다.(1054) 비잔틴제국을 중심으로 한 동쪽교회는 동방정교회(그리스정교회)로 분리되고 서방교회는 로마가톨릭이 되었다.

옛 서로마 영토인 발칸반도 서부 크로아티아 슬로베니아 지역에는 로마

발칸반도

가톨릭이 전파되었고 비잔틴제국(동로마) 영역을 위시한 세르비아, 그리스와 동유럽, 러시아는 동방정교회(그리스정교회)가 정착하였다. 비잔틴제국이 쇠퇴하자 세르비아의 스테판 두샨(Stefan Dušan, 1308~1355)은 마케도니아와 알바니아를 점령하고 코소보를 포함한 크로아티아, 슬로베니아, 보스니아 등을 아우른 세르비아 공국을 건설하였다.(1346~1371) 그러나 세력을 확장한 오스만터키에 의해 세르비아 공국이 합병된(1456) 후, 알바니아와 보스니아에 이슬람이 정착하였다.

발칸반도는 서방 세력인 합스부르크 왕가(1438~1806)의 로마가톨릭과

337

동방정교회의 러시아, 이슬람인 오스만터키의 접전선이 되었다. 로마가톨 릭의 최전선은 크로아티아가 되었고 동방정교회의 최전선은 세르비아가 되었다.

제1차 세계대전의 방아쇠

400년간 지배했던 발칸반도에서 오스만터키가 물러나자 대세르비아 민 족주의 독립운동이 일어났는데(1804), 합스부르크가의 후예인 오스트리아 가 발칸반도로 진출하며 독립을 숙원하던 세르비아인들의 불만이 고조되 었다.

1914년 6월 28일 보스니아의 수도 사라예보에 한 발의 총성이 울렸다. 보스니아를 사열하기 위해 온 오스트리아의 황태자를 향해 세르비아의 한 청년(퍼린치스)이 방아쇠를 당겼다. 곧 오스트리아는 세르비아에 전쟁 을 선포하였다.(7월 28일) 어찌 보면 작은 국지전으로 끝날 수 있었으나, 노 동자 농민의 반발로 국내 사정이 어려웠던 러시아가 국민의 관심을 돌리 기 위해 세르비아를 돕겠다고 나섰다. 그러자 프랑스에 눈독을 들인 독일 이 동맹국인 오스트리아와 같이 참전을 선언하고 러시아와 동맹을 맺고 있던 프랑스를 공격하였다. 독일군이 벨기에를 점령하고 프랑스로 공격하 자 독일의 확장을 우려한 영국이 참전하였다. 이번에는 러시아의 남하를 저지하던 오스만터키가 독일과 한편이 되어 참전하였다. 오스트리아—독 일—오스만터키 대 영국—프랑스—러시아의 제1차 세계대전이 발발한 것 이다.(1914~1918) 미국은 관망하는 자세를 유지하다가 독일의 U보트 공격

338

으로 자국민 120명이 사망하자 참전하였다. 제1차 세계대전에서 참패한 독일은 가지고 있던 식민지마저 영국에 빼앗기고 막대한 전비배상까지 하게 되었다.

피의 발칸반도

유럽 동북부에 분포한 슬라브계 중 폴란드, 슬로바키아, 크로아티아, 슬로베니아 등 서구 영향권에 있는 지역의 종교는 로마가톨릭인 반면, 동슬라브족인 러시아인, 벨라루스인, 우크라이나인과 남슬라브족인 세르비아인, 마케도니아인, 불가리아인들은 그리스정교회도였다.

제1차 세계대전 이후 발칸반도는 세르비아와 보스니아 등 슬라브계 민족과 오스만 점령시대 이주한 알바니아계 이슬람으로 된 6개의 소국으로 분리되어 있었으며, 조세프 티토(1892~1980)는 1차 대전 중 오스트리아군에 강제 징집된 후 러시아의 포로가 되었다. 티토는 포로수용소에서 공산주의 혁명을 목격하고 이념을 학습하였다. 티토는 2차 대전 중 빨치산부대를 조직하여 게릴라전으로 독일군에 대항하였으며 종전 후 소련군의 주둔을 거부하고 독자 노선을 주장하였다.

티토는 크로아티아인 아버지와 슬로베니아인 어머니 사이에서 태어났으며, 민족주의를 제거하고 여러 민족이 혼합된 형제애를 지닌 하나의 유고슬라비아를 건설하고자 하였다. 티토의 유고 연방은 비록 독재와 정적 탄압 등은 있었으나 외교적으로는 중립 노선을 표방하고 서방과의 관계도 유지하고, 코소보의 자치를 허용하는 등 인간의 얼굴을 한 사회주의자로

339

사라예보 시가지 전경

평가받고 있다.

그러나 수백 년간 이어온 민족과 종교 갈등은 해결할 수 있는 문제가 아니었다. 유고슬라비아는 하나의 국가, 두 개의 언어, 세 개의 종교, 4개의 민족(세르비아·크로아티아·알바니아·게르만), 5개의 연합체(크로아티아·슬로베니아·보스니아·세르비아·마케도니아·몬테네그로), 6개국과 국경을 맞대어 있어 123456국가라고 하는데, 강력한 지도자인 티토가 사망(1980년 5월 4일)하고 소련연방이 해체(1991년 12월 26일)되자 분열이 일어났다.

로마가톨릭교를 믿는 크로아티아가 먼저 연방에서 독립을 선언하였다. 그러나 크로아티아 내 세르비아계(동방정교회)는 유고슬라비아에서 탈퇴를 반대하고 크로아티아와 보스니아, 헤르체고비나를 포함한 신세르비아 통일국가를 건설하길 원했다. 크로아티아군과 유고슬라비아 연방인민군(JNA) 및 크로아티아 내 세르비아 민병대의 치열했던 내전은 UN이 개입

340

내전의 흔적

하여 종전되었고 크로아티아는 독립하였다.(1991~1995) 곧이어 보스니아
에서 내전이 발발하였다. 보스니아는 인구가 약 435만 명인데 그중 40%
는 이슬람교인, 21%는 크로아티계(로마가톨릭), 37%는 세르비아계(동방정교
회)로 구성되어 있다. 1992년 이슬람계가 보스니아 독립을 선포하자 군사
력을 가진 세르비아 민병대가 보스니아를 세르비아에 합병시킬 목적으로
이슬람계 보스니아군을 공격하였다. 세르비아 민병대는 러시아의 은밀한
지원을 받으며 보스니아 내 이슬람과 크로아티아인의 인종 청소를 실시하
였다.

유아 살해, 집단 강간, 무차별 총격, 저격 살해 등 UN이 개입한 상황에
서도 많은 사람들이 살해당하자, 미국은 학살의 책임자인 카라지치에게 5
백만 달러의 현상금을 걸었다.(2008년 체포) 러시아군이 비밀리에 세르비아
민병대 지원(동방정교회) 등 UN의 한계점이 드러나자, 나토가 직접 개입하

341

였다. 나토는 항공 전력을 이용한 세르비아 민병대에 대한 맹폭을 실시하였으나 지상군 투입에 부담을 느낀 미국은 미국의 전직 군인들로 구성된 민간 군사 기업을 보스니아로 파견하였다. 민간 군사 기업은 보스니아 정부군과 크로아티아 민병대를 미군 장비로 무장시켜 세르비아 민병대를 공격하였다. 협상 테이블에 마주한 보스니아, 세르비아의 카라지치 및 크로아티아는 보스니아의 독립을 결정하였다. (1995년) 3년 후, 이번엔 코소보에서 내전이 발발히었다.(1998~1999)

코소보는 티토 대통령 때 유고 연방 내 자치주로 승격(1974)된 세르비아 영토였다. "세르비아인의 성지를 되찾자!"코소보는 대세르비아주의의 발생지인 관계로 세르비아인들에게는 성소와 같은 존재였다.

1989년 세르비아의 밀로셰비치 대통령이 코소보의 알바니아계 자치권을 박탈하였다. 코소보는 오스만터키 점령 기간에 알바니아계 무슬림이 대거 이주하여 정착한 곳으로 19세기 말 알바니아 민족자각운동의 중심지였다. 코소보가 대세르비아주의와 알바니아 민족자각운동의 두 중심지가 된 것이다. 분쟁이 발생하는 것은 시간 문제였다. 1995년 코소보민병대 (이슬람계)가 독립을 선언하였다. 코소보의 독립 선언은 이전 발칸 내전보다 더 추악한 전쟁의 양상을 보였다.

우선 코소보민병대원들은 순수한 민병 조직이 아니라 미국 국무부로부터 인신매매, 마약범죄 조직으로 낙인이 찍힌 이탈리아계 알바니아인 마피아와 산적들이 대거 포함되어 나토가 개입하기가 껄끄러운 상태였고, 세르비아군도 처음에는 미군의 개입을 우려하여 소탕에 소극적이었다. 그런데 코소보를 순찰 중이던 세르비아 경찰이 코소보민병대에게 살해당하는 사건이 발생하자 곧 세르비아군이 코소보 내전에 본격적으로 개입하기

시작하였다.(1998년)

세르비아군의 알바니아계 무슬림의 인종청소 학살이 극심해지자, 세르비아군의 잔인한 인종청소 살상의 참상을 더 두고 볼 수 없었던 나토 연합군은 1999년 3월 대대적인 공중폭격 '동맹의 힘' 작전을 개시하였다. 이때 미국의 스텔스 F—117기가 세르비아의 대공요격을 받고 최초로 추락한 사건과 중국대사관 오폭사건이 발생하기도 하였다. 미국을 주축으로 한 나토군의 맹공에 세르비아군은 자국으로 철수하고 세계의 화약고 발칸반도의 내전이 일단락되었다. 코소보는 2008년 세르비아로부터 독립 선언을 하고 2019년 93개국의 유엔회원국으로부터 독립 승인을 받았다. 러시아는 코소보를 독립 국가로 승인하지 않았다.

시리아와 레바논 내전

시리아는 면적이 한국의 두 배 정도 크기로 인구는 약 2천만 명이며 터키·이라크·요르단·이스라엘 그리고 레바논과 국경을 접하고 있다. 수도 다마스쿠스는 3천5백 년의 역사를 자랑하는 도시로, 다마스쿠스는 'Damaskene(물의 신의 아내)'라는 이름에서 비롯되었다. '사도 바울의 회심'이 일어난 다메섹이 바로 다마스쿠스다.

시리아는 지중해 연안을 낀 레반트 지역의 중심지로 터키와 남쪽 아라비아 반도 및 동방으로 이어지는 서아시아의 교통 십자로에 위치하여 예전부터 실크로드 무역이 크게 발달한 곳이다. 시리아는 상당수 기독교인들과 지중해 해안선을 따라 옛 십자군왕국들이 있었던 곳이다. 제1차 세

343

레바논 지도

계대전 중 오스만튀르크를 물리치고 시리아를 차지한 프랑스는, 시리아 아랍 왕조를 무너뜨리고 기독교인이 많은 트리폴리와 베이루트를 레바논으로 분리하여, 분할 통치를 하였다.(1926) 시리아의 지중해 해안의 절반 이상이 레바논으로 분리된 것이다. 이를 두고 시리아 역사학자는 시리아의 팔다리가 잘렸다고 표현했다.

근래 발생한 시리아 내전은 프랑스의 통치에 뿌리를 두고 있다. 프랑스의 압정에 시리아인들이 식민 통치를 거부하자 다마스쿠스에 무자비한 포격을 퍼부어 도시의 거의 모든 건물을 파괴하였다.(1925)

시리아는 2/3 이상이 수니파 이슬람이며, 소수의 시아파 무슬림, 쿠르드족, 아르메니아, 그리스정교, 마론(Maronites, ?~423년경)파 기독교인들로 구성되어 있다. 그중 가장 강력한 소수파가 시아파의 한 종류인 알라위 시아파로 시리아의 12%가량을 차지하고 있다. 수세기 동안 소수파로 살아온 알라위 시아파는 14세기 수니파의 포고령에 의해 기독교보다 더 이단으로 비난받게 되면서 2만 명이 처참하게 살육당하였다. 프랑스는 이런 역사적 배경을 이용하여 소수인 알라위 시아파로 군대를 조직하여 시리아 통치에 이용하였다. 1946년, 시리아가 독립할 당시 많은 알라위시아파들이 정부 주요 요직을 장악하게 되었다.

현직 대통령의 아버지 아사드는 알라위 시아파였다. 그는 16세 때부터 정치에 뛰어들었는데, 아사드가 속한 바스당은 알라위 시아파와 기독교가 참여하여 하나의 시리아를 목표로 하였다. 바스당은 세속주의로 여성의 평등과 사회주의적 정의를 표방하였다. 아사드는 공군에 입대한 후 소련에 유학을 다녀와 젊은 장교들과 쿠데타를 일으켜 정권을 잡았다.(1963) 아사드는 저항하는 수니파 관료들을 쫓아내며 사회주의경제 정책을 시행하였다. (1970) 아사드는 시골에 학교를 세우고 시리아 전역의 여성들도 학교에 가도록 하였다. 그는 자신의 정책을 실행하기 위해 군대를 더욱 강화시켜 강력한 독재정치를 실시하였는데, 소수파인 알라위파와 기독교는 기득권을 갖기 위해 아사드에 협력하였다.

아사드의 세속주의적인 정책에 불만을 품은 다수의 원리주의 수니파는 무장 세력인 무슬림형제단을 만들어 세속주의에 폭력적으로 대항하였다. 무슬림형제단은 70년대 후반부터 80년대 초반까지 테러와 암살로 시아파와 기독교인들을 공격하여 대학교가 폐쇄되는 등 극도로 혼란된 사회가되었다. 1979년 알레포에서 무슬림형제단이 설치한 폭발물로 알라위 시아파 군대임관식에 참가했던 많은 군인들이 사망하였고 아사드는 겨우 살아남았다. 곧 체포와 사살 명령이 내려졌고 무슬림형제단의 근거지인 고대도시 하마는 정부군의 공격을 받아 치열한 전투가 벌어졌다.

하마를 탈환하는 과정에서 정부군은 약 2만 명의 하마 남자들을 살해했다. 폭력적인 무슬림형제단의 지도부와 철저한 진압을 지시한 아사드의 행동은 폭력이 폭력을 부르는 악순환의 고리가 되고 말았다. 아사드는 연

345

정을 통해 30여 년 동안 정권을 유지하는 동안 많은 수니파 사업가들은 정부에 협조하여 이익을 가져갔지만 소외된 다수의 수니파의 불만이 커지자 이스라엘과 전쟁을 통하여 지지도를 높였다. 미국의 지원을 받는 이스라엘과 소련의 지원을 받는 시리아는 냉전의 핵심축의 전장이 되었다. 2010년 아사드가 사망하자 런던에서 교육을 받은 34세의 아사드 아들, 바샤르가 정권을 물려받았다. 바샤르는 수니파와 결혼하고 정치개혁을 시도하였다.

아버지 때의 독재정치를 개선하고 정치 토론도 허용하며 서구적인 정치개혁을 할 것이라고 기대를 하였다. 그러나 바샤르의 경제자유화는 도시 중산층에게만 혜택이 돌아가고, 마피아가 아사드 일가와 결탁하여 국민들을 착취하자 불만이 다시 폭발하였다. 때마침 '아랍의 봄'(2010)이 일어나 중동의 튀니지, 이집트, 리비아, 예멘에서도 사태가 폭발하였다. 2011년 4월 재발발한 시리아 내전은 10년째 이어지고 있다.

발단은 10대 청소년이 벽에 쓴 아사드 대통령을 비난하는 낙서였다. 아사드 정부가 청소년들을 채포하여 고문하는 과정에서 13세 소년이 사망하면서 시위가 확산되었다. 하마에서 경찰의 발포가 있었고 군대까지 동원되자 시민들은 자유시리아군(FSA)를 결성하여 무장투쟁을 시작했다. 무슬림형제단이 저항했던 것처럼 또다시 반복되는 내전 상황이 된 것이다. 시리아 정부군과 러시아군의 공격으로 10년 동안 약 38만 명이 내전 중 사망하고, 인구의 절반인 1,200만 명이 난민으로 전락했다. 이 과정에서 이슬람근본주의 국가 건설을 내세운 수니파 극단주의 테러단체 ISIS가 나타나 악행을 자행하였다.

"우리는 종파의 대결을 원하지 않는다. 서로 반목하지 않고 무고한 시민을 죽이지 않길 바랄 뿐이다." 도시가 파괴되는 현장에서 힘없는 시민들의 이러한 원은 무력 앞에 무기력 할 수밖에 없었다.

레바논은 중동의 스위스라고 불리며 레바논 산맥이 있어 중동에서 유일하게 흰 눈을 볼 수 있는 나라다. 지중해를 끼고 있어 여름철을 제외하고 연중 온화한 기후로, 농산물과 과일이 풍부하고 걸프 산유국들의 리조트 역할을 했다. 프랑스에 의해 1926년 시리아에서 자치구으로 분리된 후 1941년 완전독립국이 되었다. 레바논은 기독교를 비롯한 18개의 종교가 공존하며 기독교계 대통령, 시아파국 회의장, 수니파 총리, 드루즈파 국방장관 그리스정교 외교장관 등 각 종파가 협치하는 모범을 보이며 서방경제 체계를 갖추고 모자이크민주주의의 모범이 되었다. 또한 석유 붐이 일어나 1970년대 초까지 레바논은 번영을 구가하였다. 그런데 요르단이 친 이스라엘 정책으로 돌아서자 요르단 내에서 활동하던 PLO(팔레스타인해방기구)가 항공기 테러를 자행하고 요르단 일부를 점령하였다.

요르단국왕이 정부군을 동원하여 소탕작전을 벌이자 이 내전에 시리아가 개입하면서 이스라엘까지 개입하는 확전이 될 위기에 처했다.(1970) 이집트의 중재로 PLO와 많은 팔레스타인들이 레바논으로 이주하면서 요르단 내전은 종식된 반면 레바논은 많은 이슬람인들이 들어와 종교 간의 균형이 무너지는 결과를 낳고 말았다. 레바논이 PLO의 근거지가 되자 마론파 기독교인들이 기독교 민병대를 조직하여 PLO를 공격하면서 레바논 내전이 시작되었다.(1975)

아름다운 베이루트는 총격전의 거리로 변했으며, 시리아가 내전에 개입하자 이스라엘과 미군이 개입하면서 10년간의 내전으로 베이루트는 폐허가 되었다. 작은 민병대로 출발한 시아파민병대 헤즈볼라는 이란과 시리아

347

의 지원으로 세력을 확장, 정부 조직에 입각하고 레바논의 이슬람 국가 건설 목표를 선언하였다. 2006년 헤즈볼라가 이스라엘 병사 2명 납치한 보복으로 이스라엘이 레바논으로 탱크를 진입시켜 다수의 민간인 사상자가 발생하자 국제사회의 이스라엘을 비난하였다. 현재는 어느 정도 안정을 찾아가고 있으나, 2020년 8월 발생한 베이루트 항구의 대규모 폭발 사고는 레바논의 현실을 그대로 반영하고 있다. 베이루트 항구 폭발 위력은 240km 떨어진 키프로스에서도 감지되었으며 200여 명이 사망하고 6천여 명의 부상자가 발생하였다. 6차례나 위험물에 대한 조치 건의가 있었으나 모두 묵살 되었다고 한다. 레바논은 종교 간 모자이크 통합을 추구하였으나, 현실은 각 종파별로지지 거점을 구분하여 자기 이익을 우선하다 보니 국가 시스템이 작동하지 않고 파편화되고 말았다.

02 중동의 세 종교

아브라함

중동에서 발생한 세 종교의 공동 조상이라고 할 수 있는 아브라함은 기원전 약 2100년경 메소포타미아의 남부 우르(Uruk) 지방에서 태어났다. 성서에는 '갈대아우르'라고 하는데 유프라테스강과 티그리스강의 하구 수메르 문명이 번성했던 곳이다. 수메르 문명은 인류 최초의 대서사시 길가메시, 인류 최초의 쐐기문자, 최초의 마차바퀴, 최초의 성문법, 1년 12달의 천문학과 7일의 일주일, 최초의 청동기 등 인류 문명의 발상지다. 수메르 신화 우주창조와 하늘에서 온 사람들이 이야기와 대홍수 신화는 메소포타미아 지역에 널리 전승되어 내려오고 있다.

"45만년 전 하늘에서 신들이 내려왔다. 주신인 아누(Annu)는 하늘에 머물렀으며 많은 아눈나키(신)들이 지상에 내려와 노동을 하면서 문명을 건설하였고, 아누의 아들 엔릴과 엔키가 이들을 다스렸다. 아눈나키들이 고

349

수메르 신화-아눈나키와 태양신

된 노역에 반란을 일으키자 엔릴과 엔키는 반란을 진압하고 주모자를 잡아 흙과 섞어 인간을 창조하여 노역에 활용하였다. 시간이 흐르자 아눈나키들과 인간 사이 교잡이 일어나고 신들의 비밀을 인간이 알아내자 엔릴은 인간의 수를 줄여야겠다고 마음먹었다. 먼저 기근을 일으킨 다음 대홍수를 일으켰다."

아브라함(Abraham)이 살았을 무렵 중동 지역은 농경사회로 비와 폭풍우를 관장하는 바알신(Baal)과 번식을 관장하는 아세라 여신 등 다신교를 믿고 있었다. 사람들은 아세라 여신이 성행위를 해 땀을 흘리면 비가 내린다고 믿고 풍년를 위해서 신들이 성행위를 자주해야 한다고 생각하였다. 이러한 생각은 성행위가 일종의 제례의식이 되어 성적으로 극도로 문란한 사회가 되었다. 헤로도토스는 《역사》에서 "여자는 신전 앞에 나가 낯선 남자의 돈을 받고 성행위를 한 다음 그 돈을 신전에 바치고 집에 돌아오는 것이 종교 의무였다"고 기록하고 있다. 성적으로 극도로 문란한 사회에서 근친이 성행하고, 매매혼이 만연했을 뿐만 아니라 어린 아기를 가장 고귀한 제물로 신전에 바쳤으며 여인들은 씨를 뿌린 후 탐무즈(Tammuz) 풍년제 기간에는 남편 외의 남자와 관계할 수 있는 권리를 가졌다. 노아의 10대손인 아브라함은 영혼이 타락하여 인간성을 회복하기 어려운 사회 현상을 보고 타락한 세상에서 인간을 구원하기 위해 하느님과 계약을 맺었다.

바알신

노아(Noah)

아담으로부터 10대에 이르자 세상이 타락하였다. 하느님은 타락한 세상을 물로 씻어내려 하면서 노아 가족을 선택했다. 노아에게는 3명의 아들이 있었는데 그중 큰아들 셈은 아브라함의 조상이다. 셈은 동쪽으로 가 중동 아시아계의 조상이 되었으며 둘째 아들 함은 취해서 벌거벗고 자는 아버지를 돌보지 않아 노아로부터 종으로 살게 되리라는 저주를 받고 남쪽으로 내려가 아프리카계 조상이 되었다고 한다. 셋째인 야벳은 유럽으로 가 유럽인들의 조상이 되었다고 한다.

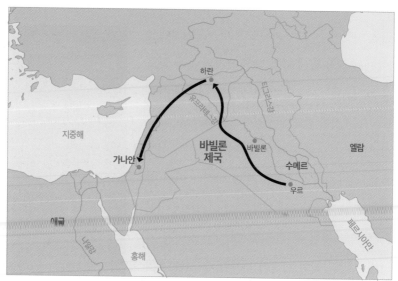

아브라함의 이동경로

　수메르가 이웃 엘람국에 의해 멸망할 때(기원전 2004년) 아브라함은 아버지 데라와 조카 롯 가족과 함께 하란(Haran, 아나톨리아 남부 무역도시)으로 이주하였다. 이는 전란뿐만 아니라 이 시기 메소포타미아 하류가 건조해져 토양에 염분이 증가했기 때문에 밀 수확량이 떨어져 인구가 3/5으로 줄어든 시기였다. 아브라함은 나이 75세에 하란에서 하느님이 계시에 따라 팔레스타인 지역으로 들어가며 불순종의 시기를 끝내고 중동의 유일신 역사가 시작되었다. 사촌누이이자 아내인 사라와 조카 롯을 비롯한 318명의 남자 종을 포함한 부족의 이동이었다. 가나안 사람(토착민)들은 이들을 강 건너온 사람들이란 뜻의 히브리인으로 불렀다.

　목초지 부족으로 분가한 조카 롯이 이주한 곳이 소돔이었는데 소돔과 고모라는 타락한 도시로 롯 가족을 제외하고 불과 유황으로 멸망하게 되었다. 조카 롯의 아내는 타락한 도시에 미련을 버리지 못하고 돌아보다 소금기둥이 되어버렸다. 롯의 두 딸이 아버지를 취하게 하여 동침하였다는 구약의 기록을 보면 그 당시 성적으로 타락한 시대 상황을 극명하게 보여 준 것이라 할 수 있다.

아브라함은 99세에 하나님과 민족의 조상으로 삼는 계약을 맺었다. 원래 이름이 아브람이었으며 민족의 아버지란 뜻의 아브라함으로 불리게 되었다. 유대인들은 하느님과 계약을 맺은 징표로 생후 8일에 할례를 받는다. 당시 가나안 사람들은 신과의 중요한 의식을 할 때 흠 없는 아기를 제물로 바쳤는데, 아브라함이 이삭에게 장작을 지게 하고 모리아 땅으로 가 이삭을 번제물로 바치려 하였다.(창세기 22:1~8) 아브라함을 시험한 하느님이 수컷 희생양으로 대신 번제물을 바치게 한 것은, 유대인들은 더 이상 사람을 제물로 하지 않았음을 의미한다. 아브라함의 정부인인 사라가 아이를 낳지 못하자, 아브라함이 86세 때 하녀인 하갈과 동침하게 하여 이스마엘을 낳았다. 아브라함이 100세에 이르러 사라가 이삭을 낳자, 사라는 하녀 하갈과 이스마엘을 광야로 쫓아냈다. 아브라함이 쫓겨난 이스마엘이 걱정되어 찾아왔다가 살아 있는 것을 보고 주변의 운석을 모아 하늘에 제사 올린 곳이 지금의 메카다. 이스마엘은 아랍 민족의 시조로, 이스라엘 민족과 아랍 민족은 한 조상인 아브라함으로부터 나온 이복형제다.

출애굽

이삭의 아들 야곱은 돌베개를 베고 잠들었다가, 하느님으로부터 이스라엘이란 이름을 부여받았다. 이스라엘이란 국명이 처음 사용된 것이다. 야곱은 4명의 여자로부터 12명의 아들을 두었다. 요셉은 그중 11번째였는

353

데 야곱의 10명의 아들과 요셉의 아들 2명이 이스라엘 민족 12지파의 조상이 되었다. 형제들에게 미움을 받던 요셉은 은 20냥에 향신료 무역을 하는 대상에 팔려가 이집트 고관집의 노예가 되었다. 명석한 요셉은 이집트 힉소스왕가에 발탁되어 부왕(副王) 자리까지 올라 국가 경영에 능력을 발휘하였다. 풍년 기간 동안 수확의 1/5을 세금으로 징수하여 기근에 되팔아 대기근으로부터 나라를 구했을 뿐만 아니라 그 돈으로 토지를 사들이고 국가 시스템을 완성하여 왕권을 강화시켰다. 가나안 땅에 기근이 들자 요셉은 아버지 야곱과 형제들을 이집트로 불러들였다. 야곱은 아들들과 그에 딸린 장정 70명을 비롯한 식솔들을 이끌고 이집트에 이주해 정착하였다. 유대인들의 인구는 급격히 증가하여 힉소스 왕가가 멸망할 때 약 200만 명으로 늘어나 있었다.

새로운 이집트 왕조는 힉소스 왕가 보호 아래 이집트의 풍요로운 북쪽 땅을 차지하고 있는 유대인들에게 반감을 가졌다. 이집트의 람세스 2세(기원전 1303~기원전 1213)는 유대인들을 노예로 만들어 건축에 동원하였는데, 이때 만들어진 건축물이 룩소르 신전, 아부심벨 신전 등 이집트 관광지로 각광 받는 신전 건축물들이다. 이집트 병사를 죽이고 달아났던 모세는, 신의 계시를 받고 다시 이집트로 돌아와 유대인 노예해방의 대업을 시작하였다. 람세스 2세와 치른 담판에서 성과를 거두지 못하자 모세는 10가지의 재앙을 경고하였다. 10가지 재앙은 당시 이집트의 다신교 신을 부정하는 재앙이었다.

마지막 10번째로 "이집트 내 모든 장자들이 죽을 것이다"라고 경고하고 유대인들은 대문에 양의 피를 발라 재앙을 피하라고 하였다. 파라오의 자식을 포함 이집트의 모든 장자들이 죽었으나 유대인들은 무사할 수 있었다. 그 재앙을 넘긴 날이 유대인들의 유월절(Passover)이다.

유월절은 이스라엘인들이 이집트에서 해방된 날이다. 파라오는 더 이상 이들을 붙들어 놓을 수 없자 모세를 불러 유대인들은 이집트를 떠나라는 명령을 내렸다. 급박하게 탈출 길에 나선 유대인들은 밀가루를 부풀릴 누룩을 챙겨오지 못하여 딱딱한 빵을 먹은 것에서 유월절에 먹는 무교병의 유래가 되었다. 유월절은 유대 민족의 최대 축제이며, 노예 생활을 잊지 않기 위해 쓴 고엽나물을 넣은 납작하고 딱딱한 밀가루 반죽을 구워먹는다. 그러나 홍해를 가로질러 탈출한 유대인들은 직선으로 가면 일주일 거리에 있는 팔레스타인지방으로 갈 수가 없었다. 고향을 떠나와 430년 만에 수십만 명이 다시 고향으로 돌아가 정착하는 일은 쉽지 않았을 것이다. 이들은 지도자 모세를 따라 40년간 광야에서 방랑생활을 하게 되었다.

고향과 반대편인 시나이 산으로 남하하여 머무는 동안 유대인들은 유대교의 체계를 갖추기 시작하였다. 모세가 시나이 산에 올라 40일 동안 기도한 후 십계명을 받아왔으나, 그사이 내부에서 이탈 세력이 발생하여, 모세의 형 아론에게 금송아지를 제작하게 하여 바알신을 섬기는 사람들이 발생하였다. 모세가 십계명으로 내리쳐 금송아지를 부수고 그 가루를 갈아 마시게 하여 우상숭배자 3천 명이 목숨을 잃었다. 수천 명의 희생자를 내면서 이탈 세력을 제압한 모세는 다시 시나이 산에 들어가 40일 동안 기도 끝에 십계명을 받아와 아브라함이 맺었던 계약을 새롭게 하였다.

모세가 이스라엘 민족의 이탈을 하느님께 용서를 구하고 두 번째 10계명을 받은 날이 유대인들의 속죄일로 이날은 하루 종일 금식기도로 예배를 드린다. 모세는 목마른 유대인들에게 물을 찾아주면서 지팡이로 바위

355

를 쳐 화를 내 불순종한 벌로 생전에 가나안 땅으로 들어가지 못하고 모압 땅에 묻히게 되었고, 이스라엘 민족은 그의 아들 여호수아의 인도로 가나안에 들어갔다.

이스라엘 민족의 유대교

가나안 땅에는 아브라함이 이주할 무렵 남쪽에서 팔레스타인 민족(블레셋) 또한 이주해와 정착하였다. 이들 블레셋인은 철제무기를 사용하는 강력한 집단으로, 가나안 땅으로 돌아온 이스라엘 민족은 정착지를 확보하기 위해 이들과 싸워야 했다. 삼손과 다윗이 싸웠던 민족이 바로 골리앗을 거느린 블레셋(팔레스타인)인이었다. 이스라엘 부족은 이 강력한 블레셋인들과 싸우기 위해 왕을 선출하여 유다지파의 다윗이란 걸출한 지도자가 나타났다. 기원전 1010년 다윗은 천혜 요새인 예루살렘을 정복하고 이스라엘 부족의 단합을 위해 십계명을 보관하였던 언약궤를 예루살렘에 안치하였다. 이제 예루살렘은 이스라엘 민족의 성지가 되었다.

언약궤를 안치할 성전은 그의 아들 솔로몬에 의해 11년 8개월 만에 완성되었는데 훗날 유다 왕국이 바빌로니아에 멸망할 때 언약궤도 사라졌다.(기원전 586년경) 다윗이 속한 유다지파가 강력해지자 이스라엘 민족은 유다지파와 나머지 이스라엘 민족으로 구분되어 훗날 유다 왕국과 이스라엘 왕국으로 분리되는 원인이 되었다. 솔로몬 왕 이후 예루살렘을 경계로 남쪽의 유다 왕국과 북쪽의 10개지파가 모인 이스라엘 왕국으로 분리되어 200년간 싸움을 이어갔다. 바알신을 믿는 이스라엘 왕국은 기원전 722

356

년 아시리아에 멸망했는데, 아시리아는 정복지 민족과 혼혈정책으로 이들을 지배하였다. 이스라엘 민족과 아시리아인 사이에 태어난 사람이 사마리아인이다.

유다 왕국 또한 기원전 601년 신바빌로니아 왕국에 멸망하였다. 국제정세에 깊은 통찰을 가진 유다 왕족 이사야(기원전 759년경)와 예레미야(기원전 627년경) 같은 선지자는 이스라엘 민족의 배교(背敎)와 타락으로 민족 분열이 생기면서 나라가 멸망할 것을 예견하고 이후 이스라엘 민족이 살아갈 수 있는 토대에 대한 깊은 성찰을 하였다.

이사야는 경고와 회개, 평화 구세주 사상을 설파하였으며, 예레미야는 "성전에 재물을 바치는 것보다 믿음을 갖고 율법을 지키는 것이 더 중요하다"고 역설하고 타락에 따른 박해와 심판이 있을 것이라며 회개를 촉구하였다. 신바빌로니아는 이스라엘 민족의 상류층들을 모조리 바빌론으로 잡아가 신바빌로니아가 멸망할 때까지 약 50년 동안 노예 노역에 동원하였다.(바빌론 유수) 나머지 이스라엘 민족들은 이집트를 비롯한 지중해 연안으로 흩어져 방랑자가 되었다. 유대인의 1차 이산(離散)이다.

바빌론 유수와 키루스 칙령

메소포타미아 지역은 아시리아를 물리친 신바빌로니아(기원전 626~기원전 539)가 지배하고 있었다. 신바빌로니아의 네브카드네자르2세는 팔레스타인 지방의 유다 왕국을 공격하여 유대인들을 노예로 끌고 갔다.(기원전 587) 이스라엘인들은 하느님을 섬기지 않고 우상을 숭배한 대가로 받은

357

바벨탑

재앙이라고 반성하며, 민족의식과 율법, 전통을 지키는 유다이즘이 생겨났다. 아브라함 시대부터 이어온 유대교 신앙이 바빌론 유수기를 통해 이스라엘인들에게 공고히 자리 잡은 것이다.

신바빌로니아의 왕비는 북쪽 메디아 출신으로 중동의 더위에 약했다. 네브카드네자르 2세는 더위에 지친 왕비를 위해, 유대인 노예를 동원하여 바빌론에 높은 공중정원을 짓게 하였다. 성경에 등장하는 바벨탑의 소재가 되는 바빌론의 지구라트 건축물이다.

기원전 539년, 신바빌로니아는 페르시아 왕국의 키루스 2세에게 멸망하였다. 키루스 2세는 '키루스 칙령'을 발표하여 정복지의 종교 자유를 허용하고 패전국 주민의 생활 보장, 노역자들의 임금을 선언하였다. 또한 포

실크로드의 종교

키루스 실린더

로로 잡혀와 있는 자들이 고국으로 돌아가는 것을 허락한다는 획기적인 내용이었다.

대영박물관에 보관된 키루스 실린더는 키루스 칙령과 그를 찬양하는 문구가 기록된 세계 최초의 인권 선언으로, 이란의 자부심 중 하나이다. 구약성서에는 신바빌로니아를 멸망시키고 유배되었던 유대인들을 노예에서 해방시켜준 페르시아 키루스 2세 왕을 구원자로 묘사하고 '고레스 왕'으로 기록하였다.

유대인들은 바빌론에 노예로 있는 동안 페르시아 왕국의 조로아스터교를 접하게 되었다. 유일신 아후라마즈다에 대한 절대 경배, 메시아의 출현에 대한 믿음, 도덕적으로 엄격한 율법에 기초한 생활 등은 유대인들의 삶의 방식과 상통하는 부분이 많았다. 조로아스터교의 우주 창조론은, 창조주 아후라마즈다가 일곱 단계에 걸쳐 하늘, 물, 땅, 식물, 동물, 사람 그리고 마지막으로 아후라마즈다가 있는 신전에서 불을 가져왔다. 메시아가 나타나는 종말론과 최후의 심판론을 비롯, 조로아스터의 씨앗이 카사오야

359

라는 깊은 호수에 존재하였다가 동정녀의 몸에 들어가 구원자가 탄생한다는 조로아스터교의 교리는 유대인들의 의식에 상당한 영향을 미쳤다.

바빌론 유수에서 돌아온 유대인들은 솔로몬 시대 파괴된 예루살렘 성전을 재건하고 세사장을 중심으로 자치권을 얻을 수 있었다. 기원전 444년경 3차로 바빌론에서 돌아온 율법학자 에스라가 모세의 법전을 가지고 온 것으로 보아 바빌론 유수 기간 유대교의 체계가 상당히 갖춰진 것으로 보인다.

에스라는 4차로 귀국한 느헤미야와 함께 이스라엘 혈통의 순수성과 유대교 부흥을 위한 조치를 단행하였다.(에스라의 개혁) 개혁의 핵심은 이방인과 혼인을 금지하고 모세율법인 토라의 편집 완성과 모세율법의 준수였다. 이방인과 결혼한 유대인들은 이혼시켜 그 자녀들을 추방하였으며 안식일을 준수하고 안식일에는 토라를 읽도록 하였다. 모세5경(토라)을 완성시킨 느헤미야와 에스라는 이스라엘 민족은 부족주의를 넘어 하나의 유대 민족이라고 주창하였다. 이스라엘 민족의 유배지였던 바빌론은 유대인들이 가장 많이 거주하는 곳이 되었으며 예루살렘과 더불어 유대인 커뮤니티의 중심 중 하나가 되었다. 유대왕국 멸망으로 성전이 파괴되자, 이스라엘인들은 성전과 제사장보다는 생활 속에 율법을 실천하는 회당(시너고그[Synagogue])과 교육을 담당하는 랍비를 중심으로 대전환을 하였다. 시너고그는 유대인을 글을 읽는 민족으로 만들었으며, 오늘날까지 분산된 유대인 집단 간의 긴밀한 정보망 역할을 하고 있다.

역설적으로 바빌론 유수기는 풍부한 사상을 지닌 조로아스터교와 교류하고 율법주의와 토라 완성의 계기가 되어, 유대인들의 정체성을 체계화하는 중요한 시기였다.

디아스포라

알렉산더 원정 시기 유대인들은 그리스군의 진출을 환영하였다. 알렉산더는 유대교 성전에 제물을 바치고 유대인의 안식년에 세금을 면제해 주었다. 예루살렘과 바빌론의 유대인들을 알렉산더가 개척한 실크로드를 따라 각 지역으로 이주하여 상업 활동을 벌였다. 이집트의 알렉산드리아는 그중 가장 많은 유대인들이 이주한 곳으로 100만의 인구 중 40%가 유대인이었다. 이는 예루살렘의 유대인 수보다 많은 인구였다. 그리스가 로마에 흡수된 후 알렉산드리아는 해상무역과 경제활동에서 그리스인과 이방인인 유대인 간의 갈등이 심화되었다. 그리스인들이 유대인을 공격하였지만 로마 주둔군은 이를 방치하거나 그리스인 편을 들었다.

그간 쌓였던 유대인들의 반감이 폭발한 것은, 로마 총독이 예루살렘 성전에 침입하여 속주세로 17탤런트의 금화를 몰수해간 사건이었다. 이것이 기폭제가 되어 모욕감을 느낀 유대인들의 공격으로 로마수비대가 살해되자 그리스인과의 분쟁이 로마제국과의 전쟁으로 변한 것이다. 로마의 네로 황제는 베시파시아누스를 총 대장으로 4개 군단 2만 4천 명을 파견하였다. 예루살렘 내에서는 로마에 대한 온건파와 강건파 사이에 분열이 일어나 동족간에 피 흘리는 충돌이 발생하며 강경파인 열심당이 주도권을 잡고 로마군에 대항하였다. 이때 나사렛파는 예언에 따라 로마군을 피해 펠라(현 요르단)로 피신하여 화를 면할 수 있었지만 다른 유대인들에게 비난을 받고 유대교당 출입이 금지되었다. 전쟁 중 황제에 등극한 베시파시아누스는 아들 티투스를 총대장으로 삼아 예루살렘을 공격하여 3년 만에 점령하였다.(기원후 70년) 로마군은 여자와 어린아이 6천 명을 산 채

361

통곡의 벽

로 불태우는 등 만행을 저질렀다. 예루살렘을 점령한 티투스는 성벽을 허물면서 서쪽 벽면을 교훈으로 남겨두었다. 바로 '통곡의 벽'이다. 유대인들은 예루살렘에서 추방당했다. 1년에 딱 하루, 예루살렘을 함락한 날에만 유대인들에게 개방되었는데, 유대인들은 서쪽에 남은 성벽에 머리를 대고 나라 잃은 처지를 슬퍼하며 통곡하였다.

로마는 티투스의 승리를 기념하기 위해 최초로 개선문을 건설하였다. 파리의 개선문은 나폴레옹이 바로 이 티투스 개선문을 모델로 만든 것이다. 로마에 저항했던 팔레스타인 지방 유대인 약 240만 중 절반인 110만 명이 희생되었으며, 로마로 끌려간 10만 명의 유대인은 8년에 걸쳐 완성한 콜로세움 건축에 동원되었다. 끝까지 저항했던 열심당원 960명은 마사다 요새에서 항전을 지속하였다. 로마군은 요새를 공격할 토성을 쌓았다. 마사다 요새를 지키던 열심당원들은 노역에 동원되어 흙산을 쌓는

362

마사다 요새

동족들을 공격할 수 없었다. 2년을 저항했던 열심당원들은 마지막 점령이 다가오자 자결하여, 960명 중 살아남은 사람은 여자 두 명과 어린아이 다섯 명 뿐이었다.(기원후 73년 4월 15일) 입대한 이스라엘 군인은 마사다 요새에 올라 다시는 나라를 잃지 않겠다는 맹세를 한다.

기원후 130년, 로마 최대의 영토를 건설한 하드리아누스(재위 117~138)는 예루살렘을 방문하여 할례를 금지시키고 예루살렘의 성전에 주피터 신전을 세우려 하였다. 이에 반발한 유대인들이 2차 반란을 일으켰으나, 유대군 58만 명을 포함한 유대인의 2/3가 죽거나 노예가 되었다. 유대인

363

들은 주권과 땅을 잃고 유랑자 신세가 되었다. 바로 유대인의 2차 이산(離散)이다. 이후 1948년 이스라엘이 건국될 때까지 유대인들은 2천 년간 긴 디아스포라(Diaspora, 세계 각지로 흩어져서 유대교를 믿으며 자신들의 생활 관습을 유지하는 유대인을 뜻한다. 이후 넓은 의미에서 본토를 떠나 타지에서 자신들의 규범과 관습을 유지하며 살아가는 민족 집단 또는 그 거주지를 표현하는 용어로도 쓰인다) 시련기를 겪게 되었다.

유대인 탄압의 상징인 노란색 표식은 예수를 배신한 가롯 유다가 입은 옷 색깔이었기 때문에 유럽에서는 거짓과 비겁, 치욕의 상징으로 중세의 유대인들은 노란색 마크를 가슴에 달아야 했다. 유대인들의 선민사상은 유대인들의 끈질긴 생명력을 갖게 하는 근본 힘이 되었으나, 역설적으로 배타적으로 인식되어 예수를 십자가에 못 박혀 죽게 했다는 이유와 함께 반유대인 감정을 유발하는 원인이 되었다.

로마시대에 시작된 땅과 노예 소유 금지는 농사와 제조업을 할 수 없는 유대인들이 상업민족이 되는 계기가 되었다. 각지의 시너고그는 유대인들을 책을 읽을 수 있는 민족으로 만들어, 문맹이 다수인 기독교인들과 달리 상업과 금융업에 종사할 수 있는 기반이 되었으며, 정보 네트워크의 매우 중요한 역할을 하였다. 이 네트워크를 통해 각 나라의 물품가치와 경제, 주화의 가치를 훤히 알 수 있는 유대인들이 교역 장소에 긴 의자(Banca)를 놓고 환전과 교역의 중개를 한 것이 오늘날 은행(Bank)의 어원이 되었다. 기독교인들은 이들 유대인들을 이용하여 기독교가 금지한 이자 대부업을 시켜 이익을 챙기고 흑사병이 돌 때는 유대인들이 우물에 독을 풀었다고 성난 민심을 유대인들에게 돌리기도 하였다. 1492년 에스파니아(스페인)는 9개월 동안 치열한 공세 끝에 그라나다를 점령하고 마지막 이슬람을

364

유럽에서 쫓아냈다. 그리고 같은 해 17만 명의 유대인들도 스페인에서 쫓겨났다. 스페인은 전쟁으로 빈 국고를 충당하고 포르투갈과 경쟁에 필요한 선박 건조 비용을 마련하기 위해 유대인들의 재산을 압류하고 추방하였다.

유대인의 학살과 추방은 그들의 소유물을 빼앗는 주요 수단이 되었기 때문에 유대인들은 값비싸고 휴대가 간편한 보석류로 재산을 축적하였는데, 암스테르담은 박해를 피해 건너온 유대인들이 보석가공업을 시작하면서 다이아몬드 시장의 중심이 되었다.

탈무드

유대인들은 히브리어 원전이 남아 있는 구약(舊約)성경만을 인정하고 있다. 구약성경은 유대인의 역사를 기록한 책으로 모세오경을 포함한 역사와 지혜, 예언서로 구성되어 있다. 모세오경을 '토라'라고 하며, 토라는 기원전 1200년대에서 바빌론 유수기 1차 이산까지 약 800년에 걸쳐 완성되었다. 이 경전의 해설서 격이 탈무드다. 탈무드는 이전의 여러 해설서를 기초로 기원전 500년경에서 5세기까지 약 1천 년 걸쳐 완성된 책이다. 탈무드는 4세기 팔레스타인본과 이후 6세기에 나온 바빌로니아본이 있는데 대부분 바빌로니아본을 학습하고 있다. 그 양은 방대하여 63권 1만 2천 페이지로 학습하는 데 7년이 걸린다고 한다.

1492년, 콜럼버스는 유대인들의 자금이 들어간 배를 타고 항구를 출발하였다. 콜럼버스가 발견한 신대륙(미국)은 현대 유대인들의 가장 안전한

365

터전이 되어 보답하였다.

제2차 세계대전 때 나치독일의 유대인 학살은 너무나 잘 알려진 사실이다. 제1차 세계대전에서 패전한 독일은 힘든 시기를 보내고 있었는데, 소수민족인 유대인들의 활발한 경제활동은 독일인들의 반감을 불러일으켰다. 더구나 사회주의 운동으로 위협을 느낀 독일인들은 마르크스와 레닌 같은 유대인 사회운동가들이 미국과 소련과 내통하고 있다고 생각하여 유대인에 대한 반감이 높았다. 권력을 잡은 제3제국의 히틀러는 유대인들의 인종말살을 실행하였다. 유대인의 일부는 홀로코스트를 피해 탈출을 하였다. 이때 중국은 유럽 내에서도 받아들이기 꺼려했던 유대인들을 3만 명이나 받아들였다.

중국 역시 서양 열강에 조차지역을 내주는 등 힘든 기간이었지만 상해에 이들을 수용했다. 오스트리아의 중국 외교관들은 나치가 영사관을 몰수한 상황에서도 위험을 무릅쓰고 유대인들의 탈출을 도왔다. 다행인 것은 상해를 점령한 일본이 국제여론을 의식하여 이들을 몰살시킬 것을 주문한 독일의 제안을 거절하고 이들을 격리 수용하였다. 상하이 홍커우(虹口)에는 당시 유대인들의 시너고그와 기념관이 남아있다.

기독교의 탄생

기독교를 탄생시킨 예수는 유대인의 선민사상에 갇힌 유일신 사상을 인류 보편의 신앙으로 확대시킨 선지자다. 예수는 기원전 4년경 태어났으며 예수가 세례를 받기 전 그의 아버지 요셉은 세상을 떠났다.

수백 년을 이어 온 유대교는 바리새파가 주도하고 있었는데 율법과 형식, 선민사상에 얽매여 비유대인과 병들거나 장애를 가진 사람들은 성전에 들어갈 수조차 없었다. 할례를 받지 않은 사람도, 장애인이거나 죄를 지은 사람도 성전에 들어가 구원을 받을 수 있다는 진보적인 예수의 사상은 많은 보수파들의 반발을 불러왔다. 치안의 안정을 바라는 로마 총독은 민중을 선동할 수 있는 위험한 인물로 예수를 인식했다. 유월절에 예수가 십자가형을 당한 사건 이후 유대인 후손들에게 어떤 고난이 닥칠지 몰랐을 것이다. 기원후 30년, 예수의 부활로 베드로를 비롯한 12제자들은 예수를 메시아로 확신하였다. 부활한 예수가 제자들과 함께하다 40일 만에 승천한 후 10일이 지난 날을 '오순절(다섯 번의 열흘)'이라고 해서 성령이 강림한 날로 여긴다. 오순절은 유대인들에게는 추수감사절에 해당하며, 여러 지역에 흩어졌던 유대인들이 함께 모여 여호아(Jehovah)께 감사드리는 명절이다.

기독교의 전파는 고난과 순교의 역사로 시작되었다. 사도 바울의 형 야고보는 예루살렘 초대교회를 이끌다가 첫 번째 순교자가 되었다. 야고보의 유해는 이후 행방을 몰랐는데, 9세기경 별빛이 비추는 동굴 속에 야고보의 유해를 발견하고 이베리아반도 산티아고 콤포스텔라에 안치하였다. 이후 그 장소에 150년에 걸쳐 대성당을 건축하였다.

전승에는 844년 후우마이야 이슬람 왕조가 이베리아반도 진출 때 야고보가 백마를 타고 나타나 클라비호 전투를 승리로 이끌었다고 하는데, 기독교 신앙심을 일으켜 이슬람에 대항하고자 했던 의도였을 것으로 보인다. 십자군전쟁 중인 1189년 교황 알렉산더 3세는 산티아고(성 야고보)를 순례하면 천당에 갈 수 있다고 공표하였다. 수년 전 우리나라에서 인기를 끌

천주교 절두산 성지

었던 산티아고 순례길이 바로 이곳이다. 교황청이 인정한 순례길은 전 세계에 두 곳이 있다. 그중 한 곳이 산티아고 순례길이며 다른 한 곳은 바로 '천주교 서울 순례길'이다. 명동성당에서 시작하여 절두산 순교지까지 3개 코스 44.1km의 서울 순례길은 교황청의 심사를 거쳐 2018년 공식 선포되었다.

'주여 어디로 가시나이까?(Quo vadis)' 십자가에 거꾸로 못 박혀 죽은 베드로는, 가톨릭과 동방정교회의 초대 교황으로 추대되었으며 로마 바티칸 베드로 대성당 아래 안치되어 있다.

예수의 12제자는 대부분 순교하였는데 도마는 파르티아(간다라 지방)와 인도에 전도하다 순교하였으며 마태복음을 남긴 마태는 에티오피아에서 순교하였다. 요한계시록을 쓴 사도 요한은 예수의 부활을 제일 먼저 목격하였으며, 예수가 십자가에 매달렸을 때 어머니를 부탁한 제자로 귀양지

베드로 성당

에서 수명을 다하고 죽었다.

'사울아 네가 왜 나를 핍박하느냐?' 사도 바울에 의해 유대교와 기독교는 확실하게 구분 지어졌다. 사도 바울은 예수의 사망 이후 입교하여 12 제자에는 포함되지 않고 이방인의 사도라고 불린다. 기독교인들을 박해하기 위해 다마스쿠스로 가던 사도 바울은 회심하여 기독교로 개종하고, 기독교를 '토라'를 따르는 유대교와 구분하여 예수에 대한 믿음을 설파하였다. 그전까지 유대교의 나사렛파 정도로 인식하고 있던 야고보와 베드로의 생각과는 달리, 할례를 받지 않고 음식정결법을 따르지 않아도 예수에 대한 믿음으로 충분하다고 주장하였다.

가톨릭교회의 첫 공의회인 사도회의(기원후 약 49년경 예루살렘)에서 사도 바울의 주장이 받아들여지면서 이방인에 개방된 보편적 기독교로 탄생하였다. 사도 바울은 예수가 인간의 죄를 대신하여 죽은 구원자이며 성령

369

에페소

개념을 설정하여 삼위일체론을 도입하였다. 서기 65년 사도 바울은 로마에서 처형되었는데, 사도 바울의 기독교에 대한 이론 체계와 세 번에 걸친 전도여행은 기독교가 세계적인 종교가 되는 기초가 되었다.

신약성경 27권 중 사도 바울의 전도여행 기록과 교훈이 13편에 이르러 거의 절반을 차지할 정도로 사도 바울의 역할이 큰 비중을 차지하고 있다. 유대교의 나사렛파로 존재하였던 기독교가 유대교와 확실하게 갈라서게 된 계기는 기원후 68년 로마의 예루살렘 침공이었다. 유대인들의 1, 2차 반란으로 유대인의 2/3가 사라졌는데 나사렛파는 예수의 예언(누가복음)에 따라 로마군이 예루살렘을 포위하자 피신하였다. 유대인들은 나사렛파를 비겁자라고 비난하였고 기원후 90년 종교회의에서 멸해야 하는 이단자로 선언하면서 기독교인들은 유대교 예배회당에 들어갈 수 없게 되었다.

370 기원후 64년 네로황제 때 로마 시내의 대화재는 초기 기독교의 대표적인

콜로세움

사건이었다.

끈질긴 생명력을 지닌 기독교는 탄압의 와중에도 대중에게 퍼져나갔다. 3세기경 로마제국은 국기가 무너지면서 2~3년마다 황제가 바뀌고 군벌들이 횡행하는 혼란기가 되었다. 기원후 284년 발칸반도 출신의 장군 디오클레티아누스가 황제에 오르면서 수십 년에 걸친 혼란이 종식되었는데, 디오클레티아누스는 넓은 로마 영토를 황제 혼자서 통치하는 것은 무리가 있다고 판단하고 발칸반도 보스니아를 중심으로 로마제국을 분리통치하는 사인정(四人政)을 실시하였다. 로마를 동서로 분리통치 하고 황제 아래 부황제를 두어 유고시 황제권을 이어받아 황제권을 두고 분쟁이 일어나는 것을 방지하고자 하였다. 이는 훗날 로마가 동서로 분리되는 계기가 되었으며, 종교적으로는 로마가톨릭과 동방정교회로 분리되는 경계선이 되어 앞서 언급한 발칸반도의 종교 간 갈등이 불거진 계기가 되었다.

371

기원후 310년 라인 강 방위 부대를 지휘하고 있던 콘스탄티누스 (Constantinus 재위 306~337)는 4두체제에 분쟁이 발생하자 진압에 나섰다. 콘스탄티누스는 밀비안 전투에 출전하면서 태양 위에 빛나는 십자가를 보았다. 콘스탄티누스는 깃발에 십자가를 그려 넣고 출전하여, 3배나 되는 상대와 싸워 승리를 거두며 서부로마의 유일한 권력자가 되었다. 깃발에 새겨진 그리스어 키(X)와 로(P)는 라틴어 그리스도의 머리글자를 의미한다.

기독교인들의 지지를 받아 서부 로마 권력을 장악한 콘스탄티누스는 동부 로마의 황제와 혼인동맹을 맺고 협정을 체결하였다. 밀라노에서 맺은 이 협정에서 기독교를 공인하는 '밀라노 칙령'(313)이 발표되었다.

콘스탄티누스의 어머니 헬라나는 술집 하녀 출신으로 기독교인이었는데, 황제의 딸과 재혼한 남편에게 쫓겨났다가 아들이 황제가 되어 궁으로 돌아왔다. 노모 헬레나가 80세 나이에 예루살렘을 순례하고 난 후, 로마 내 50개의 교회를 짓고 성경을 비치할 경비를 기부하고자 했다. 그러나 아직 신약성경이 완성되지 않아 신학자인 유세비우스는 교리 문제를 매듭 짓기를 원했다. 기독교의 탄생 이후 오랜 시간 억눌린 탓에 함께 모여 통일된 교리를 정립하지 못하고 수백 년이 지나 교회 간 해석의 차이가 심했다. 동로마황제 리키니우스를 무찌르고 로마를 통합한 콘스탄티누스 대제는 이듬해 주요 쟁점인 '예수는 신인가? 인간인가?'에 대한 삼위일체의 논쟁을 종결 짓기 위해 '1차 니케아 공회'를 소집하였다.(기원후 325) '삼위일체(三位一體) 즉 성부, 성자, 성령이 동일체인가? 예수는 신인가?'에 대한 논쟁은 신학자 사이에 지속되었다.

삼위일체를 인정하지 않는 아리우스파 교부가 성직이 박탈되었고, 삼위일체를 인정하지 않는 유대인의 예루살렘 출입을 금지시켰다. 또한 니케아 공회에서는 안식일(토요일)에 하던 예배를, 태양신의 날인 일요일로 변경하며 공식으로 일요예배가 결정되었다. 당시 로마군인들은 언약과 태양, 전쟁의 신인 미트라교를 주로 믿고 있었으며 콘스탄티누스 황제의 아버지도 미트라교 신자였다. 지도층과 군인들의 종교인 미트라교와 마찰을 피하면서 일주일에 1일은 노동에서 해방시켜 종교 활동을 할 수 있도록 한 조치였다. 콘스탄티누스는 베드로가 묻혀있는 네로 황제의 전차 경기장 바티칸에 베드로 대성당을 건축하였다.

현재의 바티칸 대성당에 있는 커다란 중앙 돔을 비롯한 웅장한 모습은 아비뇽 유수 기간 동안 폐허가 되었던 교회를 르네상스 시기 1506년에 시작하여 120년 만에 라파엘로와 미켈란젤로의 설계로 완성하였다.

330년, 콘스탄티누스는 로마의 수도를 교통의 요충지인 비잔티움으로 옮기고 소피아대성당을 건축하기 시작하였다. 수도가 비잔티움으로 이전하자 정치가 떠난 로마는 교황청이 남게 되면서 기독교의 중심지가 되었다. 테오도시우스 1세(Theodosius, 재위 379~395)는 교회 소요 진압 과정에서 무고한 주민들을 학살하여, 밀라노 주교가 그의 교회 출입을 막았다. 테오도시우스 황제는 할 수 없이 무릎을 꿇어 교회 출입을 허락받았으며 독실한 신앙을 약속하였다.(기원후 390) 이때부터 교회의 권위가 황제권 위에 서게 되었으며, 테오도시우스는 기독교를 로마국교로 선포하였다.(기원후 391) 테오도시우스 1세는 임종하면서 로마 영토를 두 아들에게 나눠 통치하게 하여 로마가 동서로 분리되었다.(기원후 395) 군사력이 약한 서로마는 훈족과 게르만족의 침입으로 멸망하였고(476), 동로마 비잔틴제국은 오스만에게 함락될 때((1453)까지 이슬람의 유럽 확장을 막아냈다.

신의 채찍, 훈족이 일으킨 민족의 대이동

호한야선우로 대표되는 남흉노는 한나라에 복속하였으나 끝까지 저항하던 북흉노가 히니마에 쫓겨 서천이었다.(기원후 89년경) 강서를 지나 서쪽으로 이동한 흉노의 행적은 이후 역사에서 사라졌다. 약 300년이 지난 기원후 370년경 로마제국의 변방에 동쪽에서 쳐들어온 알 수 없는 무리들이 있어 유럽인들에게 공포의 대상이 되었다. 흉노가 서천하며 여러 북방민족과 혼혈된 이들 야만인들을 유럽은 훈족이라 하며 무서워했다. 훈족의 외모는 납작한 얼굴에 작고 까만 눈을 가졌으며 수염은 거의 없고 작지만 다부진 체격에, 쥐 가죽을 꿰매 만든 옷은 빨지 않고 헤질 때까지 입고 있어 악취가 심하다고 기록되어 있다.

훈족의 이동은 연쇄적인 민족이동의 방아쇠가 되었다. 카자흐스탄 발하쉬호로 흐르는 이리강 유역의 오손족은 북흉노의 공격을 받고 카스피 해와 흑해 사이의 쿠반 강 유역으로 달아났다.(현 조지아 내 오세티야 공화국인 선조)

이들은 알란족의 조상으로 알란족은 재차 훈족에 쫓겨 여러 게르만족과 함께 라인 강을 건너 로마 영토로 들어간 후, 반달족과 함께 피레네 산맥을 넘어 이베리아반도에 유입되었다.(406년경) 이들이 스페인에서 독립을 주장하는 카탈루냐인의 조상이다. 반달족(Vandals)은 판노니아(헝가리) 평원에 있었는데 역시 훈족의 공격을 받고 다른 게르만족들과 같이 로마 영내로 들어가 갈리아 지방(프랑스, 벨기에, 독일서부)으로 이동하였으나 프랑크인들에게 밀려나 이베리아반도로 이동하였다.(409년경) 이들은 지브롤터 해협을 건너 북아프리카 로마 영토로 쳐들어갔다. 카르타고 로마 군인들은 격투기 관람에 열중하다 항구 내 전투선박도 출동시키지 못하고 반달족에게 고스란히 헌납하여 지중해 해상권을 잃었다.

반달족은 카르타고(튀니스)를 수도로 반달 왕국을 건설하고 지중해 연안 로마 제국영토를 자주 약탈하다 동로마에게 멸망당했다.(439~534) 반달족은 로마 시내까지 쳐들어와 잔인한 약탈을 벌여 '반달리즘'이란 용어가 나왔다. 고트족은 유럽 최초로 등자를 이용한 기마술로 유럽 중기병의 시초가 되었다. 동고트족은 우크라이나 흑해 연안 지역에 있었는데 훈족의 침입을 받자 로마 영내로 들어와 서로마 용병 역할을 하였다.

서로마 멸망 후 동고트족은 동로마의 지원을 받아 현재의 이탈리아 전체를 영토로 하는 동고트 왕국을 세웠으나 얼마 후 동로마에 의해 멸망하였다.(493~553) 서고트족은 로마 국경을 공격하여 터키 전투 중 동로마 황제 바렌스가 전사(378)하는 전쟁 끝에 트라키아(루마니아, 몰도바) 지역에 정착을 허락받았다. 훈족에 쫓긴 서고트는 동고트족 뒤를 이어 도나우 강을 건너 로마 영내로 들어왔다. 로마제국은 게르만족 난민 유입을 이이제이 전략으로 이용하였다. 서고트족은 이베리아반도에 터를 잡은 반달족과 알란족 제거에 동원되어 갈리아 지방에 터전을 잡았으나 아리우스파 기독교를 신봉한다는 이유로 프랑크족의 공격을 받고 쫓겨나 이베리아반도로 돌아와 서고트 왕국을 세웠다.(507~712년경) 서고트 왕국은 이베리아반도로 진출한 이슬람 세력으로 멸망했는데 이들이 에스파니아(스페인)의 조상이다.

서로마는 서고트족 용병대장 오도아케르의 반란으로 멸망하였다.(476) 프랑크족은 갈리아 지방에 있던 게르만족의 일파로 다른 게르만과는 달리 서로마 제국의 용병으로 반달족 등 침입자들을 막아섰다. 서로마 멸망 후 게르만족 중 최초로 가톨릭으로 개종하였다.(496) 프랑크족은 로마 교황청으로부터 로마의 계승자로 인정받고 서유럽의 중심부 대부분을 영토로 확장하였다. 프랑크 왕국은 피레네 산맥에서 이슬람의 확장을 저지하여 동쪽의 비잔틴제국과 함께 이슬람 세력으로부터 서유럽 사회의 방패 역할을 하였다. 이 프랑크 왕국이 훗날 프랑스, 독일, 이탈리아의 모태가 되었다.

아틸라(406~453)는 헝가리 평원을 근거지로 발칸반도에서 발트 해, 동으로는 우랄산맥까지 45개 종족을 거느리고 광대한 영토를 다스리고 있었다. 여러 게르

375

아틸라

만족을 몰아내고 동·서로마를 유린하며 한때 유럽 사회를 공포로 몰아넣었다. 동로마의 테시도우스 2세는 훈족과 3년 동안의 휴전 기간을 이용하여 유명한 테시도우스 3중성벽 건설하여 비잔틴제국의 수명을 1천 년 연장하였다. 훈족의 왕으로 등장한 아틸라는 서로마 공주의 청혼을 빌미로 알프스 산을 넘어 로마로 쳐들어왔다. 아틸라군대에 겁에 질린 사람들은 이들이 '신의 채찍'이라며 두려워하였으며 어린아이들은 "아틸라 왔다"는 말에 울다가도 멈췄다고 한다.

아틸라 군대가 라인 강을 넘으려 할 때 1만 명의 수녀들이 이들 앞을 가로막았다. 수녀들은 브리튼 섬을 출발하여 로마로 가던 길이었는데 길을 열어주지 않자 군대는 1만 명의 수녀를 모조리 학살하였다. 반면 프랑스의 수도 파리는 파괴를 모면했다. 일곱 살짜리 꼬마가 십자가를 들고 아틸라를 찾아가 아틸라의 칼을 빼앗아 칼집에 넣었다. 아틸라는 꼬마의 용기에 감탄하여 파리를 파괴하지 않고 넘어갔다고 한다. 이때부터 지방의 작은 도시 파리가 갈리아 지방의 중심 도시가 되었다는 전설이다.

376

아틸라는 서로마 수도 라벤나를 버리고 로마 시내로 도망친 황제를 쫓아 로마로 진격했다. 이때 교황 레오 1세가 나서 아틸라와 협상하여 로마 시내가 짓밟힐 위기를 간신히 모면했다.(452) 대교황 레오1세는 가톨릭교회가 '대(Magnus)'라는 호칭을 부여한 그레고리 1세와 함께 2명의 대교황 중 한 명으로 교황의 권위를 한층 강하시켰다. 철수하여 휴식 중이던 아틸라가 이듬해 브르쿤트족 새 신부를 맞이하던 신혼 밤에 급사하면서 유럽은 훈족의 공포에서 벗어나게 되었다.

이 아틸라에 대한 전설은 독일의 작곡가 바그너가 <니벨룽겐의 반지>라는 오페라로 공연(1876) 하면서 더욱 유명해졌다. 영화 <반지의 제왕>은 이 오페라를 모티프로 만들었다.

로마가톨릭과 동방정교회, 개신교

테오도시우스 황제(재위 379~395)의 동·서로마 분리는 로마교황청과 신수도인 콘스탄티노플 기독교 분열의 촉매가 되었다. 동·서로마가 분리된 후 비잔틴제국의 유스티아누스 대제(재위 527~565)는 로마법전(유스티아누스 법전)을 완성하였으며 이탈리아 본토와 북아프리카까지 진출하여 옛 로마제국의 영토를 거의 회복하였다. 교황 레오 1세는 제4차 공의회(451년, 칼게돈 공의회)를 개최하고 예수의 단성론과 양성론 논쟁을 종식시키고자 하였다. 삼위일체론과 예수의 절대 신성은 오랫동안 신학자들 사이에 뿌리 깊은 논쟁이었다. 3차 에페소 공회(431~433)에서 삼위일체를 거부한 네스토리우스파는 파면 당하였는데, 4차 '칼게돈 공의회(451)'에서 결정한 '칼게돈 신경'에 반발하며 안티오크 교구와 알렉산드리아 교구가 이탈하였다.

에데사(시리아 내 안티오크 교구)는 예수의 탄생 때 방문한 세 명의 동방박사가 에데사 사람이라는 자부심이 있었으며, 논리적인 사유로 단성론이 옳다고 믿는 알렉산드리아 교구는 이집트 콥트교회로 독립하였다.(비정통파 동방교회)

또한 비잔틴 유스티아누스의 황제 교황주로 비잔틴제국은 황제가 교권을 겸임할 수 있었는데 반면, 로마교황청의 레오 1세는 서로마의 발렌티아누스 황제 칙령(445)으로 교황은 베드로의 후계자로 권위를 인정받았고 아틸라와 담판(452) 이후 교황의 위상이 한층 높아졌다. 7세기 등장한 이슬람교는 성상을 설치한 기독교인들을 우상숭배자라고 비난하였다. 소아시아 지역 교회의 일부의 신학자들도 우상을 짓지 말라는 기독교 교리에 성상 설치가 어긋난다고 생각하였다.

비잔틴제국의 레오 3세는 성상의 숭배가 '우상을 짓지 말라'는 십계명에 위배된다고 보고 교회의 성상 숭배와 성상 판매 금지령을 내렸다.(730) 로마교황청은 게르만족의 선교를 위해서는 성상이 필요했을 뿐만 아니라 성상 판매는 상당한 수입원이었던 이유로 레오3세의 조치에 반발하였다.(종교개혁 이후 개신교는 예수상이 없는 십자가를 사용하고 있으며, 가톨릭과 정교회, 성공회는 십자고상[十字苦像]을 사용하고 있다.) 이는 교권에 대한 황제의 간섭을 못마땅하게 여겼던 로마교황청과 콘스탄티노플 교구와 간격이 더 깊어지는 계기가 되었다. 라틴어권의 서방과 그리스어 영역의 사유하는 사고방식의 차이도 있었다.

9세기경 슬라브계 민족이 발칸반도에 국가를 건설하자 로마가톨릭은 발칸반도 서북부의 크로아티아계를 개종시켰고 비잔틴 교회는 세르비아계에 선교하였다. 같은 언어를 사용하는 슬라브계인 두 부족은 라틴어를

이집트 콥트교회

사용하는 로마가톨릭 영향을 받은 크로아티아와 그리스 키릴문자를 사용하는 비잔틴 교회의 영향을 받은 세르비아로 나눠지며 1천 년 후 발칸반도 비극의 원인이 되었다.

불가리아에서는 서로 선교사를 쫓아내는 경우도 있었다. 수백 년을 이어온 갈등은 로마교황이 콘스탄티노플 교구의 재산이 로마교황청에 속한다는 주장에 발단이 되어 서로를 파문하면서 로마가톨릭과 동방정교회로 완전히 갈라서게 되었다.(1054) 초대 교회인 예루살렘, 로마, 안티오키아, 알렉산드리아, 콘스탄티노플 등 5개 교구 중 안티오키아와 알렉산드리아가 켈게돈 공의회(451)에서 비정통파 동방교회로 분리된데 이어 콘스탄티노플 교구마저 분리되어 로마가톨릭만 남게 되었다.

379

울란우데 러시아정교회

　민족적으로 게르만계는 로마가톨릭이며 슬라브계와 그리스, 소아시아
는 동방정교회로 갈라졌다. 동방정교회의 최대 교구인 러시아정교회는 이
반 3세가 비잔틴으로부터 정교회를 도입하면서 시작되었다. 러시아 제
국의 모태가 되는 모스크바 공국의 이반 3세(1440~1505)는 잔존하고 있
는 몽골 킵차크한국의 세력을 몰아내고 240년 만에 러시아를 해방시
켰다.(1480) 이반 3세는 농업국가로 낙후된 러시아를 서방세계의 문물을
받아들여 개혁하고자 했다. 이반 3세는 비잔틴제국의 마지막 황제 콘스탄
티누스 11세의 조카와 결혼하고 로마제국의 상징인 쌍독수리 문장과 비
잔틴제국의 동방정교회를 가져와, 러시아가 로마와 비잔틴제국을 이은 제
3의 로마제국이라 선포하고 자신을 '짜르'라고 칭하였다. (1472) 모스크바
380　공국에 정착한 정교회는 동방정교회의 최대 교구로 러시아를 비롯한 벨라

루스, 우크라이나, 발칸반도 등 슬라브계에 널리 퍼지게 되었다. 제4차 십자군원정(1204)군의 비잔틴제국 약탈로 더욱 반목했던 두 교회는 900년이 지난 1965년 서로의 파문을 철회하였다.

마르틴 루터 초상

중세시대는 암흑기였다. 중세 기독교인의 98%가 문맹이었으며 성직자를 제외하고 성경 읽기도 금지되었다. 성경을 읽는 평신도들이 교회를 비판하자 툴루즈 공의회(1229)를 열어 평신도의 성경 소지와 읽기를 금지하고, 마녀사냥을 공식화하여 성경을 읽는 자를 색출하여 화형에 처했다. 아비뇽 유수(1307~1377)와 르네상스로 시민의식이 싹틀 무렵 마르틴 루터(Martin Luther, 1483~1546)가 교회의 부패와 면죄부 판매에 반발하여 95개조의 반박문을 발표하였다.(1517) 루터는 성경을 독일어로 번역하여 누구나 성경을 읽을 수 있도록 하였다.

이어 등장한 장 칼뱅(Calvin, J. 1509~1564)은 시대의 변화에 따라 상업 활동을 지지하고 교리상 금지되었던 대부이자를 받는 것을 찬성하였다. 장 칼뱅의 주장은 대항해시대를 맞이하여 해상무역이 활발하던 상인들의 지지를 받았으며 네덜란드와 영국은 금융업을 키워나가 근대 금융 산업의 중심지가 되었다.

381

대흥사 십자가

개신교의 등장으로 인한 사회변화는 신성로마제국을 비롯한 교황권을 옹호하는 국가와 교황권에 불만이 있던 개신교 국가 간의 충돌을 불러왔다. 가톨릭과 개신교간 종교전쟁(30년전쟁)으로 800만 명이 희생되었다.(1618~1648) 개신교는 발트 해 연안과 북중미대륙, 남아프리카와 오세아니아 지역에 주로 분포되어 있다. 영국의 성공회는 로마교황의 권위를 인정하지 않지만 사도전승(使徒傳承, 교회 성직의 사도 계승권을 주장하는 입장이나 그 방법)을 인정하고 있어 다른 개신교와는 차이가 있다.

한국에 처음 도착한 기독교 선교사는 임진왜란 때 고시니 유키나가(小西行長) 왜장을 따라 온 스페인 세스페데스 신부다. 1974년까지 전남 대흥사에서 보관하다 도난당한 십자가는 세스페데스 신부가 서산대사(1520~1604)에게 선물한 것이라는 주장도 있다.

실질적인 기독교의 한국 도래는 중국에 와있던 선교사 마테오 리치(Matteo Ricci, 1552~1610)의 서학(西學) 서적이 유입되면서 시작되었다고 할 수 있겠다. 아시아권의 개신교 전파는 각국의 소수를 제외하고 한국이 가장 많은 수를 차지하고 있다. 한국 개신교는 약 140년 전 고종 황제 때 감리교 선교사에 의해 시작되었으며 미국의 영향으로 장 칼뱅의 장로교(長老敎)가 주를 이루고 있는데, 장로교는 전체 기독교의 0.8%, 개신교의 약 3.5%를 차지하여 전 세계 장로교인의 1/3이 한국에 있다.

이슬람교

무슬림들은 이슬람 이전의 시대를 자힐리야(al—Jahiliyah), 무지의 시대라고 한다. 이슬람이 등장하기 이전 아라비아 반도는 부족 단위로 흩어져 여러 다신교를 숭배하고 있었다. 당시 중동은 비잔틴제국과 페르시아제국의 오랜 전쟁으로 불안전한 메소포타미아 지역을 피해 아라비아 반도를 통해 지중해 지역과 교역을 하고 있었는데, 베두인(Bedouin)과 오아시스 아랍인들은 생존과 상권을 두고 부족 간 분쟁이 끊이지 않았다. 부족 간 분쟁뿐만 아니라 대국인 비잔틴과 페르시아제국의 위협 요소로 통일된 국가의 필요성이 점증하던 시기, 무함마드가 메카에서 출생하였다.(기원후 570년경)

무함마드는 일찍 부모를 여의고 작은아버지 집에서 성장하며 제대로 된 교육을 받지 못했으나 지혜와 통찰력이 뛰어난 아이였다. 12세부터 작은아버지 상단을 따라 시리아 등지를 여행하면서 유대교와 기독교 등 고등 종교와 선진 문물에 대한 견문을 넓혔다. 메카는 지중해로 가는 길목에 위치하여 상업이 발달한 도시였다. 25세 때, 상단을 이끌던 열다섯 살 연상의 미망인 카디자와 결혼한 무함마드는 파티마라는 딸을 두었다. 이후 그는 메카 근처의 하라 동굴에 들어가 명상에 잠겼다. '읽어라, 창조주인 너의 주님의 이름으로 그분께서 한 방울의 정액으로 인간을 창조하시고…' 15년간의 수행 끝에 하늘로부터 계시를 받은 무함마드는 두려움으로 3번을 거절하였다고 한다. 아내 카디자의 기독교인 사촌 와라카는 무함마드가 받은 계시가 대천사 가브리엘의 계시이며 무함마드가 예언자라고 선언하였다. 이슬람 경전 코란은 무함마드가 12년간 받은 계시를 받은 내용을 기록한 것이다.

383

신의 계시를 받는 무함마드

　이슬람이란 어원은 아랍어의 샬람이며 '평화'라는 의미로 히브리어의 '샬롬'과 같은 뜻이다. 이슬람을 믿는 사람을 무슬림이라고 하며 '복종하는 자'라는 의미를 갖고 있다. 무슬림들은 무함마드가 이슬람을 만든 것이 아니라 아브라함과 이스마엘로부터 내려오는 하늘의 계시가 무함마드에 의해 알려진 것이라고 한다. 이슬람인들은 무함마드 이전 아브라함과 모세와 다윗, 예수를 비롯 28명의 예언자가 있었으나 유일신의 말씀을 전한 최후의 예언자가 무함마드라는 것이다. 무함마드는 세상을 떠날 때까지 23년간 대천사 가브리엘의 계시를 받았으며, 예루살렘에서 유대교와 기독교인들과 함께 기도를 올리던 중 가브리엘천사의 인도로 '알바락'이라는 백마를 타고 하늘로 승천하였는데, 일곱 하늘 세계에서 이전의 예언자들을 만나고 내려왔다고 한다.

제1천에서는 아담을, 2천에서는 세례요한을 보았으며, 3·4·5천에서는 요셉과 이드리스(에녹), 아론(모세의 형)을 만났으며 6천에서 모세를 보았고 7천에서 조상인 아브라함을 만났다고 한다. 무함마드가 승천한 곳은 '황금 돔 사원(바위 돔 사원)'이 있는 예루살렘의 성전산이다. 이곳은 아담이 처음 생명을 얻은 장소이며 하느님께 아브라함이 아들 이삭을 번제물로 올리려 한 장소이자 언약궤를 안치했던 솔로몬 사원(기원전 957~기원전 586)이 있던 곳이다. 이슬람인들이 예루살렘을 점령한 후 우마야드 칼리프, 아브드 알 말리크(685~705)가 이곳에 성전을 지었다.(691) 이곳은 유대교, 기독교, 이슬람 이렇게 세 종교의 공동 성지이자 메카, 메디아와 더불어 이슬람의 3대 성지이다. 요르단 영토였으나 6일전쟁(1967)에서 승리하면서 이스라엘 영토가 되었다.

무함마드는 전도에 나서, 알라(유일신)는 한 분뿐이며 우상을 숭배하지 말 것과 심판과 평등, 박애를 주창하였으며 사회 악습과 영아 살해를 금할 것을 가르쳤다.(613) 그러나 전도는 쉽지 않았다. 후원자인 아내 카디자와 삼촌 아부딸립이 죽자 무함마드는 친구 아부바크르의 9세 딸과 결혼하여 혼인동맹을 맺었다.(무함마드 50세, 619년) 훗날 아부바크르가 제1대 전통 칼리프가 되었다.

무함마드의 유일신 사상은 부족의 고유신을 믿던 여러 부족으로부터 공격을 받았으며, 다신교의 제사물품을 팔던 메카 상인들도 비난을 하였다. 신변의 위협을 느낀 무함마드는 자신을 따르던 70명의 신도들과 함께 보호를 약속한 메디나로 피신하였다. 이슬람들은 메디나에 도착한 날을 '헤지라(622년 9월 20일)'라고 하는데 이는 사적인 신앙체를 벗어나 교단

385

을 형성하는 단계로 발전하는 과정이 되었다. 메디나에 정착한 무함마드는 움마(Ummah)를 건설하였다. 움마는 유혈 분쟁이 잦은 부족들을 통합하고 군사동맹체 성격을 지닌 신정일체 조직이었다. 무함마드는 메디나 과수원 땅에 첫 사원을 세우고 사신이 대천사 가브리엘을 따라 하늘로 올라갔던 예루살렘을 향해 하루 5번의 기도를 올렸다. 초창기 무함마드는 유대교와 기독교에 호의적이었다. 부족민들에게는 4개월 이내 이슬람으로 개종할 것을 명령했으나, 유대인과 기독교인들은 세금만 내면 기존 신앙을 유지하도록 했다. 같은 유일신을 믿는 사람들이며 이들이 곧 자신을 따를 것으로 생각했기 때문이었다.

무함마드는 모세5경과 다윗의 시편, 예수의 복음서도 선지자의 계시로 인정하였으며, 예배일도 유대교의 안식일인 토요일로 정하고 유대교의 속죄일에 단식을 하였다. 그러나 유대교인과 기독교인들은 무함마드를 새로운 예언자로 인정하지 않았다. 분노한 무함마드는 그간 예루살렘을 향해 하루 5번 기도하던 것을 메카 방향으로 바꾸고 속죄일에 하던 단식을 라마단(9월) 기간에 하도록 하였다.(624) 또한 이스마엘의 정통성을 확보하였는데, 아브라함 나이 86세 때 태어난 장자 이스마엘에게 정통이 있다는 논리였다. 그간 인정하였던 모세5경 등 구약과 신약성경도 하느님의 말씀이 맞으나 오염되어 잘못 해석된 경전이라고 비난하였다. 아브라함이 하느님에게 번제를 올린 것도 이삭이 아니라 이스마엘이며 민족의 번영을 약속받은 민족도 아랍 민족이라는 것이다. 즉 아브라함의 정통성을 가진 자신이 아브라함의 순수성을 이어받은 예언자라고 주장하였다.

황금 돔 사원

메카와 코란

메디나에서 세력을 확장한 무함마드는 8년 후 군대를 지휘하여 메카로 진격하였다.(630) 메카에 무혈입성한 무함마드는 카바 신전에 있던 아브라함과 대천사 가브리엘 그림을 제거하였다. 이어 메카 시내에 있던 360개의 우상들을 부수며 '알라후 아크바르'(신은 위대하다)를 외쳤다.

메카를 순례한 무함마드는 인근 아라파트 산에서 '모든 무슬림은 형제이니 서로 도우라'는 마지막 고별 연설을 한 후 이듬해 62세로 세상을 떠났다.(632) 무함마드의 메카 순례를 '하즈'라고 하는데 메카는 아랍 민족의 발상지가 되었다. 아랍 민족의 시조인 이스마엘은 사라에게 쫓겨나 사막을 방황하며 물을 찾았는데, 하갈이 메카 부근의 싸파와 마르와라는 두 언덕 사이를 일곱 번을 돌아, 잠잠이란 샘물을 발견하여 이스마엘의 목숨

카바 신전의 문

을 구했다. 아들의 생사가 걱정되어 메카로 찾아온 아브라함은 주변에 떨어진 운석을 모아 제단을 쌓고 하늘에 감사의 제사를 올렸다. 지금의 카바 신전이다. 무함마드의 하즈 이후 메카를 순례한 무슬림은 '알하즈'라는 칭호를 받는다.

메카를 순례하면 죄가 깨끗이 사해진다고 믿는 무슬림들은 카바 신전을 일곱 바퀴 돌고 아브라함의 검은 운석에 경의를 표한 후 카바 신전 동쪽에 있는 아브라함의 발자국에 두 번 절하고 남쪽의 잠잠 샘물에 목을 적신다. 이어 하갈이 물을 찾던 싸파 언덕과 마르와 언덕을 일곱 번 왕복한다.

코란은 114장 6,239절로 구성되어 있다. 코란의 권위는 절대적이며 한

글자도 변형할 수 없으므로, 아랍어 이외의 경전은 코란으로 인정하지 않고 코란 해설서라고 한다. 코란의 완성은 무함마드 사후 20년 후에 완성되었다. 무함마드의 뒤를 이은 그의 친구이자 장인인 제1대 칼리프 아부바크르와 2대 칼리프 우마르에 의해 완성되었다. 코란은 신조, 윤리, 규범의 세 부분으로 되어 있으며 신조에는 천지창조와 심판에 대한 내용이 있고 윤리는 가난한 자를 돕는 등 이슬람교인들이 해야 할 도리, 규범에는 이슬람의 종교예법과 생활 법규등을 기록하고 있다. 코란에는 무려 16번에 걸쳐 예수의 이름이 등장한다고 한다. 이슬람교인(무슬림)들은 토라와 신약성경도 예언서이며 아담과 노아, 아브라함, 모세 및 예수를 가장 중요한 선지자로 인정하고 있다. 그러나 토라와 신약성경은 내용이 변질되었으며 완벽한 경전은 코란이며 마지막 예언자가 무함마드라는 것이다.

수니파와 시아파

이슬람의 1대 교주인 무함마드는 절대자로, 2대 교주를 1대 칼리프라고 한다. 정통 칼리프시대는 무함마드에게 직접 가르침을 받은 지도자가 교주를 이어간 1대~4대 칼리프 시대를 뜻한다. 제1대 칼리프 아부바크르는 무함마드와 함께 이슬람교를 일으킨 동반자로 이슬람교의 기초를 세웠다.(재위 632~634) 2대 칼리프 우마르는 무함마드의 네 번째 부인의 장인으로 시리아와 팔레스타인, 사산조 페르시아를 정복하여 이슬람제국의 기틀을 건설하였다.(재위 634~644) 정복지인 예루살렘을 방문하여 쓰레기 더미로 변한 유대교 사원을 직접 청소하였다고 하며 예루살렘의 성묘

389

교회(예수가 부활한 곳) 부근에 최초의 이슬람사원(637년, 우마르 사원)을 건축하였다. 예루살렘의 성묘교회는 지금도 우마르시대 임명한 조우데흐 가문과 누쎄이베흐 가문이 공동으로 문을 여닫고 있다고 한다. 우마르는 정복지의 유대교회당이나 기독교 사원의 파괴를 금지하고 '우마르 헌장'을 발표하여 경전을 가진 민족은 특별세금만 내면 그들의 종교를 유지할 수 있는 딤미(dhimmi, 보호받는 사람들) 정책을 실시하여 비(非)무슬림들을 다스렸다.

우마르의 정책으로 유대인들은 팔레스타인에 이스라엘 국가(1948년)를 건설하기 전까지 비교적 안정적인 디아스포라를 형성할 수 있었다. 1170년 바그다드에는 4만의 유대인과 28개의 회당이 있었으며 이슬람의 이베리아반도 점령 시기 유대인들은 비교적 안정적이었다. 우마르가 페르시아계 기독교인에게 살해당한 후 우마이야 가문의 오스만이 대중의 지지를 받아 3대 칼리프가 되었다. 당연히 칼리프에 오를 줄 알았던 무함마드의 사위 알리(첫째부인의 딸 파티마와 혼인)는 불만이 많았다.

10여 년 후 오스만 역시 암살을 당하고 알리가 4대 칼리프에 올랐다. 오스만 암살의 배후로 알리를 의심한 아이샤(무함마드의 둘째부인)가 우마이야 가문 편을 들고 비난하였다. 결국 지도자의 능력을 중시하는 우마이야파(수니파)와 혈통을 중시하는 알리파(시아파)로 나뉘면서 전쟁으로 비화되었다. 알리 역시 타협을 시도하다 강경파에게 암살당하면서 정통 칼리프 시대는 막을 내렸다. 이후 지도자는 우마이야 가문에서 배출되며 우마이야 왕조시대를 열었다.(661~750) 이에 반발한 이들이 4대 칼리프 알리의 아들인 하산과 후세인을 지도자로 내세워 독립하였는데, 바로 혈통을 중시하는 시아파다.

시아파는 칼리프라는 명칭을 사용하지 않고 종교 지도자를 '이맘'이라

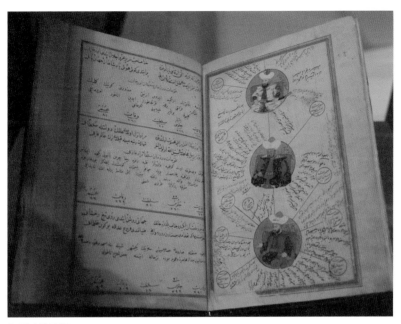

오스만 술탄 가계도

고 하는데 알리를 제1대 이맘으로 추대하였다. 시아파는 소수파로 12대 이맘파와 7대 이맘파 등 여러 분파가 있으며 그중 7대 이맘파에 속하는 이스마일파는, 일명 암살자단이라는 과격파로 험준한 아라무트(독수리의 집) 산에 은거하며 하시슈라는 환각제에 취한 자객을 보내 청부암살을 자주 하였다. 이스마일파는 몽골군의 침략을 3년 동안 지연시켰으며, 십자군의 장군들도 암살하여 마르코 폴로의 동방견문록에도 언급되어 있다. '암살자(assassin)'의 어원이 하시슈에서 유래되었다.

현재 시아파의 종주국은 이란인데, 3대 이맘인 후세인의 처가 옛 페르시아제국의 마지막 황제의 딸이며, 몽골제국의 일한국이 시아파를 중용하며 식민통치를 한 영향이 크다. 중동의 두 국가 이란과 이라크가 현재까지 앙숙인 이유는 이란은 아랍 민족이 아닌 아리안계이며 시아파가 다수

391

이고, 이라크는 메소포타미아문명의 발상지일뿐더러 아랍제국의 수도가 바그다드에 있었다는 자부심이 밑바탕에 깔려있다. 아바스 가문은 우마이야 왕조를 몰아내고 아바스 왕조를 세웠다.(750) 아바스 왕조는 그간 누렸던 아랍인의 특권을 철회하고 비(非)아랍 이슬람 교인을 포용하였으며, 수도를 현 이라크의 바그다드로 이전하고 중앙아시아로 이슬람을 확장하였다. 아바스 왕조에게 밀려난 우마이야 왕조는 유럽의 서단 이베리아반도로 진출하여 새롭게 이슬람 국가를 일으켰다.(후우마이야 왕조) 10세기 이베리아반도 코르도바는 인구 50만의 대도시로 도서관에는 60만 권의 서적을 소장하고 고대 그리스와 로마시대 문화를 보존하였다. 이베리아반도의 이슬람들은 1492년 마지막으로 쫓겨날 때까지 약 800년간 존속하며 제지술, 대수학, 대양항해술 등 선진 이슬람의 문물을 유럽에 전파하여 유럽의 르네상스에 일조하였다.

프랑크 왕국

서로마가 게르만족 용병장 오도아케르에게 멸망한 후 서로마 영토의 라인 강 지역에 살던 프랑크족이 아리우스파 기독교에서 로마기독교로 개종하며 교황의 지지를 받았다. 비잔틴제국이 동쪽에서 이슬람 확장을 막아냈다면, 프랑크 왕국은 우마이야왕조가 이베리아반도에 상륙하여 서고트 왕국을 무너뜨리고 피레네 산맥으로 넘어오자 지금의 프랑스 투르(Tours)와 푸아티에(Poitiers) 전투에서 승리하여 이슬람의 서유럽 확장을 저지하였다.(732) 프랑크 왕국은 교황청의 지지를 받으며 성장하였으며 동로마가 지배하다 빼앗긴 라벤나(Ravenna)를 되찾아 교황에게 기증하였다.(751) 라벤나는 이탈리아 왕국에 속하기까지 교황령으로 남아 있었다.(1861) 교황은 로마교황청을 보호해줄 세력으로 프랑크 왕국의 카를 대제에게 서로마 황제의 관을 씌워주었다.(800) 카를 대제가 사망한 후 프랑크 왕국은 3형제의 분쟁 끝에 베르뎅 조약을 체결하고 3개 나라로 나눠졌다.(843)

첫째가 이탈리아 북부와 중부 프랑크 지역, 셋째가 독일 지역인 동부 프랑크, 넷째가 서부 프랑크 지역을 차지하며 오늘날 이탈리아, 독일, 프랑스의 원형이 되었다. 이후 프랑크 왕국이 약해지면서 왕조가 바뀌었는데 동프랑크 지역에 프랑크족이 아닌 작센 왕조가 들어서면서 독일인을 형성하여 프랑스와 민족이 갈라지게 되었다.

한편 칼리프는 다수인 수니파의 정신적 지도자로 이어져 왔는데, 전통적으로 이슬람의 술탄 군벌은 칼리프로부터 그 권위를 인정받았다.

몽골군의 이슬람 침공 때 바그다드의 칼리프가 살해당하면서 그 맥이 끊겼는데 칼리프의 일족을 보호한 이집트의 맘루크 술탄국이 칼리프를 부활하여 이슬람의 종주국의 정통성을 주장하였으며, 오스만터키 제국으로 이어지던 칼리프는 터키공화국의 수립으로 막을 내렸다.(1924)

393

03 실크로드로 간 종교

네스토리우스파 기독교와 사제왕 요한의 전설

에페소 공의회(431)에서 파문당하고 새로운 선교지를 찾아 동방으로 이 주한 네스토리우스파 기독교는 페르시아에 총본부를 두고 있었다. 그들은 조로아스터교의 압박이 심해지자 더 동쪽으로 선교 지역을 넓혀 5세기 말 박트리아 지방(아프가니스탄 북부)과 중앙아시아로 진출하였다. 네스토리우스파 기독교는 소그드인에 의해 실크로드로 전파되어 카슈가르, 호탄 등 으로 퍼져 나갔다. 둔황 문서 중에는 예수의 탄생을 찬탄하는 《대영광송》 경전이 발견되었고 투르판 고창고성에서 발굴된 7세기경 벽화는 종려일(棕櫚日) 의식을 행하는 사제와 신도들을 묘사하고 있다.

당나라 태종 때 수도 장안에 아라본이 이끄는 사절단이 들어왔다.(635) 대진국(페르시아) 공식사절단으로 인정받은 아라본은 3년 후 의녕방에 대 진사(大秦寺)를 세우고 21명의 선교사를 상주시켜 종교 활동을 한 것이 중

네스토리안 십자가

국 네스토리우스파 기독교의 시초다. 네스토리우스파 기독교가 당나라에 쉽게 정착할 수 있었던 것은 이미 사산조 페르시아와 당나라와 교분이 있어 가능했다. 서돌궐의 동향 파악을 위해 당나라는 서방 정보에 밝은 페르시아의 네스토리우스 사제들이 필요하였다. 중국 서안 비림박물관에는 당시 중국 내 활동과 선교사의 이름을 기록한 대진경교유행중국비(大秦景教流行中國碑, 기원후 781)가 전시되어있다.(1625년 발견)

숭실대학교 박물관에는 김양선 목사가 1956년도에 불국사에서 발견했다고 주장하는 돌십자가와 성모마리아상 및 금강산 장안사에서 탁본했다는 대진경교유행중국비(大秦景教流行中國碑) 모조비 탁본이 전시되어있다. 실크로드를 따라 건너온 초원 십자가에 근원을 둔 주장이라고 생각되는데 고고학의 기본이 되는 발굴 과정이 불분명하여 학계 및 종교계로부터 비판을 받아 문을 닫았다가 2004년 재개관하였다.

김양선 목사의 신라시대 한반도 기독교 전래 주장은 일본에 머물다

395

돌십자가

1914년 선교사로 조선에 온 고든 부인의 영향으로 보인다. 고든 부인은 동아시아에 전파된 네스토리우스파 기독교의 한반도 전래 가설을 주장했는데 한반도 여러 곳을 답사하였으나 근거를 발견하지 못했다. 고든 부인은 1911년에 교토 대학(京都大学)과 고야산(高野山) 오우인(奧院), 금강산 장안사에 대진경교유행비 모조품을 만들어 세웠다(1916)고 전해지는데, 확인되지 않았다.

경교 모조비

네스토리우스파 기독교는 선교사들의 국적에 따라 초기에는 파사교(페르시아)교로 불리다 경교(景敎)로 명칭했다. 당 태종은 자신의 초상을 파사교 대진사에 모시도록 하였으며, 당 현종 때 당 황실 5명의 황제 진영을 파사사에 모시고 현판을 내려 경교(景敎)라고 하였다.(745) 당 태종 시기 중국에 정착한 경교는 무종의 회창법난(會昌法難, 840) 때 불교와 삼이교(마니교, 조로아스터교, 네스토리우스파 기독교) 탄압과 황소의 난(875~884)으로 쇠퇴하였는데 황소의 난 때 12만 명의 이슬람교인, 유대인, 경교 및 조로아스터교인들이 학살되었다. 중국에서 쇠퇴한 네스토리우스파는 북방 초원으로 이동하였다.

북방으로 들어간 네스토리우스파 기독교는 북방 초원의 케레이트, 나이만, 옹구트 같은 유목민들에게 전파되었다. 키르키즈의 이식쿨 부근에는 850년대에서 1350년대에 이르는 610여 개의 시리아어 네스토리우스파 비문이 발견되었다. 옹칸이 이끄는 케레이트 부족은 메르브 대주교에게 요청하여 20만 명이 세례를 받았다. 이들과 카라키타이가 서방세계에 '프레스터 요한' 전설을 남긴 네스토리우스 기독교인이다. 미지의 동방에 기독교를 믿는 아주 큰 나라가 있다는 전설은 수세기에 걸쳐 유럽 사회에 내려왔다. 특히 십자군전쟁(1095~1291) 기간에 어려움을 겪던 서방세계는 프레스터 요한에 대한 기대가 컸다. 동방의 미지의 기독교왕이 십자군을 도우려 출병했다가 만나지 못하자 돌아갔다는 것이다. 그러나 서방세계가 접한 것은 전설의 프레스터 요한이 아니었다.

몽골군에 쫓긴 거란족이 중앙아시아로 넘어와 세운 카라키타이(서요,

프레스터 요한(사제왕 요한)

1124~1218)가 이슬람 카라한조와 셀주크튀르크를 정벌하였는데, 카라키타이 왕이 네스토리우스파 기독교인이었기에 와전된 것이다. 몽골제국을 통일한 칭기즈칸은 유력 부족들과 정략결혼으로 제국의 안정을 도모하였다. 케레이트 부족 옹칸의 조카딸 3명 중 큰딸은 자신이 결혼하였고 두 자매는 큰아들 주치와 넷째인 톨루이와 결혼시켰다. 톨루이 부인은 네스토리우스파 기독교인으로 그녀가 낳은 아들 몽케와 쿠빌라이가 4, 5대 황제가 되었으며, 셋째 훌라구는 서아시아 원정을 떠나 일한국을 건설하였다. 쿠빌라이는 재위 기간 원나라를 방문했던 폴로 일행에게 100명의 선교사를 보내줄 것을 요청한 서한을 교황에게 보냈다. 쿠빌라이 황제의 명령은 마르코 폴로가 제네바를 떠나 다시 원나라로 들어가 17년간 머물게 된 계기가 되었다.

훌라구는 아버지 톨루이 사망 후 그의 부인을 아내로 맞이하였는데, 아버지의 부인이었기 때문에 극진하게 예우해주었으며 그녀를 위해 점령지 곳곳에 교회를 지었다고 한다. 훌라구 원정군은 기독교인들의 협조를 받으며 이슬람이 점령하고 있는 옛 페르시아 땅을 정복하였다. 바그다드를 점령한 몽골군은 이슬람의 지도자 칼리프를 처형하였으나 네스토리우스파 기독교인들은 약탈하지 않았다. 기대 가득한 프레스터 요한의 전설은 이후에도 이어져 대항해를 나선 바스코 다 가마뿐만 아니라 콜럼버스의 항해 목적 중, 프레스터 요한을 찾는 것도 한 부분이었다. 기독교인들은 동방에 프레스터 요한에 대한 기대가 무너지자 에티오피아 어딘가에 있을 것으로 생각했지만 현실 속에 프레스터 요한은 존재하지 않았다.

조로아스터교

《짜라투스트라는 이렇게 말했다》. 학창 시절 들어본 니체가 쓴 책 제목이다. 제1차 세계 대전 때 참전한 독일 병사의 주머니 한쪽엔 성경책이, 한쪽엔 이 책이 있었다고 할 정도로 널리 읽혀진 니체의 철학서이다. 짜라투스트라는 누구일까? 바로 조로아스터교를 창시한 사람이다. 조로아스터교는 아후라마즈다를 창조주로 하는 이원론적 유일신 신앙을 가진 근대 종교로 페르시아 지역에 광범위하게 퍼져 있었으며, 불을 숭배하는 배화교로 알려져 있다.

조로아스터교는 종교로 창조설과 선악의 대결, 구원과 메시아 사상, 천국과 지옥 등 유대교와 이슬람교 및 불교를 비롯한 여러 종교에 많은 영향을 준 고등 종교였다. 2,500년 전 초기 불교 승단의 1,250명의 비구 중 1천 명이 가섭 3형제와 이들을 따르던 배화교인들이었다. 바빌론 유수기에 조로아스터교의 창조설과 유일신 사상은 신바빌로니아에 노예로 있던 유대인들의 사상에 큰 영향을 주었다. 조로아스터(Zoroaster) 또는 짜라투스트라의 정확한 출생을 알 수 없지만 대략 기원전 1,500~1,300년 전 이란 동부 사람으로 추정하고 있다.

조로아스터는 사제 집안에서 태어나 일곱 살 때 사제 교육을 받기 시작하여 다신교 사회에서 모순점들을 발견하고 의문점을 찾아 수행을 시작했으며, 30세에 이르러 신성한 힘에 이끌려 깊은 강물 속에 들어가 창조주 아후라마즈다로부터 계시를 받았다고 한다. 조로아스터는 10년 동안 포교 활동을 하였으나 40세가 되도록 따르는 자는 사촌 1명뿐이었다. 박트리아 지방으로 간 조로아스터는 그 지방 왕을 개종시켜 전도의 발판을 삼

399

배화교 신전

았다.

박트리아 왕은 아리아인들의 다신교 신앙으로 분열된 나라를 통일하고
자 유일신을 지향하는 조로아스터교를 받아들였다. 조로아스터는 창조시
대의 순수성을 강조하며 환각제인 하오마를 마시며 제사 지내는 것과 동
물의 희생제, 마법과 악마에게 기도하는 악습 등을 배격하였다. 또한 불을
숭상하고 농업을 중시하는 교리는 유목생활에서 농경사회로 사회구조를
바꾸려는 개혁의 시도였다. 이란 아리안들은 창조주 아후라마즈다가 최고

의 지혜의 신이며 자비로운 창조자이자 모든 선의 근원으로, 태고적부터 영원한 존재로 절대적인 힘을 가졌다고 믿었다. 그와 동시에 아후라마즈다와 대적하는 아흐리만(Ahriman, 앙그라 마이뉴)이 나타나 악과 부정한 것들을 만들어 9천 년간 대적하지만 결국은 선신(善神)인 아후라마즈다가 승리한다는 신관이다. 조로아스터교는 선과 악의 대결에서 선이 승리한다는 이원론적 유일신 사상으로 경전인 《아베스타》는 3천여 년의 긴 시간 동안 구전되다가 3세기경 완성되었다.

조로아스터교의 우주는 7단계에 걸쳐 창조되었는데 하늘, 물, 땅, 식물, 동물, 사람 그리고 마지막으로 불이 만들어졌다. 땅은 크게 일곱으로 나눠지며 중심부의 가장 높은 산에 태양과 광명의 신인 미트라(메흐르)가 살고 있다. 모든 동식물의 최초는 황소에서 나왔다는 창조설에서 보듯 농업을 중시하는 사상을 엿볼 수 있다. 여섯 단계에서 인간이 창조되었으며 마지막 일곱 단계의 불은 아후라마즈다가 주석하고 있는 곳의 영원한 불을 가

아후라마즈다

져왔다고 한다. 인류를 구원할 샤오쉬얀트(saosyant)의 씨앗은 깊은 심연에 있다가 때가 되면 동정녀가 호수에 목욕할 때 잉태되어 악마 아흐리만을 물리치고 악으로부터 인류를 구원한다는 것이다. 선과 악의 대결은 마음에서 일어나는 것이므로 인간은 악에 대하여 끊임없이 투쟁해야 하며, 인류의 종말에는 죽은 자들까지 영혼이 깨어나 최후의 심판을 받고 천국과 지옥으로 가게 된다는 것이다.

조로아스터교는 별도의 신앙으로 존재하는 아나히타(Anahita)와 미트라(Mithra)를 포함하고 있는데, 아나히타는 물의 신으로 풍요를 상징하였으며 미트라는 태양의 신이자 전쟁과 언약의 신이다. 알렉산더 대왕의 페르시아 정복으로 그리스 문화와 페르시아가 혼합되면서 그리스 신들과 조로아스터의 신들이 뒤섞이게 되었다. 그리스 최고의 신 제우스와 아후라마즈다, 태양신 아폴로와 미트라, 미의 여신 아프로디테와 아나히타 신전이 함께 세워졌다. 다리우스 황제의 기념비 옆에는 헤라클레스 신전이 있으며 터키의 남부 쿠르디스탄(Kurdistan) 지역에는 아나히타와 아르테미스(달의 신) 신전이 함께 있다.

쿠샨 왕조와 파르티아시대(安息國, 기원전 250~기원후 226년경) 박트리아 지역에는 조로아스터교와 불교와 네스토리우스 기독교가 공존하였다. 불상과 기독교 성화에 나타나는 불상의 광배(光背)와 후광(後光, halo) 및 만돌라(巨身光, Mandorla)는 조로아스터교의 신성한 영이 모티프가 되었다.

조로아스터교의 최고의 신인 아후라마즈다는 인도에 넘어오면서 불교와 힌두교의 신장으로 격하되어 아수라신이 되었으며, 악신 앙그라마이뉴(아흐리만)의 정령인 다에바(daeva)는 인도 신화에서 착한 데바(deva)신으로 격상되기도 하였다.

402

간다라 불상

예수와 제자들

　페르세폴리스(Persepolis) 아후라마즈다 신상 상·하 장식에 연꽃 문양이 보인다. 연꽃 문양의 기원은 이집트라 할 수 있다. 이집트에서는 매년 나일 강이 범람 후 연꽃이 피었기 때문에 신성시 하였으며, 태양이 뜨면 연꽃이 피고 해가 지면 연꽃이 오므라들어 태양신의 상징처럼 여겨졌다. 인도에서는 물 위에 떠 있는 연꽃을 우주 창조의 화신으로 여겨졌으며, 진흙 속에 피어나는 연꽃은 불교 교리의 상징이 되어 극락세계를 표현하는 도상으로 그려졌다. 연화무늬는 불상의 광배나 불보살의 좌대, 불탑의 외벽을 장식하는 데 쓰였다. 연꽃과 넝쿨을 연이어 기하학적 무늬로 조성하기도 하였다. 이런 연화 문양과 넝쿨 문양은 실크로드를 따라 중국에 전해졌으

403

며, 우리나라는 중국 당나라를 통해 들어온 연화당과 당초(唐草) 문양으로 벽과 도자기, 기와 등에 주로 장식했다.

연꽃무늬 수막새

미트라교

기독교 이전에 로마제국에는 어떤 종교가 있었을까? 그리스 로마 신들만 있었을까? 태양신이자 언약과 전쟁의 신 미트라가 있었다. 미트라 (Mithra)는 투구와 갑옷을 입고 강력한 방패와 창을 가지고 있어 소아시아를 비롯한 로마 영내의 군인 중 미트라 신을 믿는 사람들이 많았다. 기독교를 공인한 콘스탄티누스 황제의 아버지도 미트라교를 믿는 군인이었다. 미트라신의 약속과 용맹성은 군인들에게 충성심을 가지게 하는 숭배의 대상이었다. 미트라(메흐르)는 조로아스터교에서도 아후라마즈다 다음으로 중요한 위치로 언급되며, 미트라교의 신관은 조로아스터교와 매우 비슷하여 천지창조와 예언자 최후의 심판이 등장한다. 미트라교의 창조물 중 동식물은 모두 황소 몸에 있는 씨에서 비롯되는데, 황소가 악신 아흐리만에 의해 병들자 미트라가 황소에서 씨앗들을 꺼내 대지에 뿌려지면서 모든 동식물이 나왔다고 한다. 미트라는 페르시아 지역에서 고대로부

404

터 아리안들이 숭배하던 신으로 대략 기원전 1400년대에 소아시아 지역까지 전파되었으며 신을 인격화한 그리스 문화 영향을 받아 인간의 모습으로 표현되었다. 미트라신은 7대륙의 가장 높은 하라산에 주석하면서 4마리의 백마가 이끄는 황금마차를 타고 불교의 천수천안(千手千眼) 보살처럼 천 개의 귀와 만 개의 눈을 가진 얼굴로 세상을 내려다보며 말세에 나타나 인류를 구원한다고 한다. 미트라(Mithra)—메흐르—메시아(Messiah)—마이트레야(Maitreya, 미륵[彌勒])는 모두 내세에 나타나는 구원자를 의미하며, 음역과 역할의 유사성으로 어원(語原)이 미트라에 있다고 보고 있다.

미트라교의 전성기는 3세기로 영국에서부터 독일, 프랑스, 인도, 이란까지 로마군이 주둔한 지역과 주변에 광범위하게 퍼져 있었다. 그러나 기독교를 로마국교로 선포한(391) 테오도시우스 1세의 칙령이 발표되면서 미트라교 신전에 접근과 의식이 금지되면서 5세기경에는 로마에서 자취를

미트라 신상

감추었다. 현재 미트라교에 대한 자료나 유적이 적은 이유는 기독교가 공인된 후 미트라교에 대한 자료들을 대부분 파괴했기 때문인데, 그 흔적은 오히려 기독교내 자리 잡고 있다.

　기독교의 안식일은 일곱째 날, 즉 주말인 토요일이었다. 현재도 근본주의를 지향하는 소수의 제칠일안식일예수재림교회(1863년 설립)는 토요일 예배를 드리고 있는데, 기독교가 일요일 예배를 드리게 된 것은 미트라교의 영향이었다. 미트라교인들은 태양의 신 미트라이 날이 일요일에 예배를 드렸다. 기독교인들도 널리 행해지고 있는 일요일에 같이 종교활동을 하기 위해 예배일을 변경하였다. 동짓날(12월 22일)은 밤이 제일 긴 날이자 역으로 낮이 길어지기 시작하여, 이날을 미트라의 탄생일로 하였다. 이후 날짜 계산 오류로 12월 25일이 되었는데, 축제가 있던 이 날을 로마교회에서 예수의 탄생일로 정하였다.

　영화 〈벤허〉(1959)의 장면 중 기독교인들이 숨어 예배하던 동굴이 등장하는데, 미트라교인들의 예배장소가 우물이 있는 동굴이었다. 기독교의 세례의식과 성찬의식도 미트라교에서 행하던 의식으로, 초기 기독교가 기존 종교의 외형적인 형식을 받아들인 것은 정착된 문화와 이질감을 줄이기 위한 선택이라 할 수 있다.

　이란의 전통적인 명절 샵에얄다((Shab—e Yalda, 동지)에는 가정마다 모닥불을 피우고 태양신(미트라)을 위해, 삼나무에 소원을 적은 쪽지와 장식을 매달고 신에게 바치는 선물을 놓았는데, 이 풍습이 유럽으로 건너가 17세기경부터 기독교권에서 트리 장식이 유행하기 시작하였다.

406

마니교

　사산조 페르시아는 로마와 싸우며 세력이 약해진 파르티아를 멸망시키고 옛 아케메네스 페르시아 후예를 자처하였다. 사산조는 페르시아시대의 영광을 재현하기 위해 통치시스템을 복원하고 종교 역시 아케메네스 페르시아시대 번영했던 조로아스터교를 국교화하고자 했다. 그러나 아케메네스 페르시아 이후 500여 년이 지나 파르티아시대에 불교와 기독교, 미트라교 등 여러 종교가 혼재하고 있었다. 종교의 혼재는 새로운 종교관을 가진 세력이 등장할 수 있는 환경이 되었다. 마니교와 미즈다교의 등장은 이런 토양에서 나왔다.

　마니교의 창시자 마니(Mani)는 파르티아 왕국 말기 이라크 지방의 유대—기독교 집안에서 태어났다.(216) 당시 유대교와 기독교의 여러 유파가 있던 시기, 마니는 요한복음에 등장하는 도마의 행적에 심취해 있었다. 마니는 12세 때 하늘에서 내려온 천사로부터 새로운 종교를 만들라는 계시를 받고 25세에 이르러 마니교를 만들었다. 기독교 교리를 바탕으로 조로아스터교와 영지주의, 불교 등을 참고하여 마니교를 창시하였는데, 자신이 붓다의 후계자라고 주장하였다. (240년경) 즉 절대자가 서방에는 예수를 보냈고, 페르시아 지방에는 조로아스터를, 동방에는 석가모니를 보냈는데 자신이 절대자가 보낸 이들 예언자들의 봉인(封印, 마지막 예언자)이라는 것이다.

　혼합 교리로 탄생한 마니교의 특성은 기성 종교로부터 이단으로 탄압받는 원인이 되었다. 마니는 한때 사산조 페르시아 3대왕의 보호 속에 인도와 이집트, 이라크 등을 여행하며 전도하였으며 포로로 잡혀온 로마황

407

제 발레리아누스(33대, 재위 253~260)와도 교분을 나누었다. 마니가 조로
아스터교 신봉자인 4대왕에게 사형을 당한 후 마니교는 변방으로 흩어
지면서 중동과 이집트, 아프리카, 중앙아시아 및 로마 영내까지 전파되
었다. 초기 기독교의 4대 교부철학자(敎父哲學者)인 아우구스디누스(알제리
출생) 교부도 9년 동안 마니교 신자였으나 기독교로 개종하여 신학자가 되
었다.(384년경)

중앙아시아로 들어온 마니교는 소그드인들에 의해 중국 내지로 실크
로드를 따라 전파되었는데, 7세기 말 측천무후 시기 중국 당나라 수도 장

마니교 사제

실크로드의 종교

안까지 들어왔다.(698) 마니교의 교리를 검토한 당 현종은 불교 교리를 함부로 차용한 사교로 규정하고 중국인들에게는 마니교를 금지시켰다. 위구르 뵈게카칸은 안사의 난 때 당나라의 요청으로 장안에 들어와 소그드인들로부터 마니교를 접하면서 마니교가 약 70년 동안 위구르의 국교가 되었다.(763년경) 위구르 중심지였던 투르판 베제클릭 석굴에는 10세기경 마니교 사제들의 벽화가 남아 있다.

뵈게카칸이 마니교를 적극 수용한 것은 위구르 국가 경영에 소그드인의 도움이 필요했기 때문이었다. 뵈게카칸은 당에도 마니교 수용을 권장하여 당 대종 때(768) 장안에 대운광명사(大雲光明寺)가 세워졌으며 낙양과 진강(鎭江)에도 사찰이 건립되었다. 위구르는 소그드인의 네트워크와 마니교의 대운광명사를 상업적 조직망으로 삼아 경제적 이득을 취하였다. 키르키즈에게 위구르가 멸망하고, 당 무종의 회창법란을 겪으면서 마니교는 심각한 타격을 받았다.(840) 마니교는 유불선의 형태로 몸을 감추고 명교(明敎)라는 이름의 비밀단체로 지하에 숨어들었다. 원나라 말 마니교는 백련교라는 이름으로 반란을 주도하였다. 주원장은 이들 백련교도의 도움으로 정적을 물리치고 나라를 세웠다. 주원장은 정권을 잡는 데 많은 도움을 준 백련교의 다른 이름인 명교에서 나라 이름을 명(明)이라 하였다.

04 동서양이 만난 불교

붓다

기원전 약 600여 년 전 히말라야 산맥 기슭의 작은 왕국에서 한 왕자가 태어났다. 당시 시대상황은 베다시대(기원전 1500~기원전 500) 말기로 브라만 교의 신본주의 세계관에서 벗어나 인간 삶에 대한 본질적인 답을 얻고자 하는 사상가들이 나타나고 있었다. 안락한 생활을 하던 싯다르타 왕자는 29세 때 사문유관(四門遊觀, 성 밖에 나가 노인, 병자, 죽은 자, 수행자를 만남)을 통해 출가를 결심하였다.

두 스승에게 배움을 찾던 싯다르타는 가르침에 대한 부족함을 느끼고 6년 동안 수행에 들어가 보리수 아래서 깨달음을 얻었다. 첫 설법은 함께 수행한 5비구에게 설한 사성제(四聖諦), 8정도(八正道)였다. '인간의 삶은 희로애락의 굴레에 갇혀 고통 속(生卽苦)에서 벗어나기 어려우며, 고통은 집착에 있으므로 집착을 버리면 깨달음을 이룰 수 있다'는 고집멸도(苦

410

출가

集滅道)의 사성제(四聖諦)를 설하고, 실천 덕목으로는 치우침이 없는 중도 (中道)와 행해야 할 8정도(八正道) 즉 바른 견해(正見)와 바른 의도(正思惟), 바른 말(正語), 바른 행동(正業)과 바른 생활(正命), 바른 노력(正精進), 바른 사유(正念)와 바른 정진((正定)을 설하였다.

석가모니는 세수 80에 열반에 들 때까지 45년 동안 수많은 설법을 하였다. 불교는 2,500여 년 전에 비천한 신분의 이발사를 차별하지 않고 제자로 받아들였으며 여성의 출가(비구니)를 허용하는 등 선구적인 종교였다. 인도를 최초로 통일한 마우리아 왕조의 아쇼카 대왕은 불교를 적극 후원하고 각국에 승려를 파견하여 해외에 전파하였다. 불교는 쿠산 왕조의 카니슈카 대왕 시기 중앙아시아까지 번창하였으며, 해상과 실크로드를 따라 동양으로 전파되며 세계적인 종교로 성장하였다.

알렉산더에서 쿠샨제국까지

헤로도토스는 《역사》에 "박트리아와 간다라는 페르시아제국의 가장 부유한 속국으로 수도 수사를 건설할 때 많은 목재를 공납했다"고 기록했다. 기원전 334년 알렉산더가 동방 원정을 떠나 이집트와 페르시아제국을 정벌하고 인도를 공격하였다. 탁실라까지 손쉽게 점령한 알렉산더는 북인도 16국 중 하나인 펀자브 지역의 파우라바 왕국 포루스 왕과 마주쳤다. 세상의 끝이라고 생각한 인도는 너무 넓은 땅이며 또 다른 세상의 시작이었다. 치열한 히다스페스 전투(기원전 326년) 끝에 승리하였으나 알렉산더는 말머리를 돌려 회군할 수밖에 없었다.

바빌론으로 철수한 알렉산더는 재차 아프리카로 원정을 계획하던 중 32세의 나이로 바빌론에서 병사하였다.(기원전 323년) 후계자를 정하지 못한 제국은 그리스 본토의 안티오고네스, 이집트의 프톨레마이오스 왕조(기원전 305~기원전 30)와 시리아 및 이란, 박트리아 지방의 셀레우코스 왕조(기원전 312~기원전 63) 등 셋으로 분할되어 다투게 되었다. 알렉산더군이 철군하자 옛 마가다국의 분가(分家) 찬드라굽타(재위 기원전 320~기원전 298년경)가 세력을 규합하여 난다 왕조를 무너뜨리고 인도 최초의 통일국가 마우리아 왕조(기원전 320~기원전 185년경)를 세웠다. 찬드라굽타는 북인도를 통일한 여세를 몰아 셀레우코스 왕조를 공격하여 간다라 지역을 점령하였다.(기원전 303년경)

그리스 본토의 안티오고네스와 전쟁 중으로 후방의 안정이 필요했던 셀레우코스는 찬드라굽타와 협정을 맺고 간다라 지역을 양도하였다. 대신 불가침 약속과 함께 코끼리 부대 500마리를 받아갔다. 마우리아 왕조의

셀레우코스 주화   찬드라굽타 금화

찬드라굽타는 제국에 흉년이 들자 왕위를 아들 빈두사라(재위 기원전 298~
기원전 273년경)에게 양위하고 자이나교에 출가하였다. 2대 빈두사라 통치
기간 반란이 자주 일어났는데, 탁실라 지역의 아쇼카 태수는 지역 반란이
폭정으로 일어난 것으로 판단하고 혹리(酷吏)를 처벌하며 백성들의 지지
를 받았으며 형제들과 치열한 전쟁을 겪으며 왕위에 올랐다.

　아쇼카 대왕(기원전 273~232년경) 재위 8년, 칼링가 왕국과 마지막 통일
전쟁을 벌였는데 보병 60만 명, 기병 10만 명 9천 마리의 코끼리 부대를
동원한 대규모 전투였다.(기원전 265년경) 아쇼카 대왕은 칼링가 전투에서
하루 밤 사이 10만 명이 전사하는 참상을 보고 전쟁에 회의를 느껴 영토
확장을 중지하였다. 아쇼카 대왕은 왕국을 무력이 아닌 덕으로 통치하고
자 전쟁에 피폐해진 백성을 위해 각지에 고아원과 양로원, 병원과 빈민구
제 시설 등을 설립하고 불교에 귀의(기원전 261년경)하였다.

　아쇼카 대왕은 최초 8사리탑에서 사리를 꺼내 인도 전역에 8만 4천개
의 불사리탑을 건립하고 경전을 결집(3차 결집)하였으며 각국으로 승려를

413

보드가야 대탑

싼치 대탑

보드가야에서 이운한 스리랑카 보리수 수령 2000년이 넘는다

디오도토스 금화

파견하였다. 스리랑카에는 자신의 아들과 딸인 마헨드라(Mahandra) 장로와 상가미다(Sanghamitta)를 보내 부처님 당시의 보리수 묘목을 옮겨 심고 불교를 전파하였다. 아쇼카 대왕의 대표적인 유적지 중 하나인 인도 중남부의 싼치 대탑은 해외 불교전파의 전진기지로 수세기 동안 승원으로 사용되었다. 간다라 지방에 불교가 전래된 시기도 아쇼카 대왕 때였다. (기원전 256년경)

아쇼카 대왕은 간다라 지역과 박트리아에 마잔티카와 요나라카 두 승려를 보내 8만 명을 불교에 귀의시켰다고 한다. 이때 박트리아는 그리스인들이 지배하고 있었다. 박트리아 태수 디오도토스는 셀레우코스가 이집트 프톨레마이오스와 전쟁에 집중하는 사이 독립하여 자신들의 그리

415

스—박트리아 왕국(Greco—Bactrian, 기원전 250~
기원전 125년경)을 세웠는데, 이들이 훗날 헬
레니즘—간다라 문화를 만들어 낸 사람들
이다.

데메트리우스

얼마 후 셀레우코스 지배 아래 있던 이란
계 파르티아(Parthian 기원전 247~기원후 224)가 독
립하면서 그리스—박트리아 왕국은 그리스 본
토와 연결이 끊기며 독자 그리스 국가가 되었다. 아쇼카 대왕 사후 50년
쯤 지나 인도 최초의 통일왕국 마우리아 왕조가 쇠퇴하자 그리스—박트리
아의 데메트리우스(재위 기원전 200~기원전 180년경)가 힌두쿠시산맥을 넘어
와 간다라와 펀자브 주, 인더스강 유역을 점령하였다. 데메트리우스는 인
도 원정 중 본국인 박트리아에서 반란이 일어나자, 일단의 그리스인들과
함께 점령지인 힌두쿠시산맥 남쪽 카불 분지와 간다라 지역인 페샤와르

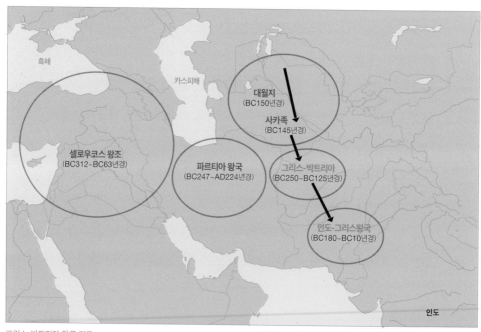

그리스-박트리아 왕국 지도

분지, 스와트, 탁실라에 정착하였다.(인도―그리

스 왕국, 기원전 180~기원전 10년경)

그 무렵 중앙아시아 북쪽에서 한 무리의
유목민들이 지금의 우즈베키스탄 지역에
들어왔다.(기원전 176년경) 바로 흉노에게 쫓
겨 둔황 서쪽에서 사막을 건너 이리, 카자흐스탄
남부를 돌아 우즈베키스탄 지역으로 들어온 월지족

카니슈카 대왕 동전

이다. 월지족에게 밀려 남하한 스키타이계 사카족은 월지족의 압박에 밀
려 재차 남하하여 그리스―박트리아 왕국을 몰아내고 박트리아 지역을 차
지하였다.(기원전 145년경) 월지족은 영토 확장을 계속하여 사카족이 점령
한 박트리아와 인도―그리스인들이 있던 간다라 지역까지 점령하고 쿠샨
왕조를 건설하였다.(기원후 30년경) 쿠샨 왕조의 영토는 남쪽으로 인도 파트
나 지역에서 북으로는 트란스옥시아나, 동으로는 타림분지 남쪽이었다.

미란다왕문경

메난드로스((Menandros, 미란다, 재위 기원전 155~기원전 130년경) 왕은 불교
에 귀의한 최초의 그리스계 왕이다. 인도―그리스 왕국의 메난드로스는
수도를 사갈라 성에 두고 간다라 지방을 통치하고 있었는데, 그리스철학
을 공부한 그는 사상가들과 논쟁을 즐겨하였다. 나가세나는 기원전 2세
기경 카슈미르 지방에서 태어났으며 파트나에서 그리스인 스승 다함마라
크히타(Dhammarakkhita) 아래서 불교 삼장을 공부하며 그리스철학을 접

417

했다. 기원전 약 155년경 나가세나(나선)는 전도를 위해 간다라 지방을 찾아갔다. 나가세나를 초청한 메난드로스는 그리스철학을 바탕으로 질문하였고 나가세나는 불교철학으로 답하였다.

두 사람의 내화는 불교경전《미란다왕문경(Milinda Pnaha, 彌蘭陀王問經)》으로 전해지며 우리나라 8만대장경에는 '나선비구경(那先比丘經)'으로 기록되어 있다. 나가세나는 대승불교에서는 18나한 중 한 분으로 추앙받고 있으며 동남아에서는 태국의 에메랄드 불상을 제작하였다고 전해지고 있다.

메난드로스

메난드로스 왕 사후 2~3년이 지나 한나라 무제의 명을 받은 장건이 옥서스강 북쪽에 있는 월지족을 찾아왔다.(기원전 128년경) 장건이 월지에 머무는 동안 박트리아를 방문하였는데 중국 문헌에는 대하(大夏)로 기록되어 있다. 이때 대하는 월지족에 밀려 내려온 사카족이 그리스인들을 쫓아내고(기원전 145년경) 박트리아를 차지하고 있었으며, 인도―그리스 왕국은 간다라 지역에 있었다. 이후 기원전 1세기 초 간다라 지역은 이란 지역의 파르티아(安息國, 기원전 247~기원후 226년경)의 지배를 받게 되었다. 파르티아는 이란계였으나 그리스어를 행정어로 사용할 만큼 그리스 영향을 강하게 받아, 그리스 문화와 이란 문화가 융합된 독특한 헬레니즘 문화를 형성하며 사산조 페르시아에게 멸망할 때까지 약 400년을 유지하였다. 후한의 반초가 서역 도호로 있을 때 로마로 파견한 부하 감영이 카스피 해에서 되돌아온 것은 파르티아(안식국)가 로마로 가지 못하도록 겁을 주었기 때문이었다.(기원후 97년경) 박트리아·간다라 지역은 사카족과 파르티아의 지배에 있다가 기원후 1세기 초 대월지가 세운 쿠샨 왕조(기원후 30~375)의 영토가 되었다.

쿠샨제국과 간다라 미술

2019년 11월 파키스탄 정부 공식 초청으로 대한불교조계종 총무원장 일행의 파키스탄 방문 일정을 수배하게 되었다. 파키스탄은 불과 몇 년 전 많은 사상자를 낸 테러가 발생했을 뿐만 아니라 위험 적색국가로 등록되어 있어 방문까지 쉽지 않은 과정이 있었다. 파키스탄 방송은 현장 스님 이후 가장 중요한 스님이 오셨다고 대대적인 환영 방송을 내보냈으며, 총리 및 대통령과 환담을 비롯한 주파키스탄 한국 대사관과 지방 정부의 각별한 배려 속에 간다라 지방 불교 유적지 답사가 이루어졌다.

주요 지역은 라호르, 이슬라마바드, 탁실라와 씨르캅 유적지, 페샤와르, 탁트히바이, 길기트와 훈자, 마라난타 스님의 고향인 훈드 등 간다라의 핵심 지역으로 파키스탄 정부의 특별경호를 받으며 이동하였다. 차량은 대우익스프레스에서 제공해 주었는데, 옛 대우그룹이 세운 법인으로 현재도 파키스탄의 고속버스 노선 대부분 지역을 운영하고 있다. 빠른 시간 내 파

419

바디샤히 모스크

키스단이 안정을 찾아 다시 간다라를 답사할 날을 기대해본다.

간다라 지방은 인도에서 중앙아시아, 페르시아로 나가는 길목에 위치하며 그리스 역사가 헤로도토스의 기록에 의하면 페르시아 속국 중 박트리아와 함께 가장 풍요로운 땅이며 페르시아 왕족이 다스렸다고 한다. 기원전 북인도 16국에 간다라국이 포함되어 있어 인도인들은 간다라 지역을 인도 영역으로 인식하고 있었으며, 아쇼카 대왕 때 불교가 전파되면서 인도 문명이 많이 유입되었다. 이런 지리적인 특성상 인도와 페르시아 문화가 공존하였으며 외부 문명과 접촉이 많았다.

기원후 30년경 박트리아 북부의 월지족 중 귀상(貴霜) 부족이 나머지 4개 부족을 통합하고 쿠산 왕조(30~375)를 세웠다. 1대 쿠줄라카드피세스(재위 30~80년경)는 안식(安息, 파르티아)과 계빈(罽賓, 카슈미르)을 점령하며 영토를 확장하였으며, 그리스 문화가 강하였다. 2대 비마탁토(한역 염교진

쿠산 왕조

[閻膏珍])는 인더스강까지 진출하였고, 4대 카니슈카 대왕 재위 기간 갠지
스 강 중류 파트나까지 영토를 확장하여 왕국의 절정기에 이르렀다.(재위
기원후 70년대 설과 127~150년경 설이 있음) 쿠샨 왕국 시기 대륙은 동쪽의 한
나라—쿠샨왕국—파르티아—로마제국으로 이어지는 큰 4개국이 병립하
는 형세를 이루었고, 중간에 위치한 쿠샨 왕조는 중국과 로마제국과 무역
뿐만 아니라 남쪽 인도와 인도차이나 반도에서 올라오는 물품을 교역하
는 교통로에 위치하였다.

호탄에 간 카니슈카

일설에 따르면 카니슈카 대왕은 한때 인질로 호탄 왕국에 가 있었다고 전해진다.
카니슈카는 호탄에 머물며 호탄 왕과 교분을 쌓고 호탄의 공주 시르마나와 결
혼하였다. 3대 쿠샨 왕 비마카드피세스가 죽자 카니슈카는 귀국하게 되었는데,
우전왕이 왕자 키르티와 1만여 병사를 함께 보내 왕위를 이어받는 데 호위케 하

421

였다. 월지족은 흉노에게 쫓겨나기(기원전 180년경) 전 호탄 옥(玉)을 중국 한나라에 중개무역을 하여 호탄과 교분이 많았다. 호탄은 우전국(于闐國)이라 불렸는데 일찍 불교를 받아들여 성행하고 있었으며 중국에 불교를 전해주었다. 후한의 명장 반초(班超, 32~102)가 서역도호로 있을 때 쿠샨 왕조의 호탄 침입을 물리치고 화해했으나, 한나라의 지배력이 약해지자 쿠샨 왕조의 지배 아래 들어갔다.

부처님의 발우(鉢盂)

카니슈카 대왕은 인도 중천축국의 맹주 화씨(華氏)를 정벌하고 부처님 발우(鉢盂)와 대학자 마명보살(馬鳴菩薩, 100~160)로 배상금을 대신했다. 카니슈카는 대승불교의 큰 학자인 마명보살을 초빙하여 간다라에 대승불교를 크게 발전시켰으며 부처님 발우를 안치하기 위해 수도 푸르샤푸라(현 페샤와르)에 40장(丈) 높이의 큰 탑을 세웠다고 한다. 아프가니스탄 카불박물관에는 높이 82cm, 무게 약 400kg의 부처님 발우라고 전해지고 있는 커다란 석조 그릇이 전시되어있다. 카니슈카 대왕은 파틸라푸트라(인도 파트나)를 점령하고 전리품으로 옛 비사리국(Vaishali)에 위치한 케샤리아 대탑(Kesaria Stupa)에 모셔진 부처님 발우를 페샤와르로 옮겨와

케사리아 대탑

부처님 발우(카불박물관)

고르 카트리 사원을 건축하여 안치하였다.

　발우에 대한 기록을 보면, 5세기 법현 스님이 방문했을 때는 발우가 있었으나 7세기 현장 스님이 방문했을 때는 빈 좌대만 남아 있었다고 한다. 발우는 이슬람 사원으로 옮겨졌다가 16세기경 마드라사의 규율을 적은 명문이 겉면에 새겨진 모습으로 칸다하르에서 발견되었다. 현재는 카불박물관에 보존 중이며, 이슬람 경전이 새겨져 있어 탈레반의 파괴를 피할 수 있었다.

　넓어진 쿠샨왕국 내에는 월지족뿐만 아니라 소고드인, 그리스인, 페르시아계 및 인도계 등 다양한 민족이 함께하고 있었다. 종교 또한 조로아스터교, 미트라교, 그리스신, 불교, 힌두교 등 다양하였다. 석가모니 부처님의 첫 시주자가 미얀마 대상(大商) 형제였다는 것에서 보듯 주로 무역업을 하는 상인들이 불교의 후원자가 되었다. 4대 카니슈카 대왕(재위 기원후 127~150년경)은 제국 내 안정과 통합을 위해 불교를 적극 후원하였는데, 그리스계인들이 그리스 양식과 파르티아 양식이 혼합된 불상을 조각하기 시 **423**

쉐다곤파고다

작하였다. 500년의 무불상(無佛像)시대를 끝내고 헬레니즘문화의 간다라 미술이 탄생한 것이다. 카니슈카 대왕의 불교 후원 정책으로 간다라 지방은 신흥 대승불교의 포교 대상지가 되었다.

상좌부불교가 굳건히 자리한 인도 본토보나는 새로운 영역이 대승불교를 포교하는 데 용이 하였을 것이다. 당시 불교는 태동한 지 500여 년이 지나 학문적 발전이 활발한 시기였다. 불교경전은 아쇼카 대왕 때 세 번째 결집(3차 결집)까지 이루어져 체계를 갖추었는데, 수행을 우선하는 상좌부불교(소승불교)와 중생 구제 실천을 강조하는 신흥 대승(大乘)불교로 나뉘어 있었다.

대승불교는 재가자들의 불탑신앙과 함께 기원전 1세기경 성립되었다. 대승불교는 수행을 우선하여 아라한(阿羅漢, Arhan)에 이르는 깨달음보다 중생 구제 실천을 이상적 신앙으로 삼았다. 이러한 사상은 선행의 교훈이 되는 본생담(本生譚, Jataka)과 불교의 중생구제 사상을 담은 여러 보살(菩薩, Bodhisattva)이 출현하는 바탕이 되었다. 그러나 이때까지 불교는 무불상(無佛相) 시대로 부처의 상 대신 족적, 보리수, 탑, 의자 등으로 부처의 존재를 나타내고 있었는데, 쿠샨 왕국 내 조로아스터교나 미트라교, 그리스인들이 신상을 조성하고 있어, 자타카(Jataka, 부처님의 전생이야기)와 보살 등 불교 교리를 쉽게 이해할 수 있는 도상이나 조각이 전도에 유리하였다. 불상의 조성은 신상을 조각하길 좋아하는 그리스인들의 몫이 되어, 헬레니즘 양식으로 첫 불상이 만들어졌다.

500년간의 긴 무불상 시대를 지나 간다라 양식으로 불상 제작이 시작된 것이다. (1~2세기) 초기 간다라불상의 특징은 두발이 곱슬머리 형태이며 나발 모양의 머리 형태는 후기에 나타났다. 초기 불상은 주로 석조상이

426

무불상 시대

페샤와르트박물관 불입상

많았고 후기에는 소조불상이 많이 제작되는 경향이 있었으며, 그리스 조각의 측면 응시 인물상과는 다르게 이란 파르티아 영향으로 정면을 응시한 체격이 당당한 특징을 지닌 헬레니즘 양식(Hellenistic Culture)으로 조성되었다. 불상과 사원 장식에 그리스 신상을 함께 조각하는 경우가 많았는데 대표적인 그리스 신은 헤라클레스와 아틀라스다. 부처가 중생을 교화하는 장면 중에는 호위무사로 헤라클레스가 자주 등장한다. 제우스의 아들인 헤라클레스(Hercules)는 사자가죽을 머리에 걸치고 커다란 몽둥이를 튼 모습이다. 이 도상은 대승불교의 호법신장과 우리나라 석굴암 팔부신

사자 가죽을 쓴 헤라클레스(대영박물관 소장)

헤라클레스

붓다의 호위무사 헤라클라스

하리티페샤와르박물관(2~3세기)

사자 가죽을 쓴 호법신장(중국 평요 쌍림사)

실크로드의 종교

장에 녹아들어 있다.

아틀라스는 수투파의 기단부 장식에 자주 등장하는데 탁트히바이 근교 자말가르히(Jamalgarhi) 사원터에서는 37개가 발굴되었다. 하리티는 부귀의 신인 판치카와 함께 자손 번창과 부귀를 염원하는 부부의 모습으로 조각되는 경우가 많았는데, 어린이를 보호하는 신으로 등장하는 귀자모(鬼子母) 하리티는 가슴이 풍만한 그리스 디케(Dike) 여신을 모델로 조각되었다.

불상의 제작과 함께 불교의 이상적인 덕목을 신격화한 화신으로 보살상

아나히타

대세지보살

429

의 조각도 활발하였다. 중생 구제 사상인 관세음보살 및 미래세에 나타날 미륵보살(Maitreya)과 같은 보살상이 제작되었는데, 상의 조성 과정에서 일부는 기존 종교의 신앙 대상을 불교 안으로 수용하여 만들어졌다.

불교의 대자대비(大慈大悲) 사상을 표현한 관세음보살상은 당시 페르시아와 트렌스옥시아나에 널리 퍼져 있는 물과 풍요의 여신 '아나히타' 상을 모델로 조성하였다. 조로아스터교의 신성한 빛의 신은 아미타불(阿彌陀佛)이 되었고 아후라마즈다는 불교에 흡수되어 아수라(阿修羅)가 되었다. 대세시보살(大勢至菩薩)은 대양신 미브라를 모티프로 만들어져 아미타삼존불의 협시보살이 되었다.

간다라 지방의 불상 제작과 거의 같은 시기 인도에서도 불상을 조성하기 시작하였다. 바로 마투라 불상이다. 마투라(Mathura)는 비슈누의 5번째 화신인 크리슈나의 탄생지로 인도 남부 및 동부에서 북쪽으로 가기 위해 합류하는 교통 요지이자 쿠샨 왕조의 겨울 거주지로 번창한 도시였다. 마투라 불상은 간다라 불상과는 다른 전형적인 인도 토속신인 약사(yaksha)

약사신

마투라 보살상

간다라 입상

굽타양식 불상

를 모델로 제작되었다. 풍요를 나타내는 약사신을 모델로 제작된 마투라 불상은 동양적인 얼굴에 풍만한 체구가 특징이다. 마투라 조각은 불상을 조성하는 것에 대한 경외감을 가지고 있어 불상보다는 깨달음을 얻기 위해 수행하는 청년 보살상이 주를 이루었다. 간다라 불상은 온몸을 감싸는 두꺼운 통견 의복이 주를 이루나 마투라 불상은 얇은 편단우견 양식을 띠고 있다. 인도 바라나시 근교 8km의 싸르나트(초전법륜지)박물관에는 마투라에서 600km를 이운해온 3m 높이의 보살상이 있다. 이 두 양식은 굽타 시대(320~550) 혼합되어 굽타양식 불상 제작이 전성기를 맞이하였다.

박트리아 및 간다라 주요 유적지

서구에는 문헌 기록을 통해 박트리아 어딘가에 그리스인들의 왕국이 있었던 것을 알고 있었다. 그러나 여러 차례 답사에도 불구하고 신기루처럼 그곳이 어디인지 그리스인의 왕궁터나 도시가 발견되지 않았다. 1961년 옥서스강 유역으로 사냥을 나간 아프가니스탄 왕이 민가에서 휴식 중 마당에 놓인 조각품이 코린트식 기둥임을 알고 프랑스 조사단에게 알렸다. 프랑스 발굴단은 약 14년간 소련이 진군하기 전까지 아이하눔(Ai—Khanoum, Alexandria Oxiana) 발굴을 통해 이곳이 그리스인들의 도시였음을 밝혀냈다.(1964~1979) 타지키스탄과 아프가니스탄의 국경에 있는 판지 강(Panj River)과 콕차 강(Kokcha River) 삼각지형의 천연 요새에 위치한 아이하눔 유적지는 그리스 코린트양식의 기둥 118개가 열 지어 있는 신전 등 전형적인 그리스양식의 건축물이었다. 신전에는 4m 높이의 제우스신이 세

431

워져 있었음을 알 수 있는 제우스의 발이 발굴되어 헬레니즘문화의 주인
공인 그리스인들의 실체가 확인되었다.

　소련의 아프가니스탄 침공 이후 서방의 발굴은 중단되었지만, 주로 프랑
스 발굴단에 의해 많은 유적지 발굴이 이루어졌다. 아프가니스탄 발굴로
그리스 도시뿐만 아니라 기원전 1000여 년 전부터 쿠샨 왕조까지 화려한
황금문화와 불교 유적지들이 다수 발굴되었다. 아프가니스탄은 러시아
남하의 저지선이었다. 지도에서 보면 아프가니스탄과 중국 국경이 연결된
것을 볼 수 있다. 바로 촉수처럼 길게 이어진 와칸 계곡(Wakhan corridor)인

아프가니스탄 카불국립박물관 공개 자료

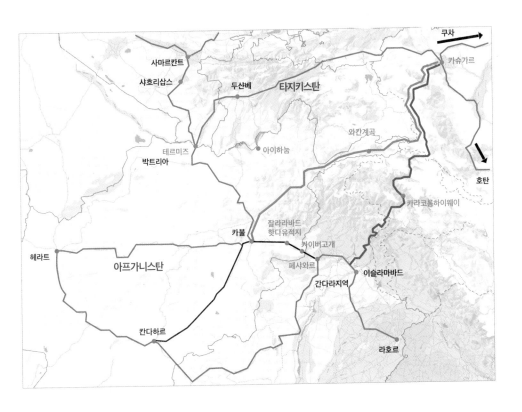

데 구 소련의 영토인 타지키스탄과 영국령인 인도와 분쟁을 방지하기 위해 와칸 계곡 구간을 아프가니스탄 영토로 편입시켜 분리하였다.

와칸 계곡은 타림분지에서 파미르고원을 넘어가는 회랑(回廊)으로 옛 실크로드 상인과 구법승들이 인도로 가던 통로였다. 아프가니스탄은 방문이 제한되어 있으나 2002~2003년 잠시 방문이 가능할 때 서울대학교 이주형 교수가 아프가니스탄을 답사하고 쓴《아프가니스탄, 잃어버린 문명》과 빅토르 사리아니디의 《박트리아의 황금비보》(민병훈 번역), 2016년 국립중앙박물관에서 전시된 〈아프가니스탄의 황금문화전〉 등을 통해 소개되었다. 바미얀 대불처럼 탈레반의 무자비한 유물 파괴와 도난 속에도 박물관 직원들의 헌신적인 희생으로 많은 유물들을 보호할 수 있었다.

연등불(燃燈佛)의 성 하다(Hadda)는 아프가니스탄 카불에서 파키스탄

하다(hadda) 불상, 4세기 제작

페샤와르분지를 연결하는 잘랄라바드 남쪽 약 5km 외곽에 위치한 한적한 시골이다. 잘랄라바드는 이슬람이 들어오기 전까지 약 1천여 개의 불탑들이 있는 곳으로 불교가 번성하던 지역 중 하나였으며, 전생에 연등불이 석가모니에게 수기를 주 곳이라고 전해지고 있다.

402년 법현 스님이 중천축국으로 가며 이곳을 방문하였으며, 630년 이곳을 순례한 현장 스님은 부처님의 정골사리(精骨舍利)에 신도들이 기도하고 있었다고 기록하고 있다. 혜초 스님은 이곳을 혜라성(醯羅城)이라 하였다. 1920~30년대 영국과 프랑스 고고학자들이 이곳에서 많은 간다라 유물들을 발굴하였는데, 비마란 제2탑에서 발굴한 금제 사리용기는 대영박물관 컬렉션으로 전시되어 있다.

1960년대 시작한 하다 유적지 발굴에서 특이한 소조상이 발굴되었다. 수도사의 복식을 한 소조상과 헤라클레스와 디케 여신이 협시하고 있는 소조불상이다. 이 소조상들은 비교적 늦은 4세기경 제작된 소조임에도 불구하고 훨씬 더 그리스적인 생생한 모습으로 제작된 작품이었다. 선정에 든 불상 옆에 협시하고 있는 한 쌍의 남녀는 이전에 보지 못했던 특이한 모습이었다. 불상 우측에는 바즈라파니(Vajra—pani)를 무릎에 올려놓고 앉아있는 헤라클레스와 왼쪽의 그리스 정의의 여신 디케(Dike)를 닮은 귀자모신(鬼子母神) 하리티(Hariti) 상이 소조되어있다.

하다 불상이 제작된 4세기는 한반도에 불교가 전래된 시기다. 법성포에

434

도착하여(기원후 384) 백제에 불교를 전한 마라난타 스님도 하다를 지나서면서 이 불상을 보았을 것이다. 그러나 안타깝게 현재 하다의 불상은 사진으로만 남아있다. 1980년 무자헤딘 반군이 발굴한 사원터를 철저하게 파괴해버렸다. 발굴에 참여했다가 정세 불안으로 철수하게 된 타르즈 박사는 남겨진 사진을 보며 차라리 우리가 발굴하지 않았으면 보존될 수 있었을 것이라고 회한을 남겼다. 몇 년 전 KBS에서 방영한 다큐멘터리 〈석굴암〉 1부 '대륙의 길―그리스 로마에서 경주까지'(2013년 9월 3일자) 영상을 시청한다면 실크로드를 이해하는 데 많은 도움이 될 것이다.

잘랄라바드에서 카이버패스(Khyber pass)를 넘으면 간다라 지방 페샤와르에 도착한다. 카이버패스는 힌두쿠시 넘어 인도로 가는 주요 교통로로 페르시아의 다리우스

수도사

황제와 알렉산더, 대월지족, 티무르 및 현장과 혜초 같은 구법승과 대상들 또한 이 고개를 넘어 인도로 들어갔다.

쿠산 왕조의 수도였던 페샤와르(Peshawar)는 카이버팍툰콰주 수도로 넓은 페샤와르분지를 배후로 하고 있으며 분지는 스와트 계곡으로 연결된다. 7세기 현장 스님의 기록에 의하면 간다라국(페샤와르분지)에 1천여 곳, 스

435

카이버패스 (사진-황규광 제공)

와트계곡에 1,400여 불교 사원이 남아있었다고 한다. 카니슈카 대왕은 이곳에 120m 높이에 이르는 커다란 스투파를 건설하고 불사리를 안치하였다. 1909년에 스투파 기단에서 카니슈카 대왕의 명문이 새겨진 사리함이 발굴되어 페샤와르박물관에 전시되어 있다. 페샤와르에서 동북 방향약 80km 거리 산정에는 불교 승원터인 탁트히바이사원(Takhtibahi Buddhist Monastery)이 자리하고 있는데, 7세기까지 사원의 명맥을 이어오다 이슬람의 침공으로 쇠퇴하였다. 일설에는 예수의 12제자 중 한 명인 사도 도마가이란에서 인도로 가는 길에 이곳에서 머물렀다고 한다. 탁트히바이 사원은 여타 간다라 불교사원과 같이 연립감형 불당 구조인데, 그리스 신전처럼 열 지어 배열하는 구조로 인해 많은 불상들이 발굴될 수 있었다.

스와트계곡(Swat valley)은 천불천탑의 고장이다. 탁트히바이에서 해발약 820m의 말라간다패스(Malakand pass)를 넘어가면 스와트 계곡에 이

실크로드의 종교

탁트히바이 사원

른다. 현장 스님은 간다라국에서 북쪽으로 3일 가면 오장국(烏長國)이라고 기록하고 있으며 현지인들은 스스로를 우디야나(Uddiyana, 鬱地引那)라고 하였다. 이곳은 12세기까지 불교가 존재했던 곳으로 혜초 스님이 방문했을 때는 밀교가 성행하고 있었다. 불교미술의 극치인 반가사유상은 이곳에서 시작되었다. 우디야나의 반가사유상은 관세음보살이었으나 중국을 거쳐 한국, 일본에 전해지면서 미륵보살로 변하고 더욱 세련된 예술성을 가지게 되었는데, 이는 시대와 문화 배경에 따라 발전하고 재창조되는 과정을 보여주는 좋은 예라고 할 수 있다.

페샤와르 분지를 벗어나 남쪽으로 내려오면 인도-그리스왕국의 수도가 있던 탁실라에 이른다. 이곳 역시 인도—그리스왕국에서 쿠샨시대에 이르는 시르캅 유적지, 자율리안 승원, 아쇼카 대왕이 세운 다르마라지카 대탑, 모흐라모라두 사원 등 많은 유적이 산재해 있다. 탁실라(Taxila)는 이슬

437

싸르나트

에르미타주

운강석굴

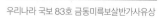

우리나라 국보 83호 금동미륵보살반가사유상

라마바드 북쪽 약 30km에 위치하며 여타 간다라 지방과 마찬가지로 아케메네스 페르시아의 속국을 거쳐 알렉산더가 진출(기원전 327년경)하였으며 마우리아 왕조의 영토(기원전 310년 경)로 편입되었다. 기원전 183년경 박트리아의 데메트리오스1세가 힌두쿠시를 넘어와 간다라와 인더스강 유역을 점령하고 시르캅을 수도로 하는 인도—그리스 왕국을 건설하였다.

인도의 나가세나(나선비구)가 메난드로스 왕을 만나 대담한《미란다왕문경》의 무대가 이곳인지 사갈라성(시알코트)인지는 정확하지 않으나, 탁실라는 기원전부터 수세기 동안 높은 학문의 중심지였다. 부처님의 주치의(主治醫) 지바카도 이곳 탁실라에서 의학을 배웠으며 각국의 귀족과 힌두 브라만 제자들도 먼 인도에서 이곳으로 유학을 왔다. 시르캅(Sirkap)의 파르티아 시대 유적지에는 인도로 전도 여행을 가던 사도 도마(Thomas)가 머물며 공부하였다고 전해진다.

기원후 44년경 탁실라를 방문한 로마의 철학자 타아나의 아폴로니우스(기원후 15~100)는 탁실라가 아시리아의 수도만큼 크고 태양의 신전이 있으

사두 도마가 머물렀다는 건축물

쌍두취탑 기단 (사진-김신규 제공)

며 그 안에 알렉산더의 황금상과 포루스 왕의 청동상이 있었다고 기록을 남겼다. 시르캅 유적지는 인도—그리스 왕국 시기 둘레 5.5km, 높이 9m 의 단단한 성곽으로 둘러싸여 있었다. 유적지에는 파르티아시대 헬레니즘 영향을 받은 금제 장신구 등 많은 유물이 발굴되었으며 자이나교 사원, 태양신전 등 몇 개의 사원터가 발굴되었다. 그중 도록에 자주 올라오는 쌍두취탑(雙頭鷲塔)은 인도와 헬레니즘의 혼합된 문양으로 유명한데 탑의 기단은 기존의 인도양식인 원형기단이 아닌 서구양식의 방형(方形)기단으로 되어 있다.

이런 방형기단은 이후 간다라 양식의 스투파에서 많이 나타난다. 기둥 장식은 코린트식양식이며 양끝 문은 싼치대탑 등 스투파 문에 쓰인 토라나(Torana) 형식이고, 중간은 인도 석굴사원, 안쪽은 그리스 신전에 자주 이용되는 페디먼트식 문양이다. 아쇼카 대왕이 세운 다르마라지카 대탑의 발굴에서는 부처의 치아사리 4과가 발굴되었는데, 그중 2과는 발굴자 존

실크로드의 종교

탁실라박물관

다르마라지카

마샬이 인도에 선물하고 2과가 탁실라박물관에 보존되고 있다.

라호르(Lahore)는 간다라미술의 대표적인 걸작품인 고행상(苦行像)을 볼 수 있는 곳이다. 라호르는 파키스탄 펀자브 주의 중심이며, 인도─파키스

441

라호르박물관의 고행상

탄 국기 하강식으로 유명한 국경 와가보더(Wagah Attari border)가 시내 중
심에서 20km 거리에 있다. 라호르박물관은 1866년 개설된 오련 역사만
큼이나 간다라 미술품 비롯한 무굴시대, 영국식민지 시대까지 많은 유물
들을 보존하고 있다. 대표적인 유물은 파키스탄의 국보 1호 라호르 고행
상이다.

　고행상은 간다라 지역 외에서는 거의 제작되지 않은 독특한 불상이다.
라호르 고행상은 극사실주의 조각으로, 이외에 몇 기의 고행상들이 출토
되었으나 예술성에서 비교가 되지 않는다.

훈자계곡

    특이한 것은 라호르 고행상 조성 공양자가 불교 신도가 아니란 것이다. 통상 불상조각의 하단에는 공양자 상을 함께 조각하는데 고행상을 조성한 공양자가 불교 신자가 아닌 조로아스터교(배화교) 신도들이었다. 조로아스터교인 가섭 3형제와 1,000명이 불교로 귀의한 것과 현장 스님이 사마르칸트를 방문했을 때 폐사된 사원을 조로아스터교 신도가 지키고 있었다는 기록으로 보아 불교의 가르침이 조로아스터교인들에게 어느 정도 이해할 수 있는 부분이 있었던 것으로 보인다. 2017년 국내에 전시된 〈알렉산더가 만난 붓다〉 전에 귀중한 간다라 미술품이 전시되었으나 라호르 고행상은 포함되지 않았다. 대한불교조계종 총무원장 원행 스님을 국빈 초청한 파키스탄 총리는 라호르 고행상의 한국 전시를 약속했다. 가까운 시일 내 한국에서 간다라 미술의 진수를 볼 수 있기를 기대해본다.

    훈자계곡과 길기트는 카라코람 하이웨이(KKH) 도상에 위치하고 있다. **443**

파미르를 넘어 인도로 가는 길은 와칸 계곡을 통해 파미르고원(총령)을 넘은 다음 힌두쿠시산맥의 카이버패스를 경유 남하하는 방법과 파미르고원의 쿤자랍 고개(Khunjerab Pass)를 넘어 훈자계곡(Hunza Valley)과 길기트(Gilgit)를 지나 간다라로 들어가는 방법이 있다.

1978년, 카라코람 하이웨이(Karakoram Highway)라는 세계에서 가장 높은 고속도로가 연결되었다. 신강 카슈가르에서 출발하여 쿤자랍 고개(해발 약 4,580m)를 넘어 훈자 계곡과 길기트를 지나 이슬라마바드에 도착하는 1,200km의 고속도로다. 훈자 계곡과 길기트(소발률[小勃律])은 고구려의 유민 고선지 장군이 원정하였던 곳이다. 8세기 초 안서4진을 부활시킨 당

카르가 마애불

실크로드의 종교

칠라스 암각화 (사진-황규광 제공)

0 4 동서양이 만난 불교

나라는 돌궐과 토번에게 빼앗겼던 파미르고원 이서의 강국(사마르칸트), 계빈(현 아프가니스탄 카피사)과 파미르고원의 소발률(길기트) 같은 소국들을 복속시켜 서역으로 가는 무역로를 회복하였다. 얼마 지나지 않아 대발률(大勃律, 현 파키스탄 스카르두)에 주둔하고 있던 토번군이 소발률(小勃律)을 다시 점령하였다.(735년경)

고선지 장군은 파미르고원을 넘어 토번군을 무찌르고 소발률 왕을 압송하여 훈자 계곡을 통해 귀국하였다.(747) 길기트 외곽에 있는 카르가(Kargah)마애불은 기존의 불상 형식과는 다르게 넓은 얼굴과 낮은 코 등 동양적인 모습인데, 8세기 초반 토번 지배 시기 제작된 불상이다.

옛 실크로드 길목에 있는 카르가 마애불은 약 5m의 크기로 닷집이 있었던 흔적이 보이며 다행히 절벽 위에 있어 파괴를 면했다. 서역을 오가는 많은 구법승들이 길기트를 경유하였다. 불국기를 남긴 중국 동진의 법현 스님도 이 길을 통해 인도로 들어갔으며(순례기간 399~413) 혜초 스님은 중국 광주를 출발(723), 바닷길로 인도에 도착 후 카슈미르와 대발률과 소발률(小勃律, Gilgit)를 거쳐 스와트(오장국)에 이른 다음 와칸 계곡을 통해 파미르를 넘어 약 4년 만에 중국으로 돌아왔다. 파미르고원에는 7~12세기경 구법승들이 남겨 놓은 불상과 불탑 암각화가 계곡 곳곳에 조각되어 있으며 대표적인 곳이 칠라스(Chilās) 암각화다.

이 시기는 인도와 간다라 지방에서 불교가 쇠퇴한 때로, 티베트 밀교 영향을 받은 탑 양식의 조각이 대부분이다. 1천 년의 세월을 이겨낸 암각화지만 근래 도로공사 중 파괴된 경우도 있었다고 하며 최근에도 누군가에 의해 파손된 현장들이 목격되고 있어 안타깝다.

실크로드의 가장 큰 역사적 의의는 동서양의 문명 교류다.

여러 종교도 이 실크로드를 따라 전파되어 지역 문화와 융합되면서 발전하였다. 인류가 교류하는 한 어느 문화나 종교도 갈라파고스처럼 고립되어 생존할 수는 없다. 세계3대 종교를 비롯한 대부분의 종교도 초기 발전 과정에서 다른 문화와 종교 영향을 받으며 성장하였다. 과거부터 반복되는 종교와 문명권의 충돌을 완화하기 위해서는 반목보다는 다른 종교 및 문명을 인정하는 자세가 필요하다.

근세 들어 대한민국은 불교, 가톨릭, 개신교, 원불교와 민족종교 등 다종교 사회가 되었으며, 최근에는 다문화 비중도 늘어나고 있다. 대한민국의 밀집된 환경은 다종교와 다문화 혼재를 존중하지 않을 경우 학교와 직장 같은 기본생활권 내에서 갈등이 나타날 수 있다. 우리 사회가 타 종교에 대한 이해와 문화의 다양성을 거부하여 배타적인 가치관을 가져서는 안 될 것이다.